10|18

12, avenue d'Italie — Paris XIIIe

Sur l'auteur

Né à Paris de parents juifs viennois, le 23 avril 1929, il quitte la France en 1940 pour New York où il poursuivra ses études au lycée français. Diplômé en sciences physiques et mathématiques, George Steiner, critique littéraire et professeur de littérature anglaise et comparée à Genève, connaît un succès notoire avec son cours sur Shakespeare ; son enseignement genevois se double d'une activité de conférencier auprès des instituts universitaires les plus prestigieux du monde. George Steiner ne se définit lui-même ni en tant que critique, ni en tant qu'écrivain ou universitaire, mais bien plutôt comme « maître à lire ». Ses lectures infinies se sont cristallisées aussi bien dans ses articles publiés dans le *New Yorker* que dans d'innombrables publications.

Il est notamment l'auteur de *La Mort de la tragédie* (1961) — *Langage et silence* (1967) — *La Culture contre l'homme* (1971) — *Après Babel* (1975) — *Le Transport de A. H.* (1979) — *Les Antigones* (1984) — *Réelles présences* (1989) et tout récemment *Errata*, paru en France en 1998.

LANGAGE ET SILENCE

PAR

GEORGE STEINER

Traduit de l'anglais
par Lucienne LOTRINGER,
Guy DURAND, Lise et Denis ROCHE,
Jean-Pierre FAYE
et Jean FANCHETTE

10 18

« Bibliothèques 10/18 »
dirigé par Jean-Claude Zylberstein

Si vous désirez être régulièrement tenu au courant
de nos publications, écrivez-nous :

Éditions 10/18
c/o 10 Mailing (titre n° 3076)
35, rue du Sergent Bauchat
75012 Paris

Titre original :
Language and Silence

ISBN 2-264-02793-2

PRÉFACE

Avant tout, il s'agit d'un livre sur le langage : sur le langage et la politique, la politique et l'avenir de la littérature, sur les effets que peuvent avoir sur le langage les mensonges du totalitarisme et le déclin de la culture — sur le langage et sur d'autres codes de la pensée : la musique, le « code sémiologique », les mathématiques —, d'un livre sur le langage et le silence.

Les essais et les articles que l'on trouvera regroupés ici ont été écrits à des dates diverses. Ils répondent, dans la plupart des cas, à divers événements ou circonstances : publication d'un ouvrage, représentation d'une pièce ou d'un opéra, fait politique. Mais le thème sous-jacent demeure la vie du langage et certains des pouvoirs complexes qui, dans notre société et notre culture, se rattachent à l'expression verbale. Quels sont les rapports du langage avec certaines contre-vérités meurtrières que des régimes totalitaires lui ont fait diffuser et répandre à leur profit ? Ou avec cette lourde charge de vulgarité, d'imprécision et d'appétits que lui impose une société démocratique de consommation de masse ? Comment le langage, dans son sens traditionnel d'instrument efficace et idiomatique des relations humaines, pourra-t-il répondre au désir urgent et généralisé d'une expression plus précise, comme celle de la notation mathématique et symbolique ? Allons-nous passer de l'ère historique de la primauté du verbe — de la période classique de la création littéraire — à une phase de dépérissement du langage, de formes « postlinguistiques », et peut-être d'un silence, au moins partiel ? Telles sont les questions que j'ai tenté de poser, sur lesquelles j'ai voulu attirer l'attention au cours de ces essais.

Au-delà de ces interrogations, on verra paraître la certitude intime que la critique littéraire dans le monde anglo-saxon, plus particulièrement dans ses relations actuelles avec l'académisme professoral, perd une bonne partie de ses compétences et de son intérêt. Elle fait trop souvent preuve d'une complaisante soumission devant des conceptions qui n'ont qu'une valeur académique, journalistique ou des habitudes de pensée qui datent du XIXe *siècle. Les livres à propos des livres, et ce genre plus récent et non moins prospère des livres à propos de la critique littéraire (une sorte de parenté au troisième degré), ne vont certes pas cesser d'être publiés en nombre imposant. Mais il devient de plus en plus évident que dans le cas de la plupart d'entre eux il s'agit d'une espèce de sport ésotérique, qu'ils n'ont pas grand-chose à apprendre à ceux qui pourraient leur demander quelle communauté d'action et quelle coexistence permettraient de développer l'humanisme, quelle influence peuvent exercer certaines formes de communications littéraires sur le développement de l'histoire moderne. La faille qui existe entre la littérature de l'académisme et des belles-lettres et les possibilités d'une évolution littéraire capable de bouleverser nos conditions de vie a rarement été aussi profonde depuis le temps où Kierkegaard signalait ironiquement son existence.*

La critique moderne la plus vigoureuse, celle des Georg Lukács, Walter Benjamin, Edmund Wilson, F. R. Leavis, Roland Barthes, Maurice Blanchot, Jean Paulhan, en est parfaitement consciente. Chacun de ces critiques, selon l'optique qui lui est propre, fait d'une vue d'ensemble de l'homme le principal critère de son jugement sur les œuvres de littérature, comparant de façon utopique ou empirique les possibilités de l'action humaine avec la réalité des faits. Mais ces œuvres remarquables — et les pages qui vont suivre leur doivent certainement beaucoup — commencent à paraître d'un autre temps. Elles procèdent d'une conception de la littérature qui se trouve désormais remise en question.

La nouveauté ou la nature particulière de la conscience actuelle est le second thème important de ce livre. Je sais bien que les historiens ont raison de dire que la cruauté et la barbarie sont inséparables du règlement des affaires humaines, et qu'aucune époque ne peut se prétendre innocente de désastres qu'elle a supportés. Je sais que les massacres de populations coloniales des XIXe *et* XXe *siècles, et la destruction cynique des ressources naturelles et animales qui les accompagnaient (l'extermination de la faune étant peut-être la suite symbolique et logique de celle des peuples autochtones) sont des réalités qui portent la marque d'un mal très profond. Mais je pense qu'il y a une part d'hypocrisie dans l'imagination d'une confraternité immédiate et universelle, dans la recherche d'un accommodement sans parti pris face aux provocations constantes et généralisées de l'histoire. Ma propre conscience se sent envahie par les vagues de barbarie qui s'étendent sur l'Europe moderne ; par les massacres de millions de Juifs et par la destruction, sous l'égide du nazisme et du stalinisme, de ce que j'ai tenté de définir dans quelques-uns de ces essais comme le génie propre à « l'humanisme du centre européen ». Au nom de cette abomination, je ne réclame aucun privilège particulier, mais c'est cette crise de l'espérance humaine et rationnelle qui a façonné ma propre vie et qui me concerne de la façon la plus directe.*

Sa noirceur ne nous vient pas du désert de Gobi ou des forêts pluvieuses de l'Amazonie. Elle monte de l'intérieur et du plus profond de la civilisation européenne. Le cri des hommes assassinés résonnait jusque dans les amphithéâtres des universités, des flots de sadisme déferlaient dans un voisinage intime et obscène des théâtres et des musées. Au cours du XVIIIe *siècle, Voltaire avait cru voir la fin de la torture : les massacres au nom d'une idéologie devaient à jamais disparaître. De nos jours, sur les hauts lieux de la culture, de la philosophie et des arts, nous avons vu s'élever Auschwitz et Belsen.*

Je ne puis pas souscrire à l'idée confortable que ce désastre fut un phénomène purement allemand, ou qu'il s'agit d'une horrible mésaventure, liée à la personnalité de tel ou tel dirigeant, fût-il Hitler ou Staline ou Franco. Dix années après que la Gestapo eut quitté Paris, les compatriotes de Voltaire et de Victor Hugo torturaient les Algériens et se torturaient entre eux, parfois dans les mêmes cellules. La demeure de l'humanisme classique, le rêve du règne de la raison sur lequel se fondait la société occidentale se sont en grande partie effondrés. Les notions de progrès culturel et celles de l'autorité de la raison, léguées par la Grèce antique et encore pleinement valables pour l'historicisme utopique de Marx et l'autoritarisme stoïcien de Freud (l'un et l'autre profondément nourris des sucs d'une culture gréco-romaine), ne peuvent être soutenues ou acceptées avec beaucoup de confiance. L'homme de la technique, soumis à la domination de la haine politique et aux suggestions, souvent frivoles et publicitaires, du sadisme, a fait de formidables progrès sur le chemin de sa propre destruction.

Penser à la littérature, à l'éducation, au langage, comme s'il ne s'était rien passé d'important, rien qui soit susceptible de remettre en question notre façon de concevoir ces activités, me semble parfaitement irréaliste. Lire Eschyle ou Shakespeare — sans parler de faire étudier leurs œuvres — comme si ces textes, l'autorité de ces textes sur la conduite de nos existences demeurait intacte, préservée de l'empreinte d'une histoire récente, me paraît être la caractéristique d'un analphabétisme subtil mais destructeur. C'est là une Byzance nouvelle, une nouvelle préciosité. Ce qui ne signifie nullement que l'on doive tout considérer dans la perspective journalistique de l'intérêt du présent, mais bien que l'on envisage sérieusement les conditions dans lesquelles un art de qualité peut survivre, et comment il nous est possible de comprendre notre propre nature.

Nous sommes ceux qui viennent après. *Nous savons désormais qu'un homme peut le soir lire Goethe ou Rilke, jouer des passages de Bach ou de Schubert, et le lendemain matin vaquer à son travail quotidien, à Auschwitz. Dire qu'il a lu sans comprendre ou qu'il n'a pas d'oreille est une échappatoire trop facile. Et puisque nous le savons, quelles peuvent en être les conséquences sur la société et sur la littérature, alors que, de Platon à Matthew Arnold et Alain, l'espoir fondé sur la force humanitrice de la culture est devenu presque un dogme, que tous croient en la valeur de cette énergie spirituelle inspiratrice du comportement ? En outre, les institutions qui avaient la charge de promouvoir la civilisation et d'en diffuser les résultats — universités, arts, édition — non seulement n'ont pas su s'opposer efficacement à la barbarie politique, mais l'ont glorifiée, le plus souvent honorée et couverte d'éloges. Pourquoi ? Quels rapports existent, encore à peu près inconnus, entre les attitudes mentales, les habitudes psychologiques de la haute culture et les tentations d'une barbarie inhumaine ? Quelle lassitude blasée, quelle saturation de pensée abstraite se développe parmi les peuples les plus civilisés et les prépare aux déchaînements de la barbarie ? La plupart des essais et des développements qui vont suivre cherchent les moyens de poser cette question de façon à la fois plus précise et plus complète.*

Je n'entends pas faire de la « critique littéraire », mais quelque chose qui, par les fins et par la méthode, s'en distingue sensiblement. Conscient de tout ce qui peut manquer encore à ces essais, j'aimerais cependant que l'on puisse y voir quelques jalons en vue de l'objectif plus lointain d'une « philosophie du langage ». Cette philosophie n'est-elle pas elle-même la condition indispensable à une compréhension plus adéquate de l'héritage de notre culture, des causes de sa destruction partielle, des forces souterraines qui l'ont minée, et de la nécessité pour la société moderne d'inventorier ses ressources pour appréhender l'avenir ? Une philosophie du langage, au sens où l'entendaient Leibniz et Walter Benjamin, doit porter à l'étude de la littérature une attention toute particulière, mais elle voit elle-même la littérature comme impliquée dans un ensemble plus vaste qui, par des moyens sémantiques, formels, symboliques, permet aux hommes de communiquer et de se comprendre. Elle voit dans la philosophie, comme l'enseigne Wittgenstein, le langage du plus extrême scrupule, où le verbe lui-même s'interroge sans cesse sur sa validité. Elle s'adressera à l'anthropologie pour corriger ou pour appuyer les données d'autres disciplines ou d'autres systèmes de définitions. (N'est-ce pas la seule façon de nous faire renoncer à l'évidence trompeuse d'une perspective qui nous est propre ?)

Une philosophie du langage s'engagera avec prudence sur la voie ouverte par les hypothèses attrayantes de la linguistique moderne. N'est-ce pas vers la linguistique que se tournent désormais tant de talents qui auraient été autrefois attirés par l'histoire et par la critique littéraire ? Les poètes ont toujours su que littérature et linguistique sont étroitement liées. « Les ressources poétiques, nous dit Roman Jakobson, que recèle la structure morphologique et syntaxique du langage, en somme la poésie de la grammaire, ainsi que son produit littéraire — la grammaire de la poésie —, ont rarement été reconnues par la critique et le plus souvent ignorées par les linguistes, alors que les grands écrivains les utilisaient avec maîtrise. » Une philosophie du langage s'efforcera de définir ces rapports de façon précise.

En bref, avec une faculté de compréhension et d'étonnement si rare en matière de critique littéraire et dans l'enseignement académique de la littérature, elle reviendra à cette réalité du langage, expression d'une essence mystérieuse de l'homme, dont l'identité et la présence historique ne sont que des interprétations. C'est par le langage que l'homme se distingue des codes précis de signalisation, des balbutiements, des silences, inséparables de la plupart des manifestations de l'être. Si le silence devait à nouveau retomber sur les ruines de la civilisation, ce serait alors un silence plus noir et plus lourd encore, désespéré de se souvenir du Verbe.

C'est à l'intention des défricheurs éventuels sur la voie d'une philosophie du langage qu'ont été conçus les principaux essais que ce livre a réunis.

Bien qu'il n'ait pas fait l'objet d'une étude particulière, Hermann Broch demeure présent dans cet ensemble par son œuvre et par son exemple. Broch est l'un des premiers parmi les romanciers et les maîtres à penser de notre époque. Quand je m'interroge sur la valeur qu'il convient de reconnaître au langage, sur l'autorité du silence face à la montée de l'inhumain, quand j'essaie de comprendre les modalités qui font que le domaine de la poésie est si proche de celui des mathématiques et de la musique, je ne fais souvent que développer certains des thèmes que Broch esquissait dans ses romans et ses écrits philosophiques. Sa vie et son œuvre sont elles-mêmes exemplaires d'une certaine forme de civilisation, du refus de la médiocrité et du chaos.

Mais il y a aussi dans ces essais maints échos de cette pensée sur « l'écriture », sur « la terreur » dans les lettres, sur « l'autocritique du mot » qui fait le brillant et la portée d'une école française qui va d'Artaud à Sollers et Derrida. Leur pensée et la mienne se rencontrent ; la Retraite du mot *date de 1961, et la notion « du livre futur » — ce que j'appelle « la forme pythagorique » — m'occupe depuis 1958. Il est d'importance capitale que la pensée linguistique et la « nouvelle grammaire », telles qu'on les retrouve en ce moment dans les lettres françaises, soient connues largement. En même temps, il est à souhaiter que l'école française s'informe auprès de ses grands devanciers, tels que Walter Benjamin, Adorno ou Jan Mukařovský, et qu'elle prenne connaissance de ses contemporains tels que Kenneth Burke.*

*En conclusion, un signal d'alerte : le concept de l'*écriture, *la nouvelle « poétique absolue » de nos fougueux grammairiens sont un outil passionnant. Mais il est en eux cette même menace d'abstraction, d'un humanisme formel, qui rendit la philologie germanique et classique si complice de la catastrophe européenne. Lisons nos textes, avec une nouvelle perspicacité, avec une notion forte et formelle de leur caractère sémiolo-*

gique — je le veux bien. Mais le mot est avant toute chose un acte humain, et toute lecture est la réponse d'un homme.

(Traduction de Guy Durand)

VERS UNE CULTURE PLUS HUMAINE

Quand il lui prend la fantaisie de se retourner, le critique surprend l'ombre d'un eunuque. Qui se soucierait de gloser s'il pouvait écrire ? Qui s'acharnerait à pénétrer les intentions les plus secrètes de Dostoïevski s'il était capable de forger deux lignes des *Frères Karamazov* ? Qui disserterait de la sérénité de D. H. Lawrence s'il lui était donné de faire se lever le tourbillon de vie qui anime *l'Arc-en-ciel* ? Toute œuvre littéraire d'importance naît du *dur désir de durer*[1], des prodiges d'ingéniosité que l'esprit oppose à la mort, de la volonté de tromper le temps par les vertus de l'écriture. « Brightness falls from the air[2] » (la clarté s'évanouit dans l'air) ; cinq mots, l'utilisation habile de sons qui vont en s'étouffant. De quoi survivre à trois siècles. Qui se voudrait tâcheron s'il pouvait faire chanter les vers ou composer de sa propre chair mortelle un roman éternel, un personnage inoubliable ? La plupart des hommes ne laissent d'eux-mêmes qu'un souvenir poussiéreux au fond d'annuaires téléphoniques périmés que, Dieu merci, on conserve au British Museum ; et leur exis-

1. En français dans le texte. (*N.d.T.*)
2. *In Time of Pestilence,* Thomas Nashe (1567-1601).

tence, pour réelle qu'elle soit, n'est que le reflet appauvri et mensonger de Falstaff ou Mme de Guermantes. Que ne donnerait-on pas pour les avoir conçus...

Le critique vit par procuration. Il ne dit pas, il rapporte. Il faut lui fournir le poème, le roman ou la pièce de théâtre, et ce parasite se nourrit du génie des autres. C'est seulement par l'exercice du style qu'il peut s'élever au rang d'artiste. Mais, en général, cela ne se produit que lorsqu'un écrivain analyse ses propres œuvres ou se fait le porte-parole de sa poétique : les commentaires de Coleridge, le prosélytisme de T. S. Eliot sont un moment de la création. À part Sainte-Beuve, qui peut se targuer d'appartenir aux lettres du seul fait de ses jugements ? Tous les comptes rendus de la terre n'ont jamais donné vie au langage !

Ce sont là des vérités bien simples que les honnêtes gens se répètent dans la grisaille du petit matin. Nous sommes pourtant tous bien près de les oublier, car notre bouillante époque pare la profession d'un immense prestige. Les revues déversent un torrent de commentaires et d'interprétations ; les Américains ont des écoles de critique comme nous avons des écoles de journalisme. Le censeur existe de plein droit, ses convictions et ses querelles ont force de loi. L'exégète scrute les écrits de ses confrères, et le petit jeune homme plein d'avenir, loin de considérer son travail comme un aveu d'échec, comme la reconnaissance sournoise et blafarde des limites de son propre talent, s'imagine faire carrière. Ce pourrait être drôle ; en fait c'est sinistre. Jamais, jusqu'à ce jour, tant d'étudiants et d'amateurs éclairés n'ont consommé une telle masse d'articles *traitant de,* en lieu et place des œuvres elles-mêmes, ou avant d'être arrivés à une opinion personnelle. Le jugement que F. R. Leavis porte sur George Eliot est entré dans le sentiment commun. Parmi tous ceux qui s'en font l'écho, combien ont lu *Félix Holt* ou

Daniel Deronda ? L'essai de T. S. Eliot sur Dante constitue l'abc des humanités ; mais de *la Divine Comédie,* on ne connaît, au mieux, que de brefs extraits : *l'Enfer* (chant XXVI) ou la faim d'Ugolin. Le vrai critique se veut l'humble serviteur du poète ; de nos jours, il joue au maître, ou on le prend pour tel. Il oublie l'ultime leçon de Zarathoustra : « Maintenant, va sans moi. »

Il y a tout juste cent ans, Matthew Arnold discernait la même ampleur, la même prééminence de l'élan critique. Tout en reconnaissant la suprématie de l'écriture, l'élévation et la joie incomparable de créer, il voyait en ce bouillonnement le prélude indispensable à une nouvelle ère poétique. Nous sommes venus après ; après les atteintes inimaginables portées aux espoirs, aux valeurs humaines par la bestialité du siècle ; il est impossible de n'en pas tenir compte.

C'est de ces ruines que doit partir toute réflexion sérieuse sur la littérature et sa place dans la société. Depuis toujours, la Muse se penche surtout sur l'homme ; elle scrute son image, les motifs et les aspects de sa conduite. Personne ne peut prétendre agir rationnellement, en quelque qualité que ce soit, comme si notre sens des frontières de l'humain n'avait pas été bouleversé ; comme si l'anéantissement par la faim et la violence de soixante-dix millions d'hommes, de femmes et d'enfants en Europe et en Russie, de 1914 à 1945, n'avait pas radicalement modifié notre conscience des choses. Il serait malhonnête de se persuader que Belsen n'a rien à voir avec le fonctionnement normal de l'imagination. Ce que l'homme a fait subir à l'homme, il y a si peu de temps, a altéré les matériaux mêmes dont use l'écrivain, la réserve inépuisable des comportements, inflige à l'intelligence un nouveau fardeau d'obscurité.

De plus, les fondements de la culture humaniste sont remis en question. C'est au cœur de l'Europe que s'est révélé le degré ultime de barbarie jamais atteint par un gouvernement. Deux siècles après que Voltaire en eut proclamé la disparition, la torture redevenait un instrument habituel d'action politique. C'est peu de dire que la diffusion des connaissances n'a pas su barrer la route aux régimes totalitaires ; bien des fois, en réalité, ce sont les hauts lieux du goût et du savoir qui ont ouvert leurs portes et contribué notablement à cette Terreur nouvelle. La sauvagerie s'est imposée sur le sol qui avait vu fleurir le christianisme, la Renaissance et le rationalisme classique. Nous savons fort bien que certains des promoteurs et administrateurs d'Auschwitz avaient été formés à l'école de Shakespeare ou de Goethe, et continuaient à les lire.

Voilà qui ne peut manquer de frapper d'horreur ceux qui étudient ou enseignent la littérature. Nous sommes contraints de nous demander si la connaissance des textes et des pensées les plus élevés aiguise et élargit la compréhension, comme l'affirmait Matthew Arnold. Comment savoir si ce que Leavis appelle « l'humanité fondamentale » prépare, en fait, à la générosité ou s'il n'existe pas, au contraire, une discordance et même une incompatibilité foncière entre l'intelligence morale telle que la développe la pratique des œuvres, et celle que requiert l'option politique et sociale ? Cette dernière éventualité est particulièrement angoissante. Il se peut qu'un intérêt soutenu et délibéré pour la chose imprimée, la capacité de s'identifier trop intensément à des personnages ou des sentiments imaginaires émoussent le caractère immédiat et contraignant de la réalité. Nous en venons à ressentir plus vivement le désespoir du jeune Werther que la détresse de nos voisins. Une fois encore le passé récent fournit des témoignages accablants. Des hommes que Goethe ou Chopin faisaient pleurer ont traversé, sans sourciller, l'enfer des autres.

Enseigner la littérature et l'interpréter reviennent, en fin de compte, à essayer d'établir, au profit de l'écrivain, un ensemble cohérent de réactions vivantes. Et quiconque y prétend doit, partant, méditer sur sa tâche : car guider quelqu'un à travers *le Roi Lear* ou l'*Orestie,* c'est prendre entre ses propres mains les ressorts d'un être. Pour Johnson, Coleridge et Arnold, il ne faisait aucun doute que la culture contribuait au sens moral des individus et de la société. Aujourd'hui, on s'interroge. On ne peut exclure que l'étude et la transmission des œuvres n'aient plus qu'une valeur marginale, comme un luxe, une passion d'antiquaire ; et, pis encore, qu'elles détournent notre temps et nos efforts de besognes plus urgentes et plus sérieuses. Je n'en crois rien. Mais il faut poser la question et l'explorer sans hypocrisie. Et qu'elle puisse passer pour incongrue ou subversive, alors qu'elle est essentielle, ne laisse pas d'inquiéter quant à l'état présent des études littéraires dans nos universités.

C'est de là que les sciences exactes tirent leur assurance. Forts du critère de la vérification empirique et d'une tradition de travail par équipe qui tranche avec la tyrannie apparente du moi dans l'argumentation littéraire, les scientifiques sont souvent tentés de placer leurs propres méthodes et conceptions au centre de la civilisation contemporaine, d'affirmer qu'est morte l'ancienne primauté de la poésie et de la métaphysique. Et bien qu'on ne possède pas de preuves certaines, il est raisonnable de penser que nombre d'intelligences, parmi les plus brillantes, se sont tournées vers les sciences. Au Quattrocento, on aurait brûlé de connaître les peintres ; de nos jours, c'est chez les physiciens, les biochimistes et les mathématiciens qu'on trouve ce bonheur d'inspiration que rien ne vient entraver.

Mais ne nous laissons pas abuser. Les sciences enrichiront le langage et les nuances du sentiment ; comme

Thomas Mann l'a montré dans *Félix Krull,* les mythes et métaphores à venir s'élaboreront au sein de l'astrophysique et de la microbiologie. Les sciences vont remodeler notre entourage et déterminer la part de vie active et de loisirs la plus favorable à la culture. Cependant, bien qu'elles détiennent un inépuisable pouvoir de fascination et une grande beauté, les sciences naturelles et les mathématiques ne présentent que rarement un intérêt fondamental. Je veux dire qu'elles n'ont contribué que très peu à la connaissance et à la maîtrise de nos limites ; il y a, indéniablement, une vision plus aiguë de l'homme dans Homère, Shakespeare ou Dostoïevski que dans l'ensemble des statistiques ou de la neurologie. On n'a rien découvert en génétique qui contredise ou surpasse ce que Proust savait de la fatalité et du poids de l'hérédité ; chaque fois qu'Othello nous remet en mémoire la rouille qu'apporte la rosée au brillant de la lame, la réalité éphémère et charnelle dont nos vies sont pétries s'impose à nous avec une intensité à laquelle les démonstrations ou les projets de la physique ne peuvent atteindre. Aucune évaluation sociométrique de l'ambition ou des manœuvres politiques ne tient devant Stendhal.

Et c'est précisément « l'objectivité », la neutralité éthique dont elles se glorifient, par lesquelles elles arrachent d'éclatantes victoires collectives, qui excluent les connaissances scientifiques du domaine du vrai savoir. Il se peut qu'elles aient fourni des outils, des rationalisations démentes à ceux qui mettaient au point le génocide. Elles nous renseignent à peine sur leurs mobiles, alors que Dante ou Eschyle auraient tant à nous apprendre à ce sujet. Si l'on en croit la naïveté des discours politiques de nos modernes alchimistes, il y a peu d'espoir qu'elles arrachent le futur aux griffes des harpies. La pauvre expérience que nous avons de nos gouffres, nous la devons encore au poète.

Il faut pourtant reconnaître que le miroir est aujourd'hui craquelé et terni en maints endroits. Le trait le plus frappant de la scène littéraire actuelle est l'excellence, par rapport aux formes traditionnelles, de tout ce qui ne recourt pas à l'imagination : reportage, histoire, philosophie, biographie, essai critique. La plupart des romans, pièces et poèmes des vingt dernières années sont tout simplement inférieurs, tant par l'écriture que par l'inspiration, aux domaines dans lesquels les faits guident la plume. Les *Mémoires* de Simone de Beauvoir sont ce que ses œuvres romanesques auraient dû être, des merveilles de simplicité et d'intuition ; Edmund Wilson nous donne la meilleure prose écrite aux États-Unis ; aucun des innombrables romans ou poèmes qui ont abordé le thème redoutable des camps de concentration ne peut rivaliser en vérité, en tact et en compassion avec l'analyse rigoureuse que Bruno Bettelheim développe dans *le Cœur conscient.* Il semble que la complexité, le rythme et les dimensions politiques monstrueuses de notre siècle aient désorienté, effarouché l'imagination tranquille des orfèvres de la littérature classique et des romans du XIXe siècle. *Le Festin nu,* une dérobade. Le soin pris à éviter la touche humaine, ou le ridicule dont la couvrent les fantaisies érotiques ou sadiques traduisent la même incapacité à créer. Beckett se dirige, avec une implacable logique irlandaise, vers une forme dramatique dans laquelle un personnage, le bâillon sur la bouche et les pieds pris dans un bloc de ciment, dévisage le public sans dire mot. Nos esprits en ont soupé de l'horreur et des bagatelles vulgaires par lesquelles vient souvent s'épancher l'angoisse contemporaine. La tentation du silence s'impose à la poésie comme jamais auparavant.

C'est dans ce contexte d'incertitude et d'insatisfaction que s'insère la critique. Toute modeste qu'elle soit, elle n'en assume pas moins un rôle essentiel. Sa fonction est, à mon avis, triple.

En premier lieu, elle peut indiquer ce qu'il faut relire, et de quelle façon. La masse imprimée est énorme et la pression des nouveautés ne se relâche jamais. Il faut exercer un choix, dans lequel nous avons besoin d'être guidés. Je ne veux pas dire qu'il lui faille jouer au destin aveugle en sélectionnant, à l'exclusion de tous les autres, une poignée de titres ou de noms seuls dignes apparemment d'établir une tradition. Bien faite, elle devrait ouvrir plus de livres qu'elle n'en ferme. Mais, de l'immense héritage touffu du passé, elle doit amener au jour et souligner ce qui s'adresse au présent de la façon la plus directe et la plus pressante.

Ici s'affirme la véritable distinction entre critique et philologue. Pour ce dernier, le texte a une valeur intrinsèque, et sa fascination s'exerce sur le plan linguistique ou historique, indépendamment de toute autre considération. Le premier, tout en tirant parti des découvertes de l'érudit concernant le sens premier et la conformité du texte à l'original, doit opter. Et il retiendra les éléments qui peuvent entretenir un dialogue vivant avec notre temps.

Chaque génération doit prendre parti. La poésie est immuable, mais le dictum des analystes ne l'est guère. Tennyson aura son heure et Donne subira une éclipse. Ou, pour apporter un exemple moins soumis au caprice de la mode, laissez-moi vous rappeler qu'avant la guerre, il était commun, dans les lycées français que j'ai fréquentés, de voir en Virgile un imitateur tatillon et sans vigueur d'Homère. Tous les élèves vous l'auraient affirmé le plus calmement du monde. Le désastre, la monotonie de l'exil et de la déroute modifièrent cette opinion de fond en comble, et Virgile apparut alors, des deux, comme le témoin le plus sage et le plus averti. L'interprétation gauchie que Simone Weil donne de l'*Iliade,* et *la Mort de Virgile* d'Hermann Broch sont deux preuves de ce changement d'optique. Le temps, dans sa dimension historique ou subjective, bouleverse le sentiment que nous avons d'une œuvre d'art. Il est reconnu qu'il y a une poésie de la jeunesse et une prose de la maturité. Parce que leurs prophéties d'un âge d'or à venir sont ironiquement démenties par notre expérience quotidienne, les romantiques sont sortis du champ de la conscience collective. Le XVIe siècle et le XVIIe à son éveil, bien que leur langage soit souvent obscur et lointain, parlent mieux à nos oreilles. La critique peut contenir et féconder cette évolution du goût en ramenant sur le présent les exemples dont il peut se nourrir : ce que la prose française offre de meilleur en ce moment s'inspire de l'écriture impétueuse de Diderot. Elle peut aussi nous rappeler que nos jugements successifs n'ont rien d'absolu ou d'éternel. Le commentateur le plus éclairé ne peut guère que pré-sentir, se pencher par-dessus l'horizon et préparer le sol pour de futures moissons. Il lui arrivera d'entendre l'écho de voix oubliées ou des accents encore inconnus. À preuve, ceux qui ont vu se lever, dans les années 20, le jour qui consacrerait Blake et Kierkegaard ou qui ont discerné, dix ans plus tard, la vérité universelle du cauchemar personnel de Kafka. Il ne s'agit pas de « jouer le favori », mais de reconnaître que l'art s'affirme selon une trame délicate et mouvante de relations temporelles.

En second, la critique peut être lien. En un siècle où la rapidité des communications ne sert qu'à dissimuler l'inertie des barrières politiques et idéologiques, quelqu'un doit assurer les relais, conserver les archives. Aucun régime politique ne doit pouvoir déformer ou étouffer la production d'un auteur. Les cendres des livres brûlés à recueillir et à déchiffrer.

Tout comme il s'efforce, dans le temps, d'établir un dialogue entre le passé et le présent, le critique essaiera, dans l'espace, de maintenir des zones de contact entre les langues. Ses écrits élargissent et ramifient le flot de la sensibilité. Ils sortent les littératures de leur isolement en soulignant les multiples interactions des langues et des nations. Ils s'épanouissent dans le jeu des affinités, suivent le bond hardi de l'analogie. Ils savent que l'émulation suscitée par un talent de premier plan ou une forme poétique élevée se diffuse de la manière la plus subtile. Ils se placent « sous le signe de saint Jérôme » puisqu'il n'existe pas, d'une langue à l'autre, d'équivalences exactes, seulement des trahisons ; cependant, les inlassables essais de traduction sont nécessaires à la plénitude du poème. Le commentateur et le traducteur s'acharnent tous deux à répandre leur découverte.

Dans le domaine pratique, cela veut dire qu'on ne devrait interpréter et enseigner la littérature que selon la méthode comparative. C'est en fait lire superficiellement et se donner le change que de juger Spenser sans connaître de première main l'épopée italienne ; de louer Pope sans avoir maîtrisé Boileau ; d'évaluer la réussite du roman victorien et de James sans une intime familiarité avec Balzac, Stendhal et Flaubert. Seul le féodalisme universitaire sépare irrévocablement l'étude de l'anglais de celle des langues vivantes. L'anglais n'est-il pas lui-même une langue vivante qui, au cours de son histoire, a tour à tour accueilli et repoussé l'influence des idiomes européens, la tradition continentale de la rhétorique et des genres ? Mais il s'agit bien là d'éducation et d'université ! Quiconque affirme qu'un homme ne peut connaître à fond qu'une langue, que la tradition romanesque et l'héritage poétique nationaux sont les seuls valables, ferme les portes qu'il devrait ouvrir et rétrécit l'esprit au lieu de l'amener à contempler une réussite égale et universelle. En politique, le chauvinisme a donné le signal de la débâcle ; mais il n'a rien à voir en littérature. Le critique diffère une fois encore de l'écrivain en ce qu'il n'est pas homme à cultiver son propre jardin.

La troisième fonction de la critique, la plus importante, touche à la littérature contemporaine. Mais n'oublions pas que *contemporain* ne veut pas dire « du jour ». Ce sont les ouvrages tout chauds encore de la presse qui talonnent le chroniqueur. Il reste évident que l'art de notre époque exige qu'on le traite avec plus de sérieux. Il ne s'agit pas seulement de savoir si telle manifestation représente un pas en avant, un raffinement dans le domaine de la technique, si elle introduit un nouveau procédé stylistique ou exploite au mieux l'humeur du moment. Il lui incombe d'apprécier dans quelle mesure elle ajoute ou retranche aux réserves appauvries de l'intelligence morale : quelle image de l'homme propose-t-elle ? Ce n'est pas là une question qui s'énonce aisément, et elle risque de manquer de délicatesse. Mais notre siècle échappe au règne de l'ordinaire. Il se débat sous le poids de l'inhumain qui le tourmente avec une force et une horreur inouïes ; et le chaos pointe à l'horizon. On aimerait s'offrir le luxe du détachement, mais c'est impossible.

C'est ainsi, par exemple, qu'on peut être amené à se demander si le talent de Tennessee Williams est utilisé pour promouvoir un sadisme dilué ; si la virtuosité décadente de Salinger ne renvoie pas à une vision diminuée et exsangue de l'absurdité humaine ; si la banalité des pièces de Camus et de tous ses romans, le premier excepté, révèle le vague persistant d'une pensée aux allures sculpturales et au mouvement flottant ? Je dis bien « se demander » et non contrefaire ou juger, la distinction est d'importance. La quête ne peut être féconde que lorsque les œuvres sont d'accès entièrement libre et lorsque le critique espère sincèrement être contredit et corrigé. Et puis, si le flic et le censeur interrogent l'écrivain, lui ne s'en prend qu'au livre.

J'ai essayé, tout au long, de définir la notion de *culture d'humaniste.* Dans cette joute avec l'esprit vivant des morts que nous appelons la lecture, notre rôle n'a rien de passif. Chaque fois qu'elle dépasse la rêverie, ou cet appétit sans conviction, fils de l'ennui, la lecture est une forme d'action. Nous mobilisons la voix, l'être entier de l'œuvre. En revanche, nous la laissons pénétrer en nous, non sans réticences d'ailleurs. Le grand poème, le roman classique s'imposent à nous, prennent d'assaut et occupent les places fortes de notre conscience. Ils maltraitent d'étrange façon notre imagination et nos désirs, nos ambitions et nos rêves les plus secrets. Ceux qui brûlent les livres savent bien ce qu'ils font, car l'artiste détient un pouvoir incontrôlable : depuis Van Gogh, aucun œil occidental n'a contemplé un cyprès sans y distinguer la naissance d'une flamme.

Il en est de même, à un degré plus parfait, avec la littérature. Qui a lu le livre XXIV de l'*Iliade,* la rencontre nocturne de Priam et d'Achille, le chapitre où Aliocha Karamazov s'agenouille sous les étoiles, le « Que philosopher c'est apprendre à mourir » de Montaigne et l'interprétation qu'en donne Hamlet — et n'en a pas été bouleversé, n'en a pas contemplé d'un œil neuf sa propre vie, la pièce où il se meut, les amis qui frappent à sa porte, n'a lu qu'en aveugle doué de la seule vue matérielle. Peut-on plonger dans *Anna Karénine* ou dans Proust sans tirer au jour un nouvel élément de faiblesse de sa vie amoureuse ?

Il faut être prêt à prendre de grands risques pour bien lire. Prêt à sacrifier son moi, le contrôle qu'on a sur lui. Selon Dostoïevski, un rêve caractéristique accompagne les premières manifestations de l'épilepsie : le sujet se sent emporté et libéré de son propre corps ; regardant en arrière, il s'aperçoit, et est alors saisi de terreur panique : un autre est en train de s'emparer de la vieille carcasse et c'est une démarche irréversible. Harcelé par cette peur, l'esprit, à tâtons, cherche le salut dans un réveil brutal. Il devrait en être ainsi quand nous entreprenons la lecture d'une grande œuvre littéraire ou philosophique, imaginaire ou militante. Nous devrions nous laisser dominer totalement, jusqu'à errer, pour un temps, effarés de nous-mêmes, aux frontières du dédoublement partiel. Quiconque a lu *la Métamorphose* de Kafka et peut se regarder dans un miroir sans broncher sait sans doute « lire », au sens technique du terme, mais demeure analphabète.

Il nous faut réapprendre l'art de lire, la vraie culture, puisque les valeurs communes sont éparpillées, que les mots eux-mêmes ont été déformés et avilis, que la phrase et la métaphore classiques s'effacent devant l'alambiqué et l'éphémère. C'est à la critique littéraire que revient la responsabilité de nous aider à lire en hommes complets, par ses exemples de précision, de joie profonde et de terreur sacrée. Cette tâche est secondaire en regard de l'acte créateur. Mais elle n'a jamais eu tant d'importance qu'à présent. Et sans elle, la création pourrait bien se heurter au silence.

LA RETRAITE DU MOT

L'apôtre nous dit qu'au commencement était le verbe. Il ne nous donne aucune assurance quant à la fin.

Il aurait été préférable qu'il emploie la langue grecque pour exprimer la conception hellénistique du *logos,* car c'est à son héritage gréco-judaïque que la civilisation occidentale doit son caractère essentiellement verbal. Nous pouvons considérer ce caractère comme bien établi. C'est la racine et l'écorce de notre expérience, et il nous est impossible de nous exprimer autrement. Notre vie est dans le fait du discours. Mais nous ne saurions affirmer qu'une matrice verbale soit la seule à contenir les articulations et le cours de la pensée. Il y a des genres de réalités intellectuelles et sensuelles fondés, non sur le langage, mais sur d'autres forces de communication telles que l'icône ou la note de musique. Et il y a des actes de l'esprit qui prennent leurs racines dans le silence. Il est difficile de *parler* de ceux-là, car comment la parole pourrait-elle exprimer la forme et la vitalité du silence ? Mais je peux citer des exemples.

Dans certaines métaphysiques orientales, dans le bouddhisme et le taoïsme, l'âme est représentée s'élevant au-dessus des grossières entraves de la matière, à travers des domaines subtils qui peuvent être rendus par un langage sublime et précis, vers un silence de plus en plus total. Le but le plus élevé et le plus pur de la contemplation est celui qui a appris à dépasser le langage. L'ineffable est au-delà des frontières du mot. Ce n'est qu'en brisant les murs du langage que la règle contemplative peut pénétrer dans le monde de la connaissance totale et immédiate. À un tel niveau, la vérité n'a plus à souffrir les impuretés et la fragmentation qu'entraîne nécessairement le discours. Il n'est plus besoin de se conformer à la logique naïve et à la conception linéaire du temps qu'implique la syntaxe. Dans la vérité suprême, le passé, le présent et le futur marchent de front. C'est la structure temporelle du langage qui les distingue artificiellement. C'est là le point crucial.

Le bienheureux, l'initié, ne se soustrait pas seulement aux tentations du monde ; il se soustrait à la parole. Sa retraite dans une grotte de montagne ou dans une cellule de monastère est l'expression de son silence. Même ceux qui ne sont que des novices sur cette route ardue apprennent à se méfier du voile du langage, à le déchirer pour atteindre une plus grande réalité. Le *koan* Zen — vous connaissez le bruit de deux mains qui applaudissent, qui est le bruit d'une seule ? — est un exercice de débutant dans les voies de la retraite du mot.

La tradition occidentale connaît aussi les dépassements du langage vers le silence. L'idéal trappiste renoue avec une tradition du silence aussi ancienne que celle des stylites et des Pères du Désert. Saint Jean de la Croix exprime l'exaltation de l'ascète dont l'âme contemplative brise ce qui l'amarrait à la connaissance verbale commune :

Entréme donde no supe,
Y quedéme no sabiendo,
Toda sciencia trascendiendo.

Mais du point du vue occidental, ce genre d'expérience porte inévitablement une odeur de mysticisme. Et quel que soit le rapport (encore un mot révélateur) entre nos lèvres et la sainteté de la vocation mystique, l'attitude dominante de l'Occident est celle qu'exprime la boutade du cardinal Newman, selon lequel le mysticisme commence dans la brume (*mist*) et finit dans le schisme. Très peu de poètes d'Occident — peut-être Dante — ont soumis l'imagination à la primauté de l'expérience transrationnelle. Nous acceptons, devant la porte chatoyante du paradis, l'aveuglement des yeux et de la connaissance devant la totalité de la vision. Pascal est plus proche du sentiment classique occidental quand il dit que les silences de l'espace cosmique inspirent la terreur. Pour le taoïste, ce même silence apporte tranquillité et intimité divine.

La primauté de la parole, de celle qui peut être parlée et communiquée par le discours, est caractéristique du génie grec et judaïque, et elle a été transmise à la chrétienté. La conception classique et chrétienne du monde s'efforce d'accorder réalité et maîtrise du langage. La littérature, la philosophie, la théologie, le droit, les arts de l'histoire sont autant de tentatives pour enfermer dans les limites du discours rationnel la somme de l'expérience humaine, le passé qui en a été transmis, sa condition présente et les espoirs futurs. Le Code de Justinien, la *Somme* de saint Thomas d'Aquin, les chroniques et les traités de la littérature du Moyen Âge, *la Divine Comédie* sont des exemples de cette tentative totalitaire. Ils sont les témoins solennels de la croyance selon laquelle toute vérité et réalité — à part une singulière marge bien réduite, tout à fait au sommet — peuvent être enfermées à l'intérieur des limites du langage.

Cette croyance n'est plus universelle. La confiance en elle commence de décliner à l'époque de Milton. La cause et l'histoire de ce déclin jettent une vive lumière sur les circonstances de la littérature moderne et du langage.

C'est au cours du XVIIe siècle que certaines régions significatives de la vérité, de la réalité et de l'action s'éloignent du domaine verbal. Il est vrai, en somme, de dire que jusqu'au XVIIe siècle le penchant prédominant et le contenu des sciences naturelles étaient descriptifs. Les mathématiques ont eu leur longue et brillante histoire de notation symbolique ; mais même les mathématiques étaient une transcription abrégée de propositions verbales applicables à la charpente de la description linguistique, et lui donnant un sens. La pensée mathématique, malgré certaines exceptions notables, prenait ses racines dans les conditions matérielles de l'expérience. Celles-ci, à leur tour, étaient ordonnées et réglées par le langage. Pendant le XVIIe siècle, ce ne fut plus le cas général ; il survint une révolution qui devait transformer pour toujours les rapports entre l'homme et la réalité et changer radicalement les formes de pensée.

Avec l'énoncé de la géométrie analytique et les théories des fonctions algébriques, avec le développement du calcul par Newton et Leibniz, les mathématiques cessèrent d'être une notation dépendante et un instrument de l'expérience. Elles devinrent un langage extraordinairement riche, complexe et dynamique. *Et l'histoire de ce langage est celle d'une incommunicabilité progressive.* Il est encore possible de ramener à des équivalents verbaux, ou au moins à des approximations, les procédés de la géométrie classique et de l'analyse fonctionnelle classique. Cependant, au fur et à mesure que les mathématiques se modernisent et commencent à montrer leurs énormes pouvoirs de conception autonome, un tel rattachement devient de moins en moins possible. Les grandes architectures de formes et de signes conçues par Gauss, Cauchy, Abel Cantor et Weierstrass s'éloignent du langage à une vitesse uniformément accélérée. Ou du moins, elles exigent et développent leurs propres langages, aussi articulés et élaborés que ceux du discours verbal. Et entre ces langages et celui du commun, entre le symbole mathématique et le mot, les ponts deviennent de plus en plus ténus, jusqu'à ne plus exister.

Entre les langages verbaux, quelles que soient leurs différences en ce qui concerne l'arrangement des mots et la syntaxe, il y a toujours une possibilité d'équivalence, même si une véritable traduction ne peut donner que des résultats approximatifs et grossiers. L'idéogramme chinois peut être rendu en anglais par une paraphrase ou un terme précis du lexique. Mais il n'y a pas de dictionnaires pour relier le vocabulaire et la grammaire des mathématiques supérieures à ceux du discours verbal. Il est impossible de « traduire » les conventions et les notations qui règlent les opérations des groupes de Lie ou les propriétés des multiples à *n* dimensions en quelque vocabulaire extérieur aux mathématiques. Même la paraphrase est impossible. La paraphrase d'un bon poème peut donner de la mauvaise prose, mais il y a une visible continuité entre l'ombre et l'objet. La paraphrase d'un difficile théorème de topologie ne peut être qu'une grossière approximation ou une transposition dans une autre branche ou « dialecte » de ce si particulier langage mathématique. Nombre d'intervalles, de relations, d'événements dont s'occupent les mathématiques avancées ne sont pas nécessairement reliés au sens commun ; ce sont des « réalités » survenant dans des systèmes axiomatiques fermés. On ne peut en parler sensément et normalement que dans le langage mathématique. *Et ce langage, au-delà d'un certain niveau élémentaire, n'est et ne peut être verbal.* (J'ai observé des topologistes qui ne parlaient pas la même langue travaillant ensemble au tableau noir dans le langage silencieux commun à leur art.)

Cela est d'une importance capitale. L'expérience et la perception de la réalité se sont trouvées divisées en domaines séparés. Le changement le plus radical dans le cours de la vie occidentale depuis le XVIIe siècle est la soumission de domaines de plus en plus étendus de la connaissance aux moyens et aux procédés des mathématiques. Comme on l'a souvent observé, une branche de recherche passe de la pré-science à la science quand elle peut être organisée mathématiquement. C'est le développement des formules et des statistiques qui donne à la science ses possibilités dynamiques. Les outils de l'analyse mathématique ont transformé la chimie et la physique du temps de l'alchimie en ces sciences déductives d'aujourd'hui. Par la vertu des mathématiques les étoiles sont sorties de la mythologie pour entrer dans les tables des astronomes. Alors que les mathématiques formaient le cœur d'une science, les concepts de cette science, ses règles d'invention et de connaissance devinrent de moins en moins réductibles à ceux du langage usuel.

Il est prétentieux, ce serait même une folie, d'invoquer dans cette étude des notions de base telles que celles de l'univers en tant que *quanta,* le principe de l'indétermination, la relativité constante ou le manque de parité dans de telles interactions minuscules entre les particules atomiques, si l'on ne peut le faire dans le langage qui leur est approprié, c'est-à-dire dans des termes mathématiques. Parce que la physique a dû les emprunter au vulgaire, certains de ces mots semblent avoir gardé un sens général ; ils conservent un certain pouvoir de métaphore. Mais c'est une illusion. Quand un critique fait appel au principe de l'indétermination pour étayer son argumentation sur la peinture gestuelle, ou à l'usage de l'improvisation dans certaine musique contemporaine, il ne rapproche pas deux sphères d'expérience ; il dit simplement des bêtises.

Il faut se garder de telles déceptions. La chimie emploie de nombreux termes dérivés de son état descriptif initial ; mais les formules de la chimie moléculaire moderne sont en fait un abrégé qui n'est pas le fait du discours verbal, mais bien le fait du discours mathématique. Une formule chimique n'est pas l'abréviation d'un énoncé linguistique ; elle codifie une opération numérique. La biologie est dans une position intermédiaire fascinante. Classiquement, c'est une science descriptive reposant sur l'emploi d'une langue précise et suggestive. La force des théories biologiques et zoologiques de Darwin résidait partiellement dans la persuasion de son style, tandis que dans la biologie post-darwinienne les mathématiques ont joué un rôle de plus en plus prépondérant.

Le changement de signe est clairement marqué dans l'ouvrage de Wentworth Thompson, *On Growth and Form,* où le poète, aussi bien que le mathématicien, a sa part. Aujourd'hui, d'importantes branches de la biologie, telles que la génétique, sont surtout d'expression mathématique. Quand la biologie se tourne vers la chimie — et c'est maintenant la biochimie qui tient le haut du pavé — elle a tendance à délaisser la description pour l'énumération. Elle abandonne le mot pour le chiffre.

C'est cette extension des mathématiques sur de vastes domaines de la pensée et de l'action qui sépara la conscience occidentale en ce que C. P. Snow appelle « les deux cultures ». Jusqu'à l'époque de Goethe et de

Humboldt, il était possible pour un homme ayant des dons et une mémoire exceptionnels d'être à son aise aussi bien dans la culture humaniste que dans la culture mathématique. Leibniz a pu encore contribuer notablement à l'une et à l'autre. Désormais, ce n'est plus réellement possible. L'abîme entre le langage des mots et celui des mathématiques se creuse constamment. Sur chaque rive restent les illettrés de l'une et l'autre culture. C'est être aussi illettré de ne pas connaître les concepts de base du calcul ou de la géométrie sphérique, que d'ignorer la grammaire. Ou, pour employer le fameux exemple de Snow, un homme qui n'a pas lu du Shakespeare est un homme inculte, *mais il ne l'est pas plus que* celui qui ignore la seconde loi thermodynamique. Chacun ferme les yeux devant des mondes comparables.

À part quelques moments de lucidité, nous n'agissons pas encore comme si cela était vrai. Nous continuons à affirmer que l'autorité humanistique, la sphère du mot, est prédominante. La notion de ce qui fait une culture est encore enracinée dans les valeurs classiques, dans le sens du discours, de la rhétorique et de la poésie. Mais c'est faire preuve d'ignorance ou de paresse d'imagination. Le calcul, les lois de Carnot, la conception du champ magnétique de Maxwell ne comprennent pas seulement des domaines de réalité et d'action aussi vastes que ceux de la littérature classique ; ils donnent probablement une image du monde perceptible plus près de la vérité que tout ce qu'on peut déduire d'une assertion verbale. Toute évidence suggère que les formes de la réalité sont mathématiques, que le calcul intégral et le calcul différentiel sont l'alphabet de la perception vraie. L'humaniste aujourd'hui est dans le cas de ces esprits tenaces et chagrins qui continuaient d'envisager la terre comme une table plate après que les navigateurs en eurent fait le tour, ou qui persistaient à croire aux énergies propulsives occultes après que Newton eut formulé les lois du mouvement et de l'inertie.

Ceux d'entre nous qui sont forcés, par l'ignorance des sciences exactes, d'imaginer l'univers à travers un voile de langage non mathématique habitent une fiction animée. Les phénomènes, aujourd'hui — la continuité espace-temps de la relativité, la structure atomique de toute matière, l'état d'énergie des particules ondulatoires —, ne sont plus accessibles par le mot. Ce n'est pas un paradoxe d'affirmer que dans les domaines les plus opposés la réalité commence maintenant *en dehors* du langage verbal. Les mathématiciens le savent. « Par leur construction d'abord géométrique, puis purement symbolique, dit Andreas Speiser, les mathématiques ont brisé les chaînes du langage..., et les mathématiques aujourd'hui sont plus efficaces dans le domaine intellectuel que ne le sont, dans leur état déplorable, les langages modernes et même la musique. »

Peu d'humanistes réalisent l'étendue et la nature de ce grand changement. (Sartre est une notable exception ; il a, à plusieurs reprises, attiré l'attention sur la *crise du langage.*) Néanmoins, nombre de tenants de l'humanisme traditionnel ont montré un profond *malaise,* ont reconnu avec une irritation complexe les succès et les triomphes des mathématiques et des sciences naturelles. Ce que l'on pourrait appeler une tendance fallacieuse à l'imitation s'est infiltré dans l'histoire, l'économie, et ce que l'on appelle de façon significative les « sciences sociales ». Dans chacun de ces domaines, le discours repose encore presque complètement sur le langage verbal. Mais les historiens, les économistes et les sociologues ont essayé de greffer à la matrice verbale quelques-uns des procédés des mathématiques ou de la rigueur absolue. Ils sont restés méfiants à l'égard du caractère essentiellement provisoire et esthétique de leurs recherches.

Remarquez combien le culte du positif, de l'exactitude et de la déduction a envahi l'histoire. Le tournant décisif survient au XIXe siècle, dans l'œuvre de Ranke, de Comte et de Taine. Les historiens se mirent à considérer leur matériau comme des éléments contrôlables par des recoupements. De l'étude minutieuse et impartiale du passé (une telle impartialité étant en fait une flatteuse illusion) doivent émerger ces types statistiques, ces périodicités de la force nationale et économique qui permettent à l'historien de formuler les « lois de l'histoire ». Cette notion de la « loi » historique et l'implication de la nécessité et de la prévisibilité, capitales pour Taine, Marx et Spengler, sont un emprunt grossier à la sphère des sciences exactes et mathématiques.

Les ambitions de la rigueur scientifique et de la déduction ont distrait la plupart des écrits historiques de leur véritable nature, qui est l'art. La plus grande partie de ce qui passe à présent pour histoire est à peine littéraire. Les disciples de Namier (mais pas le maître lui-même) relèguent Gibbon, Macaulay ou Michelet au purgatoire des *belles-lettres*. L'illusion de la science et les genres académiques tendent à transformer le jeune historien en un furet terne et efflanqué, avide de faits et de personnages précis. Il vit dans les fiches et écrit des monographies dans un style aussi illisible que possible pour démontrer la qualité scientifique de son art. C. V. Wedgwood est l'un des rares historiens contemporains prêts à défendre ouvertement la nature poétique de toute œuvre historique, en admettant pleinement que tout style porte en lui des possibilités de déformation : « Tout style, à un moment donné, enlève quelque chose au contour visible de la vérité ; c'est le travail de l'érudit de l'approfondir et de le rétablir. » Mais si cette recherche abandonne aussi le style, ou abrite l'illusion de l'exactitude impartiale, elle ne fera jaillir de lumière que sur de la poussière.

Voyez encore les sciences économiques : leurs maîtres classiques, Adam Smith, Ricardo, Malthus, Marshall, étaient des maîtres de la prose. Ils comptaient sur le langage pour expliquer et persuader. À la fin du XIXe siècle, l'économie mathématique commença de se développer. Keynes fut peut-être le dernier à associer les branches humaine et mathématique de sa science. Parlant des apports de Ramsey à la pensée économique, Keynes montra que nombre d'entre eux, malgré leur importance évidente, comportaient des termes mathématiques beaucoup trop compliqués pour le profane ou l'économiste classique. De nos jours, le fossé s'est considérablement creusé ; l'économétrie gagne sur l'économie. Les théorèmes importants — théorie des valeurs, cycles, capacité de production, liquidation, inflation, production-consommation — sont en pleine transition. Ils sont en train de passer du langage aux mathématiques, de la rhétorique à l'équation. L'alphabet de l'économie moderne n'est plus seulement le mot, mais aussi le graphique, le diagramme et le nombre. Le courant de pensée le plus puissant de l'économie moderne utilise les instruments analytiques et déductifs forgés par les analystes de la fonction algébrique du XIXe siècle.

La tentation de la science exacte est encore plus flagrante en sociologie. Une grande partie de la sociologie, surtout en Allemagne et en Amérique, est non littéraire ou, plus précisément, antilittéraire. Elle est conçue dans un jargon d'une véhémente obscurité. Chaque fois que c'est possible, le mot et la grammaire littéraire sont remplacés par la table statistique, la courbe ou le graphique. Là où elle devrait rester verbale, la sociologie emprunte ce qu'elle peut au vocabulaire des sciences exactes. On pourrait faire une liste fascinante de ces emprunts. Ne considérons que les plus importants : normes, groupe, dispersion, intégration, fonction, coordonnées. Chacun d'eux conserve un contenu spécifiquement mathématique ou technique. Vidées de ce contenu et contraintes à un autre emploi, ces expressions deviennent troubles et prétentieuses. Comme des captifs qui se mutinent, elles rendent de mauvais services à leurs nouveaux maîtres. Or, en se servant du baragouin des « coordonnées de la culture » et des « intégrations de groupes semblables », le sociologue paie un tribut fervent au mirage qui a hanté toute la recherche rationnelle de ce siècle — le mirage de l'exactitude mathématique et de la déduction.

Nulle part cependant la retraite du mot n'est plus prononcée et plus saisissante que dans la philosophie. La philosophie classique et médiévale était entièrement soumise à la dignité et aux ressources du langage, à la croyance que les mots, maniés avec une précision indispensable et avec subtilité, pouvaient amener l'esprit à un accord avec la réalité. Platon, Aristote, Duns Scot et saint Thomas d'Aquin sont des maîtres bâtisseurs de mots, construisant autour de la réalité de grands édifices de relation, de définition et de discrimination. Ils utilisent une argumentation différente de celle du poète, mais ils partagent avec le poète l'idée que les mots rassemblent et engendrent la perception de la vérité. De nouveau, le tournant décisif survient au XVIIe siècle, avec l'identification implicite de la vérité et la preuve mathématique de Descartes, et surtout avec Spinoza.

L'*Éthique* représente le formidable point d'impact des mathématiques nouvelles sur un esprit philosophique. Dans les mathématiques, Spinoza perçut la rigueur de la définition, la conformité et la majestueuse certitude du résultat, ce qui est l'espoir de toutes les métaphysiques. Même la plus sévère des argumentations scolastiques, avec ses étalages de syllogismes, ne pouvait rivaliser avec ce progrès, de l'axiome à la démonstration, et avec le nouveau concept que l'on devait trouver dans la géométrie euclidienne et analytique. Avec une superbe naïveté, cependant, Spinoza chercha à faire du langage philosophique des mathématiques verbales. De là l'organisation de l'*Éthique* en axiomes, définitions, démonstrations et corollaires. D'où le fier *q.e.d.* à la fin de chaque série de propositions. C'est un livre étrange et passionnant, aussi limpide que les loupes que Spinoza polissait pour gagner sa vie. Mais il n'en est qu'une image lointaine. C'est une tautologie élaborée. À la différence des nombres, les mots ne contiennent pas en eux-mêmes d'opérations fonctionnelles. Additionnés ou divisés, ils ne donnent que d'autres mots ou d'autres approximations. Les démonstrations de Spinoza ne font qu'affirmer, elles n'apportent pas de preuves. Mais la tentative fut prophétique. Toutes les métaphysiques qui suivirent se trouvèrent plongées dans un dilemme ; après Spinoza, les philosophes savent qu'ils se servent du langage pour clarifier le langage, comme des joailliers se servent de diamants pour tailler d'autres diamants. Le langage n'est plus considéré comme une voie vers la démonstration de la vérité, mais comme une spirale ou une galerie de miroirs ramenant l'intelligence à son point de départ. Avec Spinoza la métaphysique perd son innocence.

La logique symboliste, aperçu de ce que l'on peut déjà trouver chez Leibniz, est une tentative pour briser ce cercle. Au début, dans l'œuvre de Boole, Frege et Hilbert, elle était considérée comme un outil spécialisé destiné à tester la valeur du raisonnement mathématique. Mais elle tint bientôt un plus grand rôle. Le logicien symboliste construit un genre radicalement simplifié mais parfaitement rigoureux et de haute tenue. Il invente ou postule une syntaxe libérée des ambiguïtés et des imprécisions que l'histoire et l'usage ont données au langage commun. Il emprunte les conventions de l'inférence et de la déduction mathématiques et les applique à d'autres genres de pensée pour déterminer s'ils sont valables. Bref, il s'efforce d'objectiver des zones importantes de la recherche philosophique en dépassant le langage. L'instrument non verbal du symbolisme mathématique est maintenant appliqué à la morale et même à l'esthétique. L'ancienne notion du calcul de l'impulsion morale, d'une algèbre du plaisir et de la douleur a eu son renouveau. Nombre de logiciens contemporains ont cherché à imaginer une base de calcul théorique applicable aux choix esthétiques. Il est peu de branches de la philosophie moderne où l'on ne trouve des nombres, des lettres en italique, des radicaux et des flèches avec lesquels le logicien symboliste s'efforce de remplacer les hordes de mots démodés et rebelles.

Le plus grand des philosophes modernes est aussi celui qui s'efforça le plus d'échapper à la spirale du langage. Toute l'œuvre de Wittgenstein pose la question d'une relation vérifiable entre le mot et le fait. Ce que nous appelons fait est peut-être un voile jeté par le langage pour distraire l'esprit de la réalité. Wittgenstein nous oblige à nous demander si *on peut parler* de la réalité quand la parole n'est qu'une sorte de régression infinie, les mots ne parlant jamais que d'autres mots. Wittgenstein poursuivit ce dilemme avec une austérité passionnée. La fameuse proposition du *Tractatus* — « Tout ce qui se dit peut être dit clairement ; quand on ne sait comment s'exprimer, mieux vaut ne rien dire » — n'est pas un appel au pouvoir de la philosophie comme le concevait Descartes. Au contraire, c'est un violent recul par rapport à l'autorité de la métaphysique traditionnelle. Cela mène à la conclusion également bien connue : « Il est évident que l'éthique ne peut être exprimée. » Wittgenstein voulait ranger dans la classe de l'inexplicable (ce qu'il appelle le mystique) la plupart des genres traditionnels de la spéculation philosophique. Le langage ne peut jouer pleinement que dans un domaine spécial et restreint de la réalité. Le reste, et sans doute la plus grande part, est silence.

Plus tard, Wittgenstein abandonna la position restrictive du *Tractatus.* Les *Investigations philosophiques* donnent une vue plus optimiste des capacités du langage pour décrire le monde et pour relier certains genres de recherche. Mais le débat reste ouvert de savoir si le *Tractatus* ne reste pas l'exposé le plus valable et le plus sensé. C'est certainement le plus approfondi. Car le silence, qui entoure à tout moment le discours lui-même, semble aux yeux de Wittgenstein une fenêtre plutôt qu'un mur. Avec Wittgenstein comme avec certains poètes, c'est dans la lumière et non dans l'obscurité que nous plongeons au-delà du langage. Quiconque lit le *Tractatus* est sensible à son étrange et muet rayonnement.

Bien que je ne fasse qu'effleurer le sujet, il me semble évident que la retraite de l'autorité et du rang du langage verbal joue un rôle immense dans l'histoire et le caractère de l'art moderne. Dans la peinture et la sculpture, le réalisme au sens le plus large — la représentation de ce que nous considérons comme une imitation de la réalité — correspond à cette période où le langage est au centre de la vie de l'intelligence et des sens. Un paysage, une nature morte, un portrait, une allégorie, la peinture de quelque événement historique ou légendaire sont des représentations en couleurs, volumes et textures, de réalités exprimables en mots. On peut faire un commentaire sur une œuvre d'art. La toile ou la statue ont un titre qui les rapproche de la compréhension verbale. Nous disons : ceci est le portrait d'un homme au casque d'or ; ou bien : voici le Grand Canal au lever du soleil ; ou encore : voici un portrait de Daphné changée en laurier. Dans chaque cas, même avant d'avoir vu l'œuvre, les mots évoquent un équivalent spécifiquement graphique. Il est hors de doute que cet équivalent est moins vivant et révélateur que la peinture de Rembrandt ou de Canaletto, ou la statue de Canova elles-mêmes. Mais il y a une relation importante. L'artiste et l'amateur parlent du même monde, bien que l'artiste dise des choses plus profondes et plus sensées.

C'est précisément contre une telle équivalence ou concordance verbale que l'art moderne s'est rebellé. C'est parce que la peinture du XVIIIe et du XIXe siècle semblait être une illustration de concepts verbaux — un dessin dans un livre de lecture — que le postimpressionnisme rompit avec le mot. Van Gogh déclarait que le peintre peint non pas ce qu'il voit mais ce qu'il sent. Ce que l'on voit peut être transposé en mots ; ce que l'on sent peut être en deçà ou au-delà du langage. On ne peut l'exprimer que dans l'idiome spécifique de la couleur et de l'organisation spatiale. L'art non objectif et abstrait rejette la moindre possibilité d'équivalence linguistique. La toile et la sculpture refusent les titres ; elles sont étiquetées « Noir et Blanc n° 5 » ou « Formes blanches » ou « Composition 85 ». Quand il y a un titre, comme pour de nombreuses toiles de De Kooning, le titre souvent est une mystification ; il n'est pas destiné à signifier mais à décorer ou à désorienter, et l'œuvre elle-même n'a aucun sujet dont on puisse donner un commentaire verbal. Le fait que Lassaw appelle ses bronzes soudés et tordus « Nuages de Magellan » n'est pas une référence ; le « Chef » de Franz Kline n'est qu'un tourbillon de peinture. Rien de ce qu'on pourrait en *dire* n'aurait de rapport avec le langage courant. Les pâtés de couleurs, les écheveaux de fil de fer ou les agrégats de ferraille ne se réfèrent qu'à eux-mêmes.

Quand ils y parviennent, leur énergie émotionnelle immédiate et évidente provoque chez l'amateur une réponse cinétique. Certaines formes de Brancusi ou d'Arp nous entraînent dans l'engrenage de leur propre mouvement. Les « Feuilles à Weehawken » de De Kooning outrepassent le langage et semblent jouer directement sur nos terminaisons nerveuses. Mais le plus souvent, l'œuvre abstraite n'apporte que le plaisir élémentaire de la décoration. Une grande partie de l'œuvre de Jackson Pollock n'est qu'un papier peint éclatant. Et dans la majorité des cas l'expressionnisme abstrait et l'art non objectif ne communiquent rien. L'œuvre reste muette ou tente de nous crier quelque chose en une sorte de baragouin inhumain. Je me demande si les artistes et critiques futurs ne vont pas considérer avec un mépris embarrassé ce qui, avec trivialité et prétention, remplit aujourd'hui nos galeries.

Manifestement, le problème de la musique atonale, concrète ou électronique est très différent. La musique n'est explicitement reliée au langage que quand elle accompagne un texte, là où elle est musique d'une occasion déterminée, ou bien là où elle est musique de genre qui cherche à traduire une scène ou une situation particulières. La musique a toujours eu sa propre syntaxe, son vocabulaire et ses symboles. Elle constitue avec les mathématiques le principal langage de l'esprit quand il n'est plus de transposition sur le plan verbal. Mais, dans la musique aussi, il y a maintenant une fuite devant la parole.

Une sonate ou une symphonie classiques ne sont en aucune manière des formes verbales. Sauf en des exemples très simplifiés (« musique-tempête »), il n'y a aucun équivalent unilatéral entre l'événement tonal et un sens ou une émotion verbaux particuliers. *Néan-*

moins, il y a eu dans les formes classiques de l'organisation musicale une certaine grammaire, ou articulation dans le temps, qui avait assurément des analogies avec le procédé du langage. Le langage ne peut traduire par lui-même la structure binaire d'une sonate, mais des sujets successifs, leur variation et la récapitulation finale comportent un ordre d'expérience auquel le langage se réfère valablement. La musique moderne n'a aucune parenté de cette espèce. Pour atteindre une sorte d'intégrité totale qui se suffise à elle-même, elle se sépare violemment du domaine du sens intelligible et « extérieur ». Elle refuse à l'auditeur toute reconnaissance du contenu ou, plus précisément, elle lui refuse la possibilité de relier l'impression purement auditive à quelque forme verbalisée de l'expérience. Comme la toile non figurative, le morceau de « nouvelle » musique se passera souvent d'un titre, à moins que ce titre ne permette un rappel des représentations du monde pictural et verbal. Elle se nommera Variation 42 ou Composition.

Dans sa fuite loin des abords du langage, la musique a été attirée inévitablement par la chimère des mathématiques. En jetant un coup d'œil sur un numéro récent du *Musical Quarterly,* on trouve une discussion à propos des « Invariants dodécaphoniques » :

> La classe initiale de S est désignée par le couple (0, 0) et est prise pour origine dans le système coordonné des numéros premiers et des numéros seconds, chacun d'eux couvrant les nombres entiers de 0 à 11 inclusivement, chaque nombre entier apparaissant une fois et une fois seulement comme numéro premier et comme numéro second. Dans le cas des numéros premiers, cela représente le fait que douze classes et seulement douze sont possibles : dans le cas des numéros seconds, il s'agit de l'analogue arithmétique de l'octave (congruent mod. 12).

Décrivant sa propre méthode de composition, un compositeur moderne, certainement parmi les plus radicaux, observe :

> Le fait est que la notion d'invariance, inhérente, par définition, au concept des séries, si elle est appliquée à tous les paramètres, conduit à une uniformité de configuration qui élimine les dernières traces d'imprévisible, ou de surprise.

La musique créée par une telle recherche est sans doute d'une considérable fascination et d'un grand intérêt technique. Mais on en relie facilement le fond à la grande crise du langage humain. Seuls ceux qui font profession d'ultra-modernisme ou s'y attachent par snobisme nieront qu'une grande partie de ce qui passe aujourd'hui pour de la musique n'est qu'un grossier chahut.

Voici ce que j'ai voulu démontrer jusqu'à présent : jusqu'au XVIIe siècle, la sphère du langage englobait presque toute l'expérience et la réalité ; de nos jours son domaine est plus étroit. Il n'articule ni ne relie plus tous les principaux genres d'action, de pensée, de sensibilité. Des zones étendues de la connaissance et de la praxis appartiennent maintenant à des langages non verbaux tels que les mathématiques, la logique symboliste et les formules de relations chimiques et électroniques. D'autres zones appartiennent aux sublangages ou aux antilangages de l'art non figuratif et de la musique concrète. Le monde des mots s'est rétréci. *On ne peut* parler de nombres transfinis que mathématiquement ; *on ne devrait,* suggère Wittgenstein, parler de l'éthique ou de l'esthétique avec l'outillage verbal présentement valable. Et il est, je pense, extrêmement difficile de parler sensément d'une peinture de Jackson Pollock ou d'une composition de Stockhausen. Le cercle s'est considérablement rétréci, car il n'y avait rien sur terre, que ce soit science, métaphysique, art ou musique, dont un Shakespeare, un Donne et un Racine ne puissent parler naturellement (à quoi ils ne puissent accéder naturellement par les mots).

Cela signifie-t-il qu'on utilise moins de mots actuellement ? C'est une question très complexe et encore sans réponse. Indépendamment des listes taxonomiques (les noms de toutes les espèces de coléoptères, par exemple), on estime que la langue anglaise contient à présent environ six cent mille mots. On pense que la langue anglaise élisabéthaine n'en avait que cent cinquante mille. Mais ces grossières images sont décevantes. Le vocabulaire de l'œuvre de Shakespeare est plus vaste que celui de n'importe quel auteur postérieur, et la Bible du roi James, bien qu'elle ne comprenne que six mille mots, suggère que la conception du lettré qui prévalait à l'époque était infiniment plus large que la nôtre. Le fait important n'est pas dans le nombre de mots utilisables, mais dans les possibilités d'utilisation des ressources du langage dans l'usage courant. Si l'on en croit les estimations de MacKnight (*English Words and their Background,* 1923), la moitié de la langue parlée actuelle en Angleterre et en Amérique ne comporte que trente-quatre mots de base ; et pour se faire comprendre largement, les moyens contemporains de publicité ont dû réduire l'anglais à une condition minimale. La langue de Shakespeare et de Milton appartient à un niveau de l'histoire où les mots étaient en contact naturel avec la vie. L'écrivain moderne utilise des mots de moins en moins nombreux et de plus en plus simples, d'une part parce que la culture de masse a balayé le concept littéraire, et d'autre part parce que la somme des réalités dont les mots peuvent donner une idée nécessaire et suffisante a beaucoup diminué.

Cette diminution — le fait que l'image du monde recule devant l'emprise communicative du mot — a retenti sur la qualité du langage. Alors que la conscience occidentale est devenue moins dépendante des ressources du langage pour ordonner l'expérience et conduire le travail de l'esprit, les mots eux-mêmes semblent avoir perdu de leur précision et de leur vitalité. C'est là, je le sais, une opinion controversée. Elle affirme que le langage a sa « vie » propre dans un sens qui dépasse la métaphore. Elle implique que des concepts tels que la fatigue et la dégradation relèvent du langage lui-même et non de l'usage qu'en font les hommes. C'est une opinion professée par de Maistre et Orwell, qui renforce la définition donnée par Pound du métier de poète : « Nous sommes gouvernés par les mots, les lois sont ensevelies dans les mots, et la littérature est le seul moyen de conserver ces mots dans la précision et la vie. » Beaucoup de linguistes verraient d'un œil soupçonneux cette idée de vitalité interne et indépendante du langage. Mais permettez-moi d'expliquer brièvement ce que j'entends par là.

Il y a dans le maniement de la langue anglaise sous les Tudors, les élisabéthains et les écrivains de l'époque de Jacques Ier, un sens de la découverte, de l'exubérance, qui n'a jamais été complètement recouvré. Marlowe, Bacon, Shakespeare utilisent les mots comme s'ils étaient neufs, comme si rien n'était encore venu ternir leur chatoiement ou assourdir leur résonance. Érasme raconte comment il s'est prosterné dans une ruelle boueuse, en extase à la vue d'un bout de papier imprimé, tant était récent le miracle de l'imprimerie. Voilà comment le XVIe et le XVIIe siècle semblaient considérer le langage. Ce trésor était devant eux, d'un seul coup découvert, et, en hommes de ressource infinie, ils le pillèrent. L'instrument aujourd'hui dans nos mains est défraîchi par un long usage. Les demandes de la culture de masse et des communications de masse l'ont obligé à des tâches d'un clinquant sans limites.

En fait, qu'est-ce qui pouvait être communiqué à cette audience de masse à demi illettrée à laquelle la démocratie populaire a fait appel, sinon des demi-vérités, de grossières simplifications ou des trivialités ? En grande partie cette communication ne pouvait avoir lieu que par l'intermédiaire d'un langage diminué et corrompu. Comparez la vitalité de la langue dans Shakespeare, dans le *Book of Common Prayer,* ou dans le style d'un gentilhomme campagnard comme Cavendish, avec la vulgarité présente. Les « motivation researchers », ces fossoyeurs des lettres, prétendent qu'une annonce parfaite ne doit contenir ni mots de plus de deux syllabes ni phrases incidentes. Aux États-Unis, on a imprimé des millions d'exemplaires de « Shakespeare » et de « Bibles » en bandes dessinées, avec légendes en anglais de base. Il est certainement hors de doute que l'accession de gens mal éduqués au pouvoir économique et politique a amené une baisse considérable de la santé et de la dignité du langage.

J'ai essayé par ailleurs de montrer, en prenant comme exemple la condition du langage allemand sous les nazis, à quel degré de bestialité politique et de fausseté on pouvait amener le langage quand on avait arraché la dernière racine de vie morale et émotionnelle, quand on l'avait pétrifié de clichés, de mauvaises définitions et de mots détournés de leur sens. Ce qui est arrivé à la langue allemande se produit ailleurs, mais cependant de façon moins dramatique. Le langage des moyens de masse et de la publicité en Angleterre et aux États-Unis, ce qui passe pour de la littérature dans une « high school » moyenne, ou bien le style des débats politiques actuels sont des preuves manifestes de la retraite de la vitalité et de la précision. L'anglais parlé par M. Eisenhower lors de ses conférences de presse, de même que celui utilisé pour vendre un nouveau détergent, n'est destiné ni à communiquer les vérités critiques de la vie nationale ni à aiguiser l'esprit de celui qui écoute. Son but est d'éviter et de tromper les exigences de l'esprit. Le langage d'une communauté a atteint un niveau dangereux quand une étude sur les retombées radioactives s'intitule *Opération Soleil.*

Que ce soit le déclin des forces vives du langage lui-même qui entraîne la dévalorisation et la dissolution des valeurs morales et politiques, ou que ce soit la baisse de ces valeurs qui sape le langage, une chose est claire : l'instrument dont dispose l'écrivain moderne est menacé de l'extérieur par des menées restrictives, et de l'intérieur par la décadence. Dans le monde de ce que R. P. Blackmur appelle le « nouvel analphabétisme », l'écrivain, pour qui la chose littéraire la plus élevée est essentielle, se trouve dans une situation précaire.

Pour finir, je voudrais étudier l'effet, sur la littérature actuelle, de la retraite du mot et des divisions et de l'abaissement de notre culture qui lui sont parallèles, non pas, bien sûr, dans toute la littérature occidentale, ni même sur une fraction significative de celle-ci, mais simplement dans certains mouvements littéraires et dans l'œuvre d'écrivains particuliers qui me semblent représentatifs du plus grand recul.

La crise de la poésie, nous le savons aujourd'hui, a commencé à la fin du XIXe siècle. Elle surgit de la prise de conscience de la brèche faite par une compréhension nouvelle de la réalité psychologique dans les genres anciens de la rhétorique et de la poésie. En vue de soutenir cette nouvelle conscience ouverte à la sensibilité moderne, un certain nombre de poètes ont cherché à se libérer de l'emprise traditionnelle de la syntaxe et de la définition. Rimbaud, Lautréamont et Mallarmé ont essayé de rendre au langage un caractère fluide et provisoire ; ils espéraient rendre au mot le pouvoir d'incantation — de conjuration de l'inouï — qu'il avait lorsqu'il n'était encore qu'une forme de magie. Comme Adam au paradis, ils donnèrent de nouveaux noms à la réalité. Ils se rendirent compte que la syntaxe traditionnelle organisait nos perceptions en types linéaires et monistiques. De tels types déforment ou étouffent le jeu des énergies subconscientes, la vie grouillante et interne de notre esprit, tels que Blake, Dostoïevski, Nietzsche et Freud nous les ont révélés. Dans ses poèmes en prose, Rimbaud cherche à libérer le langage des entraves naturelles de la suite causale ; les effets semblent survenir avant les causes, et les événements rester contenus dans une simultanéité sans conséquence. Cela devint l'une des idées directrices du surréalisme. Des mots, Mallarmé fit des actes, non seulement de *communication* mais aussi d'*initiation* à un mystère privé. Mallarmé se servit des mots courants d'une façon occulte et énigmatique ; nous les reconnaissons mais ils nous tournent le dos.

Bien qu'elle mène à une extraordinaire poésie, cette conception est dangereuse. Pour rendre pleinement, le nouveau langage doit être soutenu par la pression du génie ; le talent seul et des possibilités élargies ne suffisent pas. Seul le génie peut élaborer une vision assez intense et spécifique pour franchir les barrières d'une syntaxe brisée et du sens intime. Le poète moderne se sert des mots comme de notations privées, dont l'accès est de plus en plus difficile au lecteur ordinaire. Quand il s'agit d'un maître, quand le sens caché devient un moyen de perception transcendée et pas seulement un artifice, le lecteur est amené tout naturellement à l'effort nécessaire. Bien avant d'avoir saisi la vision de

Rimbaud ou la structure excentrique de l'argument dans les *Élégies de Duino,* on se rend compte que Rimbaud et Rilke réutilisent le langage pour passer du réel au plus réel. Mais dans les mains d'écrivains inférieurs ou d'imposteurs, la tentative de renouvellement du langage n'amène que stérilité et obscurité. Dylan Thomas en est un exemple. Il comprit avec un flair de camelot qu'une large audience non qualifiée serait flattée d'accéder à une poésie d'apparence profonde. Il fit un mélange de rhétorique swinburnienne et d'artifices cabalistiques de syntaxe et d'imagerie. Il montra que l'on pouvait en même temps posséder le gâteau orphique et le manger. Mais à part une certaine éloquence exceptionnelle il y a dans ses poèmes moins de choses que n'en peut recueillir l'œil ébloui.

Là où la poésie cherche à se dissocier de la clarté et de l'usage habituel de la syntaxe, elle se rapproche d'un idéal musical. Cette tendance joue un rôle fascinant dans la littérature moderne. L'idée est ancienne de vouloir donner aux mots et à la prosodie des valeurs équivalentes à celles de la musique. Mais avec la poésie symboliste française, elle se révéla d'une force particulière. L'idée confuse mais attrayante qu'un poème doit d'abord frapper par ses sonorités est dans la doctrine de Verlaine : « *De la musique avant toute chose.* » Cette poursuite d'un genre tonal plutôt que conceptuel a donné des œuvres poétiques qui ne prennent toute leur signification que quand elles sont mises en musique. Debussy a pu utiliser presque complètement le *Pelléas et Mélisande* de Maeterlinck ; de même pour la *Salomé* de Richard Strauss et de Wilde. Sinon, l'œuvre poétique n'est qu'un livret à la recherche d'un compositeur. Les valeurs musicales et ses aboutissants sont déjà explicites dans le langage.

Plus récemment, la soumission des formes littéraires aux types et aux idéaux musicaux a été poussée plus avant. Chez Romain Rolland et Thomas Mann, on trouve l'idée que le musicien est l'artiste par excellence (il est plus un « artiste » que, par exemple, le peintre ou l'écrivain). Et cela parce que seule la musique atteint cette fusion totale de la forme et du contenu, du signifiant et du signifié, à laquelle tout art prétend. Deux des plus grands exemples poétiques de notre temps, les *Quatre Quatuors* de T. S. Eliot et *la Mort de Virgile* de Hermann Broch, contiennent une idée qui remonte à *l'Après-midi d'un faune :* ils tentent de suggérer en un langage correspondant des formes musicales.

La Mort de Virgile est un roman construit en quatre parties, chacune d'elles figurant l'un des quatre mouvements d'un quatuor. Il est évident, bien sûr, que Broch pensait à la structure de l'un des derniers quatuors de Beethoven. Dans chaque « mouvement », la cadence de la prose doit refléter un tempo musical correspondant : il y a un rapide « scherzo » dans lequel l'intrigue, le dialogue et le mouvement narratif atteignent une grande agilité ; dans « l'andante », le style de Broch se ralentit en phrases longues et sinueuses. La dernière partie, qui évoque le passage de Virgile dans la mort, est une performance extraordinaire. Elle dépasse Joyce en éloignant les limites traditionnelles de la narration. Les mots coulent littéralement dans une polyphonie soutenue. Les fibres de l'intrigue vibrent exactement comme dans un quatuor à cordes ; il y a des développements de fugue dans lesquels les images sont répétées à des intervalles déterminés ; et, à la fin, le langage donne lieu à une course obscure et sensuelle, tandis que le souvenir, la tension et la prophétie se mêlent dans un seul grand accord. Tout le roman, en fait, est une tentative de transcender le langage en un support plus délicat et plus précis du sens. Dans la dernière phrase, le poète s'engage dans la mort, réalisant que tout ce qui est extérieur au langage est extérieur à la vie.

Cette tendance de la littérature à se tourner vers la musique relève aussi de la sociologie. Aux États-Unis, et de plus en plus en Europe, la nouvelle littérature est plus musicale que verbale. Le disque de longue durée a révolutionné l'art du loisir. La classe moyenne de la nouvelle société lit peu, mais écoute la musique avec un plaisir certain. À la place des rayons de livres de jadis, on trouve des rangées orgueilleuses et électriques d'albums de disques et d'enregistrements de haute fidélité. Le livre broché est un objet éphémère presque délaissé, si on le compare au microsillon. Ce dernier peut créer une véritable bibliothèque. La musique est aujourd'hui le fait central du loisir. Peu d'adultes se font la lecture à haute voix ; moins encore passent régulièrement une partie de leur temps libre dans une bibliothèque publique ou municipale, comme le faisait la génération de 1880. Nombreux sont ceux qui se rassemblent devant un électrophone ou dans une manifestation musicale.

À cela, on peut trouver des causes sociales et psychologiques complexes. Le rythme de la vie urbaine et industrielle laisse les gens épuisés le soir venu. Quand on est fatigué, la musique, même difficile, est plus facile à apprécier que la littérature sérieuse. Elle provoque des émotions sans fatiguer l'esprit. Même à ceux qui ont peu d'entraînement, elle permet l'accès aux chefs-d'œuvre classiques. Elle n'isole pas dans l'intimité et le silence comme le fait la lecture d'un livre, elle rassemble les gens dans une illusion de communauté que recherche notre société. Alors que l'amoureux de l'époque victorienne envoyait des guirlandes de vers à son aimée, le soupirant d'aujourd'hui choisit un disque significatif de son entreprise de rêverie et de séduction. Si l'on regarde les récentes pochettes des disques, on voit bien que la musique a remplacé les chandelles et les velours sombres, qui n'ont plus cours dans notre style de vie.

Bref, le sens musical et, à un moindre degré, l'œuvre d'art et sa reproduction tendent à prendre dans la société cultivée la place que tenait fermement autrefois le mot.

Ce qui est peut-être la tendance dominante dans la littérature contemporaine a fait de nécessité vertu. Le style d'Hemingway et de ses myriades d'imitateurs est une brillante réponse à la diminution des possibilités linguistiques. Pauvre, laconique, hautement artificiel dans ses conventions de brièveté et de réduction, ce style s'efforce de réduire l'idéal de Flaubert — *le mot juste* — à une échelle de langage de base. On peut l'admirer ou non, mais indéniablement il est fondé sur une très étroite conception des ressources de la littérature. De plus, la maîtrise technique d'un Hemingway tend à cacher une distinction cruciale : de simples mots peuvent servir à exprimer des idées et des sentiments complexes, comme dans Tacite, le Livre de Prières, ou *le Conte du tonneau* de Swift ; ou bien ils peuvent servir à exprimer des états de conscience qui sont eux-mêmes rudimentaires. En réduisant le langage à une sorte d'abrégé puissant et lyrique, Hemingway diminue la portée de la vie qu'il observe et décrit. On lui reproche souvent son penchant monotone pour les chasseurs, les pêcheurs, les toréadors ou les soldats alcooliques. Mais cette constance est le résultat évident de sa technique. Comment le langage d'Hemingway pourrait-il rendre la vie intérieure de personnages plus nombreux ou plus compliqués ? Imaginez qu'on essaye de traduire la conscience de Raskolnikov dans le vocabulaire des *Tueurs.* Ce n'est pas pour nier la perfection de cet instantané sinistre, mais *Crime et Châtiment* rassemble une somme de vie qui dépasse entièrement les moyens réduits d'Hemingway.

La réduction du langage a condamné une grande part de la littérature récente à la médiocrité. On peut expliquer de multiples façons pourquoi *Mort d'un commis voyageur* manifeste la pauvreté du talent d'Arthur Miller. La faiblesse de son langage en est une raison évidente. Il est remarquable que les hommes qui meurent en parlant comme Macbeth sont plus tragiques que ceux qui débitent des platitudes dans le style de Willy Loman. Miller a appris beaucoup d'Ibsen ; mais il n'a pas su comprendre, derrière les conventions réalistes d'Ibsen, le rejet constant de la poésie.

Le langage cherche à se venger de ceux qui l'estropient. On en trouve un exemple frappant chez O'Neill, dramaturge engagé, d'une façon sombre et plutôt émouvante, dans la pratique de la mauvaise littérature. Égaré dans le marécage détrempé du *Long Voyage dans la nuit,* on trouve un passage de Swinburne. Les vers sont du verbiage flamboyant et romantique. Ils veulent montrer l'incapacité infantile de ceux qui les récitent. Mais, en fait, quand la pièce est jouée, c'est le contraire qui se produit. L'énergie et l'éclat du langage de Swinburne se détachent de ce qui l'entoure. Il relève l'action au-dessus de son niveau misérable et fait ressortir l'auteur au lieu du personnage. Les auteurs modernes citent rarement impunément meilleurs qu'eux-mêmes.

Mais au milieu de la retraite générale du mot dans la littérature, il y eut un certain nombre de brillantes actions d'arrière-garde. Je n'en citerai que quelques exemples, me limitant à l'anglais.

Il ne fait pas de doute que la plus exubérante contre-attaque qu'un auteur moderne ait lancée contre l'appauvrissement du langage est celle de James Joyce. Après Shakespeare et Burton, la littérature n'a pas connu de plus grand gourmand de mots. Comme s'il comprenait que la science avait détourné du langage beaucoup de ses possessions et colonies de jadis, Joyce choisit d'annexer un nouveau royaume ici-bas. *Ulysse* attrapa dans son brillant filet la complexité vivante de la vie subconsciente ; *Finnegans Wake (la Veillée de Finnegan)* mine les bastions du sommeil. L'œuvre de Joyce, plus que celle de n'importe quel autre depuis Milton, rappelle à l'oreille anglaise la grande magnificence de son héritage. Elle ordonne de grands bataillons de mots, ayant recours à des rangs de mots depuis longtemps endormis ou rouillés, en recrutant de nouveaux sous l'impulsion du besoin imaginatif.

Cependant, quand nous considérons cette bataille si décisivement gagnée, nous ne pouvons lui attribuer que peu de conséquences positives et presque pas de portée. Joyce n'a eu aucun successeur de génie en anglais ; peut-être ne peut-il pas y en avoir à un talent qui a ainsi épuisé toutes ses possibilités. Mais, chose plus importante, les trésors que Joyce apporta au langage, à travers ses incursions dans de nombreux domaines, demeurent assemblés brillamment autour de ses propres œuvres. Ils ne sont pas passés dans le langage courant. Ils n'ont pas excité les dons du discours, comme à la suite de Spenser et de Marlowe. Je ne sais pas pourquoi. Peut-être l'état de choses a-t-il été combattu trop tard ; ou peut-être les particularités et les incohérences de *Finnegan* se sont-elles montrées trop importunes. En fait, l'œuvre de Joyce est un monument plus qu'une force vivante.

Une autre action d'arrière-garde, ou réussie en arrière des lignes ennemies, a été celle de Faulkner. Le style de Faulkner est principalement celui de la rhétorique gothique et victorienne. Dans une syntaxe dont la complexité elle-même exprime le caractère de Faulkner, un langage décoré, régional, fait constamment impression sur nos sentiments. Souvent les mots semblent devenir cancéreux, engendrant d'autres mots en multitudes sans limites. Certaines fois, le sens est noyé dans un brouillard de marécage. Mais presque toujours ce nébuleux langage idiosyncratique est un style. Faulkner ne craint pas les mots, même quand il en est submergé. Et quand il peut les contrôler, son langage a une vérité et une sensibilité vitale qui emportent le tout. Beaucoup, chez Faulkner, est raturé ou même mal écrit. Mais le roman est toujours *écrit* de bout en bout. L'éloquence, qui est la vraie définition d'un écrivain, n'est jamais prise en défaut.

Le cas de Wallace Stevens est particulièrement instructif. Voici un poète qui était par nature un rhétoricien et qui considérait le langage comme une geste cérémonieuse et dramatique. Il était amoureux de la saveur et du chatoiement des mots, les faisant passer sur sa langue comme un amateur de vins rares. Cependant les inventions et les habitudes de style les plus caractéristiques de son œuvre viennent d'une source étroite et fragile. Voyez certaines de ses trouvailles les plus connues : « bright nouveautés », « foyer », « funeste », « peristyle », « little arrondissements », « peignoir », « fictive », « port » (dans le sens de posture). La plupart sont des latinismes ou de simples emprunts au français. Ce sont des adjonctions au langage, et non, comme dans Shakespeare ou Joyce, des produits naturels du sol. Là où il est un ornement exotique, comme dans les « tambourines » et « simpering Byzantines » de *Peter Quince,* l'effet est mémorable. Ailleurs, il est plus simplement floride ou rococo. Et derrière la recherche linguistique de Wallace Stevens, il y a une étrange trace de provincialisme. Il emprunte des mots français avec une excitation importune, plutôt comme un touriste qui achèterait des chapeaux ou des parfums français. Il déclara un jour que l'anglais et le français sont des langues ayant d'étroits rapports. Non seulement cette affirmation est absurde, mais encore elle révèle au poète une vue de son propre idiome dont il devrait se méfier.

En considérant la situation présente, je me demande si ce qu'on peut espérer de mieux pour la renaissance du mot, dans le domaine purement littéraire, ne se trouve pas chez un romancier anglais de descendance irlandaise, et anglo-hindou de fond :

> Franchement Scobie paraît avoir l'âge de n'importe qui ; plus vieux que la naissance de la tragédie, plus jeune que la mort d'Athènes. Engendré sur l'Arche, par hasard, par la rencontre et l'accouplement de l'ours et de l'autruche ; venu au monde avant terme par l'effet néfaste des grincements de la coque sur l'Ararat. Scobie sortit de la matrice dans une chose à roues aux pneus de caoutchouc, vêtu d'un chapeau de chasse et d'une ceinture de flanelle rouge. Sur ses orteils préhensiles, la plus vernie des paires de bottes bordée d'élastique. Dans sa main, une bible familiale, usée, dont la page de garde portait les mots : « Joshua Samuel Scobie 1870. Honore ton père et ta mère. » Il avait en outre des yeux comme des lunes mortes, une courbure de la colonne vertébrale caractéristique du pirate, et un goût prononcé pour les quinquérèmes. Ce n'est pas du sang qui coulait dans les veines de Scobie, mais de l'eau salée verte, matière de mer profonde. Sa démarche est la lente marche pénible, dandinante et trébuchante d'un saint en route vers la Galilée. Ses paroles sont un jargon d'eau verte ramassée dans les cinq océans — une boutique d'antiquités de légende, astiquée, garnie de sextants d'astrolabes, de propentines et d'isobars... Maintenant la marée descendante l'a laissé au sec au-dessus du courant du temps, Joshua l'énigmatique homme du temps, l'insulaire, l'anachorète.

Je sais ce que l'on reproche à Lawrence Durrell. Son style lutte contre le vent présent. Quiconque admire Hemingway en est malade et écœuré. C'est peut-être lui qui est en faute, parce qu'il a été habitué au fin gruau.

Les maîtres de Durrell sont Burton, sir Thomas Browne, de Quincey, Conrad. Il reste dans la vieille tradition de la plénitude de la prose. Il s'efforce de remettre le langage à la mesure de toutes les vérités du monde de l'expérience. Sa recherche a entraîné des excès : Durrell est souvent précieux, et sa maîtrise des possibilités techniques a plus de solidité et de profondeur que sa façon de construire. Mais ce qu'il essaye de faire est d'une énorme importance : ce n'est rien de moins qu'un effort pour garder à la littérature ses lettres.

Mais la littérature ne représente, nous l'avons vu, qu'une partie de la crise universelle. L'écrivain garde et façonne le discours, mais il ne peut faire ce travail tout seul. De nos jours, cela est plus vrai que jamais. Le rôle du poète dans notre société et dans la vie des mots a fortement diminué. La plupart des sciences sont entièrement hors de sa portée, et il ne peut imposer que sur un petit domaine des humanités son idéal de discours clair et inventif. Cela signifie-t-il que nous devons abandonner au jargon illettré ou à la pseudo-science ces domaines fondamentaux de la recherche historique, morale et sociale, dans lesquels le mot devrait être maître ? Cela signifie-t-il que nous n'avons aucun recours contre le mutisme aigu des arts ?

Il y a ceux qui ont peu d'espoir. J. Robert Oppenheimer a montré que l'impossibilité de communication est aussi grave dans les sciences mêmes qu'entre les sciences et les humanités. Le physicien et le mathématicien avancent dans une incompréhension mutuelle croissante. Le biologiste et l'astronome se regardent travailler de part et d'autre d'un puits de silence. Partout, la connaissance éclate en intenses spécialisations, auxquelles se rapportent des langages techniques qu'un seul individu maîtrise de moins en moins. Nous réalisons tellement la complication de la réalité que ses unifications ou synthèses de la compréhension qui rendaient possible le langage courant ne sont plus utilisables — ou seulement au niveau rudimentaire du langage quotidien. Oppenheimer va plus loin : il indique que cet effort même pour trouver des ponts entre les langages est trompeur. Rien ne sert d'essayer d'expliquer au profane les concepts des mathématiques ou de la physique modernes. Cela ne peut être fait honnêtement et franchement. Le faire par des métaphores approximatives, c'est répandre des idées fausses et entretenir une illusion de compréhension. Ce qui est nécessaire, suggère Oppenheimer, c'est une sévère modestie, c'est reconnaître que le commun des mortels ne peut comprendre en fait la plupart des choses, et que les réalités qu'un esprit hautement entraîné peut comprendre sont peu nombreuses et très éloignées les unes des autres.

En ce qui concerne les sciences, cette sombre perspective semble indiscutable. Peut-être condamne-t-elle toute connaissance à la fragmentation. Mais nous ne devrions pas d'emblée y parvenir dans les domaines de l'histoire, de l'éthique, des sciences économiques ou de l'analyse et de la mise en formules de la conduite sociale et politique. Là, la littérature doit réaffirmer son autorité contre le jargon. Je ne sais si c'est possible ; mais l'enjeu en vaut la peine. À notre époque, le langage politique est infesté par l'obscurité et la folie. Aucun mensonge n'est assez gros pour frapper l'imagination, aucune cruauté n'est assez abjecte pour trouver dans le verbiage de « l'inévitabilité historique » son apologie. Si nous ne pouvons rendre dans nos journaux, nos lois et nos actes politiques une certaine clarté et une certaine précision du sens des mots, nos vies se rapprocheront de plus en plus du chaos. Nous devrons alors traverser une nouvelle ère d'obscurité. « Qui sait, dit R. P. Blackmur, peut-être la prochaine génération ne s'exprimera-t-elle pas du tout par des mots, car l'ère prochaine ne sera littéraire dans aucun des sens que nous lui attribuons ; les trois mille dernières années seront devenues incompréhensibles. »

Le poète du *Pervigilium Veneris* écrivit dans une période d'obscurantisme, en pleine décadence de la littérature classique. Il savait que les muses peuvent devenir muettes :

Perdidi musam tacendo, nec me Apollo respicit :
Sic Amyclas, cum tacerent, perdidit silentium.

« Périr par le silence » : cette civilisation qui n'est plus veillée par Apollon ne durera guère.

(*Traduction de Lise et Denis Roche*)

LE SILENCE ET LE POÈTE

Les traces d'une vieille peur se retrouvent aussi bien dans la mythologie hébraïque que classique. La destruction de la tour de Babel, Orphée déchiré par les Ménades, le prophète rendu aveugle et qui, perdant la vue, atteint la clairvoyance, Tamyris assassiné, Marsyas écorché vif, jetant au vent le cri du sang... Toutes ces légendes font du discours humain, depuis les temps immémoriaux, une miraculeuse offense.

Bien avant Aristote, il était couramment admis que le langage articulé établit la frontière qui sépare l'homme des myriades d'organismes animés ; qu'il détermine sa suprématie sur la plante muette et la bête plus puissante, plus rusée, mieux protégée, mais qui ne sait que grogner. Hésiode l'affirme dans sa *Théogonie.* Pour Aristote, l'homme est un être de la parole, *ζῶον λόγονἔχον.* Comment cette merveilleuse faculté lui vint est, le rappelle Socrate dans le *Cratyle,* une énigme, une question valable car elle aiguillonne l'esprit, l'éveille aux prodiges de son pouvoir de communication, mais il est hors des capacités de notre entendement de lui apporter une réponse certaine.

Tout à la fois maître et serviteur de l'expression, depuis que le Verbe a fait choix de la condition humaine, primitive et imparfaite, pour y établir sa vie impérieuse, l'homme s'est libéré du pesant silence de la matière. Or, pour reprendre l'image d'Ibsen, sous les coups du marteau le grossier métal s'est mis à chanter.

Mais cet affranchissement de la voix qui recueille l'écho là où n'existait auparavant que le silence tient du miracle et de la profanation, du sacrement et du blasphème. C'est une rupture soudaine avec le monde animal, cet animal qui a engendré l'homme, a vécu longtemps près de lui en voisin et qui, si l'on interprète rigoureusement les mythes du centaure, du satyre et du sphinx, s'est trouvé mêlé à notre substance à un degré si intime que ses instincts et sa conformation physique n'ont qu'en partie disparu de notre personne. Ce sevrage brutal, qui donne une impression de malaise dans les fables antiques, a laissé ses empreintes. Nos propres allégories modernes reprennent le même thème, dans les signes inquiétants que décèle Freud d'un besoin de retour en arrière, d'un désir sournois de se replonger dans un état antérieur, mal défini, de la vie organique ; dans la théorie de Lévi-Strauss, où l'exil volontaire, après le vol prométhéen du feu, se manifeste par le choix du cuit sur le cru et par la maîtrise du langage issu des rythmes naturels et de l'indifférenciation du règne inférieur.

Par le parler, l'homme a fait des animaux ses serviteurs passifs ou ses ennemis, et les hôtes des champs et des bois ne nous comprennent plus quand nous appelons à l'aide. Maître du discours, il a aussi ébranlé les portes du ciel. Plus encore que le feu, dont elle partage cependant le pouvoir d'illuminer et de détruire, de se répandre et de se reprendre, la parole se trouve au cœur de la défiance que la créature manifeste envers les dieux. Par elle, elle mime leurs prérogatives ou les met en question. La tour de Nemrod était faite de mots. Tantale a bavardé et amené à terre, dans un vaisseau sonore, le secret des divinités. Selon l'enseignement de saint Jean et la métaphore néoplatonicienne, au commencement était le Verbe ; mais si ce *Logos,* cet acte d'essence divine représente, en dernière analyse, le degré ultime de la communication, une forme se donnant elle-même à la fois son contenu et sa vérité, qu'en est-il alors de l'animal parlant, du *zoon phonanta,* de l'homme ? Lui aussi crée des termes et crée à partir des termes. Peut-on imaginer un mode de coexistence qui ne soit pas chargé de rébellion et de souffrance, entre la totalité du *Logos* et les fragments vivants, générateurs de mondes nouveaux, du discours humain ? La voix, qui définit l'homme, ne le dépasse-t-elle pas, en une rivalité grandiose envers l'Esprit ?

C'est chez le poète que ce caractère ambigu est le plus fortement marqué. Il lui revient de protéger et de régénérer la force vive de la langue. Grâce à lui, les vocables anciens gardent leur sonorité, et les créations s'élancent de l'obscurité féconde de la conscience individuelle vers le grand jour de la compréhension collective. Mais il s'identifie dangereusement aux dieux. Son chant fait se lever des villes ; ses accents ont ce pouvoir, entre tous refusé aux mortels, d'accorder la vie éternelle. Comme Montaigne le dit d'Homère :

> Et, à la vérité, je m'estonne souvent que luy, qui a produit et mis en crédit au monde plusieurs deitez par son auctorité, n'a gaigné rang de Dieu luy mesme [1]...

L'aède fait naître de nouvelles divinités et protège l'homme. C'est parce qu'il a dressé un barrage contre l'oubli qu'Achille et Agamemnon survivent, que la grande ombre d'Ajax brûle encore. La mort brise ses dents aiguës sur l'airain de ses couplets. Et puisque cer-

1. En français dans le texte. (*N.d.T.*)

tains idiomes comportent un temps futur, provocation éclatante, atteinte portée à la mort, ceux en qui le dialecte est possédé d'une grandiose vitalité, le prophète, le visionnaire, portant leurs regards au-delà de l'horizon, jettent un pont sur l'Achéron. Mais on leur fait payer bien cher cette présomption.

Homère, ce maître de l'architecture verbale en révolte contre la fuite du temps, en qui chante sans cesse la conviction que le mot ailé ne saurait périr, sombre dans la cécité. Le corps d'Orphée est lacéré. Mais rien n'apaisera la voix ; elle tinte encore dans la bouche morte : « *Membra iacent diversa locis, caput, Hebre, lyramque excipis : et (mirum !) medio dum labitur amne, flebile nescio quid queritur lyra, flebile lingua murmurat exanimis, respondent flebile ripae.* » *Mirum !* dit Ovide : merveille, fait étonnant, mais aussi scandale, défi lancé aux puissances spirituelles. À travers les portes mêmes de la mort, l'homme déverse le flot vivant de l'éloquence. Et comment déchiffrer les tourments de Marsyas qui défia Apollon, cette épopée cruelle du combat de la lyre et de la flûte qui a hanté la Renaissance jusqu'à Spenser, sinon comme un présage de l'intimité douloureuse et des vengeances fatales qui enchaînent Dieu au chanteur. Celui-ci n'est pas, comme le prétend une vaine mythologie, fils d'Apollon, mais descendant de Marsyas ; et dans le cri de mort du satyre, il reconnaît son propre nom :

> Voilà qui, déjà, dépasse l'endurance
> du dieu aux nerfs synthétiques
>
> le long des graviers du sentier
> entre les espaliers
> musant
> si des hurlements de Marsyas
> se lèvera quelque jour

un nouvel art
— disons — concret

soudain
à ses pieds
tombe un rossignol de pierre

il tourne les yeux
et voit
que l'arbre qui emprisonnait Marsyas
a maintenant les cheveux blancs

complètement [1]

Il est dangereux, au sein de la création muette, d'assumer à travers la parole le privilège unique et la solitude de l'homme ; mais épuiser la substance linguistique, comme le fait le chanteur, l'est encore bien plus. Voilà pourquoi le mutisme représente pour l'écrivain, et pour lui plus que tout autre, une irrésistible tentation, le dernier refuge quand se montre Apollon.

Au fil du temps, la double vocation du parler, l'idée que l'acte poétique se dresse contre la volonté divine, jusqu'au niveau du sacrilège, est devenu l'un des tropes de la littérature occidentale. Des œuvres médiévales en latin à Mallarmé et au symbolisme russe reparaît le thème des insuffisances inhérentes à cette fonction humaine. Il laisse entrevoir, brutalement, tout ce qui échappe au langage, et ce qui menace l'être assez arrogant pour en violer les limites. À travers ses vers, l'artiste s'efforce de saisir l'idéal, mais il doit se garder de l'étreindre avec trop de force. L'esprit créateur qui guide sa recherche atteint les murailles de la Cité de

1. Version traduite du polonais d'un poème de Zbigniew Herbert. (*N.d.T.*)

Dieu ; c'est pourtant à l'homme que revient de savoir quand battre en retraite, s'il ne veut être consumé, comme le fut Icare, par la proximité terrifiante d'une puissance supérieure, d'un *Logos* démesuré. Dans le paradis perdu de Jérôme Bosch, le chantre est écartelé sur sa lyre.

Ce qui donne toutefois la preuve décisive d'une présence transcendante dans la trame du monde, ce sont les frontières du langage, délimitées comme elles le sont par trois autres codes : lumière, musique, silence. C'est tout simplement parce que nous ne pouvons aller plus loin, parce que le verbe nous abandonne, que s'impose à nos esprits la certitude d'une signification divine plus vaste que la nôtre et qui l'enveloppe de toutes parts. Ce qui se dérobe à nous chante la louange de Dieu. Cette défaite, joyeusement admise, anime les vers de saint Jean de la Croix et de la tradition mystique.

Une grande lumière jaillit là où cessent les accents lyriques. Ce *topos,* ce lieu privilégié déjà cité au cours de l'histoire par les doctrines néoplatonicienne et gnostique, imprime au *Paradis* de Dante son mouvement majeur. On peut voir en cette œuvre un exercice, totalement contrôlé, de calcul infinitésimal des possibilités linguistiques, en même temps qu'une gageure morale et artistique. C'est délibérément que l'italien est étiré jusqu'au point de rupture. Chaque fois qu'un degré est franchi, d'une sphère à une autre plus brillante, la phrase subit les assauts d'une vision de plus en plus intense et précise ; la révélation divine attire le parler des mortels en dehors des bornes du misérable usage quotidien. À l'aide d'une métaphore filée à l'extrême, de comparaisons toujours plus audacieuses et serrées — la prière passe dans la syntaxe — Dante rend intelligibles par le verbe les formes et les leçons de son expérience surnaturelle.

La courbe que dessine sa rhétorique, amorçant un recul loin du défi lumineux et hermétique, se poursuit en une intense concentration intérieure, suivie d'un bond dans une aire encore inexplorée d'analogies et de tournures qu'il découvre, qu'il n'avait jamais imaginé lui appartenir. C'est d'abord la défaite. Rien ne peut transcrire la vision du pèlerin :

Perch'io lo ingegno, l'arte e l'uso chiami
si nol direi che mai s'imaginasse...

e il canto di quei lumi era di quelle ;
chi non s'impenna siche lassù voli,
dal muto aspetti quindi le novelle
(X)

Il se réfugie dans le silence. Et soudain la vague l'emporte, l'incommunicable se matérialise, avec une simplicité miraculeuse, à travers des assimilations à un jeu de balle, à la cire chaude qui s'écoule quand s'imprime le cachet, au travail du cordonnier maniant son marteau. Comme si le privilège de la divine signification était de se plier à ses images les plus communes et les plus directes, grâce à la persuasion qu'il déploie.

Cependant, à mesure qu'il s'approche de la présence céleste, du cœur de la rose de feu, la difficulté à exprimer l'indicible se fait plus grande. Les mots se révèlent de plus en plus impuissants à traduire le caractère immédiat de la révélation. La lumière traverse de moins en moins les vers ; au lieu de rendre la syntaxe translucide, elle répand, semble-t-il, l'incendie de sa gloire et réduit le texte en cendres. C'est tout le pathétique du dernier chant : pendant que Dante s'élève, ses couplets retombent. Jusqu'à ce qu'au vers 55 du chant XXIII s'accuse la déroute complète d'*il parlar nostro* :

Da quinci innanzi il mio veder fu maggio
che il parlar nostro ch'a tal vista cede,
e cede la memoria a tanto oltraggio.

Quand se dérobe le vocabulaire, la mémoire, son asile, tombe en pièces. C'est un outrage (*oltraggio*) ; mais un outrage positif, sacré, la preuve irréfutable qu'existe quelque chose qui l'emporte sur notre faiblesse. Le poète s'acharne, du haut de cette gloire éblouissante, à capturer une seule étincelle que sa bouche nous rapporterait :

e fa la lingua mia tanto possente
ch'une favilla sol della tua gloria
possa lasciare alla futura gente...

Puis les paroles se dissolvent et laissent parler la lumière tandis que Dante, au plus haut de son pouvoir, place son art au-dessous des sons indistincts qu'émet l'enfantelet qui jase :

Omai sarà più corta mia favella,
pure a quel ch'io ricordo, che di un fante
che bagni ancor la lingua alla mammella.

Le cercle se referme : le langage humain sous sa forme la plus achevée, lorsqu'il frôle le règne de la lumière, se désagrège et rejoint celui de l'enfant qui n'a pas encore dompté les sons. Qui prétend porter le discours au-delà de la sphère que lui a assignée la toute-puissance, qui veut ramener le *Logos* aux dimensions de notre expression, méconnaît à la fois le génie du verbe et le caractère foudroyant de la révélation. Au lieu de recueillir l'aura lumineuse, il plonge les mains dans les flammes. Dante aurait sans doute jugé que le laser, ce rayon lumineux qui transporte le mot, n'était qu'un maillon, étonnant sans doute, mais néanmoins concevable, ajouté à sa vision.

Une tradition assigne la lumière comme limite à la langue. Pour une autre, aussi ancienne et vivace dans nos écrits et notre esthétique, c'est la musique qui joue ce rôle.

Musique et poésie sont si étroitement mêlées que la mythologie leur attribue une origine commune. Aujourd'hui encore, la terminologie de la prosodie et de la versification, des tonalités et cadences linguistiques, empiète délibérément sur celle de la musique. D'Arion et Orphée à Ezra Pound et John Berryman, le rimeur invente des chansons et chante des paroles. Le concept du mélodisme poétique constitue une somme complexe. Le destin d'Orphée, tel que nous le trouvons chez Pindare et Ovide, chez Spenser, Rilke et Cocteau, s'identifie presque totalement à l'essence et à la fonction du lyrisme. C'est la part d'Orphée en lui qui fait du poète occidental, tel que la littérature nous le décrit, un bâtisseur de mythes, un magicien qui contient la sauvagerie et un pèlerin de la mort. L'idée que la structure du monde est soumise aux lois de l'harmonie, qu'il est une musique dont les éléments naturels, le cours des planètes, le murmure rythmé du sang et de l'eau composent les modes, remonte à Pythagore et n'a rien perdu de son intensité métaphorique. Jusqu'au XVIIe siècle où se débande l'unité des cieux, le chantre est redevable de ce qu'il comprend de sa propre action envers une croyance en la musique des sphères, l'accord instauré par Pythagore et Kepler dans le jeu des planètes, le parallélisme entre la rigueur des fonctions mathématiques et les cordes du luth. Le concert des planètes, jouant en contrepoint à ses propres accents, garantit la précision et l'euphonie de ses cadences.

Prêtant l'oreille à cette musique comme le fait Lorenzo dans le jardin de Belmont, il entend non seulement l'écho, mais encore l'assurance d'une présence supérieure, d'une unité dans l'expression et la communication englobant et dépassant ses propres facultés ; c'est le message même que l'excès de lumière apporte à Dante.

> Vois comme le parquet du ciel est partout incrusté de disques d'or lumineux. De tous ces globules que tu contemples, il n'est pas jusqu'au plus petit qui, dans son mouvement, ne chante comme un ange, en perpétuel accord avec les chérubins aux jeunes yeux ! Une harmonie pareille existe dans les âmes immortelles [1].

Les *disques d'or* du ciel sont pour Shakespeare des patènes, ces plateaux qu'utilisent les croyants lors de la communion. Ce choix du terme nous signale que la communion et la communication dans une harmonie transcendante sont de même nature.

Du sujet inépuisable que représente l'action réciproque de la musique et du langage, je n'extrairai qu'un thème : le passage du verbe au chant lorsque la création atteint son apex. De cette idée se dégage vigoureusement l'implication que la musique est, en dernière analyse, supérieure, qu'elle dit plus et plus directement. Imaginer une rivalité possible entre le troubadour et l'instrumentiste revient à contester les origines et les plus belles réussites de chacun ; c'est déchirer le corps d'Orphée plus sûrement que ne le firent les femmes de Thrace. Et pourtant ce concept a traversé une grande partie de l'histoire, bien que souvent de façon dissimulée. La preuve s'en trouve dans les arguments que fournit Platon au sujet des fonctions respectives, dans l'éducation, de la poésie et de la musique ; dans les

1. Traduction de François-Victor Hugo : *le Marchand de Venise,* V, 1. (*N.d.T.*)

croyances des Pères de l'Église, proches du platonisme mais qui en diffèrent, toutefois, par les conclusions et le relief donné aux différentes idées, et selon lesquelles le pouvoir irrationnel et même surnaturel de la musique s'oppose à la raison, à l'aspect tangible des mots. Pour saint Jean, au commencement était le Verbe ; pour Pythagore, c'était l'accord. De plus, les revendications contraires du chant et du laïus constituent un des *topi* de la Renaissance bien avant de trouver un écho bouffon dans *le Bourgeois gentilhomme* et dans l'*Ariane à Naxos* où Strauss reprend Molière et la querelle des notes et de la voix. La tension de celle-ci, la manière dont elle scrute et analyse les liens qui rattachent l'âme à Dieu est au centre du *Docteur Faustus* de Th. Mann.

Ce n'est pas sur cet antagonisme que je veux attirer l'attention, mais sur l'aveu répété des maîtres du langage que la musique est effectivement, des deux, le code le plus profond, le plus solennel ; que le discours, saisi dans toute son étendue, tend vers elle et que la Muse le conduit au seuil du monde mélodique. À travers un assouplissement, un dépassement de la forme (*de la musique avant toute chose*[1], a dit Verlaine), l'œuvre poétique s'arrache à la procession linéaire de la syntaxe, à son implacable logique, pour s'épanouir dans ce que le versificateur conçoit être le libre jeu spontané et direct de l'harmonie. C'est dans la musique qu'il espère réduire le paradoxe d'une création marquée de son empreinte, unique comme l'est son propre esprit, et cependant renouvelée en chaque auditeur.

Le romantisme allemand a donné à cet espoir de voir le mot se soumettre à l'idéal mélodique son expression la plus intense. Les écrits de Tieck, Novalis, Wackenroder, E. T. A. Hoffmann, leurs vies mêmes, ont poussé à l'extrême les conséquences techniques et philoso-

1. En français dans le texte. (*N.d.T.*)

phiques de la théorie selon laquelle la musique est l'art par excellence, la parole restant son héraut et son serviteur. Les *Hymnes à la nuit* de Novalis s'organisent autour d'une métaphore musicale universelle ; l'esprit de l'homme est une lyre que font vibrer les accords des éléments et le langage s'y exalte jusqu'à l'obscurité rhapsodique, s'y dissout dans l'ombre et se transforme, presque naturellement, en chant. D'Hoffmann à l'Adrian Leverkühn de Th. Mann, l'artiste suprême reste le musicien. Plus que dans le discours ou les arts plastiques, les conventions esthétiques y sont proches de la source d'où fuse l'énergie créatrice pure, et les racines qu'elles conservent au niveau subconscient ou suprahumain sont plus à portée.

Ce n'est pas dire que ces écrivains aient été de premier plan ; on ne saurait pour autant exagérer leur influence sur la sensibilité européenne. Grâce à eux, les répertoires romantiques, symbolistes et le sentiment moderne connaissent les *correspondances,* cette idée que tous les stimuli sensoriels sont des dialectes enchevêtrés et interchangeables du langage universel de la perception ; ils se sont enrichis de la croyance en une extraordinaire fécondité et en un souffle infernal, privilégié, qui animent la composition symphonique ; ils ont compris que la parole, si elle n'atteint pas, d'une certaine manière, à la perfection musicale, ne conduit pas moins vers elle. Ces romantiques allemands ont annoncé Wagner et leur intuition a trouvé en lui, et en Nietzsche à un moindre degré, une éclatante confirmation.

Wagner relève de la langue et de l'histoire des idées aussi profondément que de la musique — plus peut-être, en dernier ressort. Sa vision se concentre très exactement sur la relation entre Verbe et musique. Dans le *Gesamtkunstwerk,* le mouvement ascendant du vocable vers le chant et l'opposition secrète entre ces deux modes d'expression devaient se combiner en une synthèse parfaite. Au cours du duo d'amour de l'acte II de *Tristan,* la parole se perd en clameur, dans un balbutiement de conscience affolée aussi délibérément infantile que les bredouillements sans suite de Dante au summum du *Paradis* puis, par la grâce d'une virtuosité inégalée dans le jeu des sonorités, s'élève au-delà du discours. L'harmonie s'avance dans cette zone de clair-obscur pour englober le lexique dans un arrangement plus vaste. Ce que la théorie de Wagner n'a pas su rendre évident s'impose alors : c'est la musique qui l'emporte. Dans cet effort pour atteindre une résolution synthétique — une unité organique, plus exactement —, l'instrument verbal abandonne tout pouvoir d'affirmation rationnelle, toute possibilité de définir à travers des structures fixes où réside pourtant son génie propre.

L'influence de Wagner s'avère prépondérante tant dans le domaine de l'esthétique littéraire, de Baudelaire à Proust, que dans la philosophie du langage chez Nietzsche et le jeune Valéry. Elle introduit deux thèmes qui, bien que distincts, ont des aspects communs : l'exaltation du poète qui se découvre *presque* musicien, une image de soi discernable chez Mallarmé aussi bien que chez Auden ; mais encore un mépris attristé envers l'outil verbal, le désespoir d'en être réduit à un mode d'expression plus étroit, moins dense, moins ancré dans l'inspiration créatrice que ne l'est la musique. C'est ainsi que Valéry écrivait à Gide en avril 1891 : « Je suis dans *Lohengrin* jusqu'aux yeux... Cette musique m'amènera, cela se prépare, à ne plus écrire. Déjà trop de difficultés m'arrêtent. *Narcisse* a parlé dans le désert... être si loin de son rêve... Et puis quelle page écrite arrive à la hauteur des quelques notes qui sont le motif du Graal [1] ? » Des vestiges de cette irritation hautaine

1. En français dans le texte. (*N.d.T.*)

subsistent dans le jugement émis ultérieurement par Valéry, faisant de la poésie un « exercice », un « jeu » ni étranger, ni supérieur en aucune façon aux mathématiques.

« Quelle page écrite arrive à la hauteur des quelques notes qui sont le motif du Graal ? » Cette question, avec la hiérarchie qu'elle impose aux matériaux linguistiques et musicaux, imprègne tout le mouvement symboliste. Elle trouve sa forme parfaite dans les poèmes de Rilke et dans la détermination dont il fait montre de sauvegarder à la fois l'essence du parler et sa parenté inaliénable avec la musique. Rilke chante la montée de la parole vers la musique ; le poète est l'instrument désigné de cette transmutation verticale. La métamorphose ne s'accomplit toutefois qu'à la condition que le mot reste fidèle à ses aspirations propres et demeure lui-même au moment où il se transforme. Dans les *Sonnets à Orphée,* le langage s'interroge avec une précision exquise sur ses limites ; la parole, dans un équilibre serein, attend l'impétueuse régénération de la musique. Cependant Rilke, qui sans cesse se meut à leurs confins, admet qu'un élément se dissout, se perd peut-être dans cet avènement triomphant :

Gesang, wie du ihn lehrst, ist nicht Begehr,
nicht Werbung um ein endlich noch Erreichtes ;
Gesang ist Dasein. Für den Gott ein Leichtes.
Wann aber sind wir ? Und wann wendet er

an unser Sein die Erde und die Sterne ?
Dies ist nichts, Jüngling, dass du liebst, wenn auch
die Stimme dann den Mund dir aufstösst, — lerne

vergessen, dass du aufsangst. Das verrinnt.
In Wahrheit singen, ist ein andrer Hauch.
Ein Hauch um nichts. Ein Wehn im Gott. Ein Wind.

Nous avons laissé derrière nous les états d'âme, les élans qui animent le symbolisme et la dialectique wagnérienne de la totalité harmonique. Mais l'idée que la musique a plus de profondeur, plus d'envergure, qu'elle est pétrie de la substance même de notre être n'a perdu ni son actualité ni sa fascination. Comme on l'a souvent remarqué, on rencontre dans la littérature contemporaine des structures verbales que des analogies musicales s'essaient à renforcer, à intensifier : chez Proust, dans les *Quatuors* de T. S. Eliot, *la Mort de Virgile* d'Hermann Broch. Pourtant, l'appel de l'idéal mélodique s'étend plus loin.

Notre civilisation ressent généralement, bien que d'une manière diffuse, un certain appauvrissement de ses ressources littéraires sous l'effet de la violence et de l'avilissement infligés à la langue au sein de la culture de masse et de la démagogie contemporaine. Que peut-on encore ajouter ? Comment espérer qu'une voix neuve et rigoureuse réussisse à couvrir une telle clameur d'inflation verbale ? Il est possible que les vocables, surtout sous leur forme typographique et selon la contrainte de la syntaxe, ne constituent plus qu'un code éphémère et imparfait. Seule la musique satisfait à cette double exigence d'un système exact de communication ou de signes qui consiste à rester intraduisible — puisque unique — en même temps qu'immédiatement compréhensible. C'est ce que soutient Lévi-Strauss en réaction, apparemment, aux conventions particulières des différents « idiomes » musicaux. Il voit dans le compositeur, le créateur d'une mélodie « un être pareil aux dieux [1] », ce que Montaigne, de son côté, disait d'Homère. Il considère la musique comme « le suprême mystère des sciences de l'homme, celui

1. En français dans le texte. (*N.d.T.*)

contre lequel elles butent, et qui garde la clé de leur progrès ». La musique offre à nos vies feutrées la possibilité de retrouver le sens du mouvement, des modulations propres à l'être humain, et à la société quelque chose de l'image perdue de l'entente fraternelle. C'est par elle que les arts et les sciences exactes arriveront peut-être à l'unité.

Nous voilà revenus au temps de Pythagore ; ou pour le dire plus modestement, un temps où, dans nos demeures, la collection de disques a remplacé la bibliothèque.

Bien qu'elle échappe au règne du langage et délaisse la communication verbale, la conversion en termes de lumière ou de musique est un acte spirituel authentique. Quand le mot s'efface ou subit une mutation radicale, il témoigne d'une réalité indicible ou d'une syntaxe plus docile, plus pénétrante que la sienne.

La transcendance peut encore s'exercer selon un troisième mode lorsque l'éclipse totale de la fonction expressive nous laisse face à un esprit qui ne se manifeste plus en rien. Le poète glisse dans le silence, ses accents, loin d'atteindre une aube radieuse ou des accords harmonieux, sombrent dans la nuit.

Que ceux qui ont le plus à dire choisissent délibérément de se taire est, me semble-t-il, historiquement récent. Le mythe commode du philosophe qui se réfugie dans le mutisme par égard envers la pureté ineffable de sa vision ou la réticence de son public remonte loin dans le temps. Il s'intègre au thème d'Empédocle sur l'Etna et à la hauteur sentencieuse d'Héraclite. Au contraire, c'est la première fois qu'on voit le poète élire le vide, l'écrivain renoncer en chemin à forger avec cohérence sa propre identité. Cette tentative unique, mais terrifiante par ses implications universelles, se manifeste chez deux des maîtres de l'esprit moderne qu'ils ont marqué de leur sceau, dont ils se sont faits, pour ainsi dire, les figures héraldiques : Hölderlin et Rimbaud.

Chacun d'eux, dans sa langue parmi les plus grands, a entraîné l'écriture aux frontières les plus reculées de la perception et de la syntaxe. Avec Hölderlin, le vers allemand se charge d'une densité, d'une pureté, d'un poli jamais atteints. L'Europe ne connaît pas de poésie plus mûre, qui s'impose aussi intensément en ce qu'elle rejette totalement tout ce qui se rattache à un ordre plus lâche et prosaïque que le sien. Tout poème de Hölderlin comble, avec la violence de l'inévitable, un gouffre, soupçonné ou non, creusé dans la texture de l'expérience humaine. La poésie de Rimbaud requiert, et se voit accorder, la liberté propre à la cité moderne — l'inclusion du hasard, le privilège d'une formulation irréductible, le recours à une technique d'allusion affleurant sous la rhétorique qui à eux tous définissent presque intégralement l'art littéraire du XXe siècle. Le langage, le nom de nos poètes, leur vocation portent la griffe de Rimbaud, comme les pommes celle de Cézanne.

Rimbaud et Hölderlin ont légué à la mythologie, aux métaphores vivantes de la littérature contemporaine une impulsion aussi essentielle que leurs écrits. Couvrant les poèmes de sa grande ombre, presque jusqu'à les étouffer, s'affirme la renonciation, la prédilection accordée au silence.

À trente ans, Hölderlin avait pratiquement accompli sa tâche ; quelques années plus tard, il s'abîmait dans une folie détachée qui devait durer trente-six ans, mais laissa fuser quelques étincelles de l'ancienne lucidité d'où naquit le célèbre quatrain impromptu d'avril 1812. À dix-huit ans, Rimbaud achevait *Une saison en enfer* et s'enfonçait dans un autre enfer, celui du commerce au Soudan et du trafic d'armes en Éthiopie. De là, il déversa un torrent de lettres exaspérées qui gardent, dans leur concision grincheuse, la marque de son tempérament mais ne contiennent ni poèmes, ni allusions au chef-d'œuvre antérieur. Dans les deux cas, les motifs précis, la genèse de la réticence restent obscurs. L'image nouvelle du langage et le mythe de la fonction poétique qui s'en dégagent sont clairs ; ils se donnent en exemple.

On interprète le mutisme de Hölderlin non comme un suicide de sa poésie, mais comme une manière de déploiement, d'accomplissement logique. L'inertie montante qui imprègne les vers aussi bien que les silences est ressentie comme un élément inhérent à leur valeur. Les blancs des poèmes de Hölderlin, ceux des fragments tardifs en particulier, sont indispensables à la perfection de l'acte poétique, de la même façon que les espaces vides s'imposent à la peinture et à la sculpture modernes et que les intervalles muets s'inscrivent dans une composition de Webern. Sa vie posthume, dans sa coque de quiétude, tout comme celle de Nietzsche, signifie au monde son propre dépassement, sa pleine réalisation à travers des modalités non pas différentes, mais symétriques de lui-même, qui le définissent par la négation, l'apaisement des voix.

L'abdication de Rimbaud apparaît sous un jour tout différent et traduit la prééminence de l'acte sur la parole. « Le discours qui ne conduit pas à l'action, qui, pire encore, la prévient, est une malédiction de l'univers », écrivait Carlyle. En poète accompli, Rimbaud maîtrise le verbe et en épuise toutes les ressources avant de se tourner vers le vocabulaire plus noble de l'action. L'enfant rêve et balbutie, mais l'homme agit.

L'emprise exercée par ces deux sensibilités, par ces deux modèles abstraits a été immense. Ce regain d'intérêt envers le silence qui s'accuse dans l'épistémologie de Wittgenstein, la théorie esthétique de Webern ou de Cage et la poétique de Beckett est l'une des manifestations les plus originales de l'esprit contemporain. Le sophisme de la musique jamais entendue, du mot tu et par conséquent plus précieux n'est chez Keats qu'un paradoxe accidentel, un ornement néoplatonicien. Pour une grande partie de la poésie récente le non-dit traduit les exigences de l'idéal : parler, c'est exprimer moins. Avec Rilke, ces tentations sont liées aux avatars de la création lyrique :

Was spielst du, Knabe ? Durch die Gärten gings
wie viele Schritte, flüsternde Befehle.
Was spielst du, Knabe ? Siehe deine Seele
verfing sich in den Stäben der Syrinx.
Was lockst du sie ? Der Klang ist wie ein Kerker,
darin sie sich versaümt und sich versehnt ;
stark ist dein Leben, doch dein Lied ist stärker,
an deine Sehnsucht schluchzend angelehnt. —

Gieb ihr ein Schweigen, dass die Seele leise
heimkehre in das Flutende und Viele,
darin sie lebte, wachsend, weit und weise,
eh du sie zwangst in deine zartem Spiele.

Wie sie schon matter mit den Flügeln schlägt ;
so wirst du, Traümer, ihren Flug vergeuden,
dass ihre Schwinge, vom Gesang zersägt,
sie nicht mehr über meine Mauern trägt,
wenn ich sie rufen werde zu den Freuden.

Cette vue de l'œuvre d'art emprisonnée, diminuée par la forme rigide qu'elle reçoit et qui la pousse dans un monde figé, ouvert à tous les vents, ne relève pas du mysticisme bien qu'elle lui emprunte certains de ses accents. Elle est enracinée dans l'histoire, dans une étape avancée de la civilisation linguistique et formelle où les hauts faits du passé semblaient écraser les possibilités présentes, où le mot, le genre littéraire apparaissaient ternes et plats, comme des pièces usées par une trop longue circulation. Elle se rattache aussi à cette idée, déjà chère au romantisme, et à laquelle Freud est venu conférer une nouvelle rationalité métaphorique, que l'art, puisqu'il se plie aux lois de la communication, doit participer d'une signification superficielle, qu'il affadit et banalise inéluctablement l'impulsion irréductible de la création inconsciente. Dans l'abstrait, chaque poète devrait posséder en propre un dialecte, exactement adapté à ses besoins d'expression ; si l'on considère la nature sociale, arbitraire de l'énoncé humain, seul le silence convient.

Mais ni le paradoxe de la poésie se résolvant en un muet envoi, ni l'exaltation de l'action aux dépens du verbe par laquelle l'existentialisme démasque sa poussée romantique ne rendent compte de ce qui est sans doute, pour la sensibilité contemporaine, la tentation la plus forte du mutisme. Il existe une troisième justification, plus puissante, née aux environs de 1914. Comme le dit Mrs. Bickle quand s'achève la sombre comédie d'un romancier aux prises avec une intrigue récalcitrante (*Cabot Wright begins,* de James Purdy) : « Ce n'est pas moi qui serai écrivain dans un endroit et un siècle pareils. »

Le thème que sous-tend ce livre est celui de la blessure qu'auraient infligée au langage la barbarie des institutions politiques de notre temps et certains éléments de la société technocratique qui s'est instaurée sur les ruines des valeurs bourgeoises européennes. À diverses reprises, j'ai exposé les aspects particuliers de cette déshumanisation et de cette érosion de la parole.

Deux voies s'ouvrent à l'écrivain qui sent que la condition de son instrument est mise en question, que la vocation humaine de celui-ci se dégrade : ou bien s'efforcer de transposer cette crise généralisée dans sa syntaxe personnelle, en explicitant, avec son aide, les traits précaires et vulnérables de la communication ; ou bien choisir ce mode de suicide littéraire, le silence. Il est facile de suivre la naissance et le développement de ces deux attitudes dans la littérature allemande des dernières décennies, écrite comme elle l'est dans la langue qui a subi le plus vivement et illustré au plus haut degré la grammaire de la barbarie.

Pour Kafka, l'acte d'écrire était un scandale miraculeux, et c'est ce qui justifie la singularité de son rôle dans les lettres modernes. Son style incandescent et dépouillé n'accorde d'emblée sa confiance à aucune syllabe. Il s'attelle à la tâche de rebaptiser toutes les choses dans un second Jardin envahi de cendres et de doutes, ce qui donne une allure si tourmentée à chacune de ses proposition scrupuleuses. Dans les *Lettres à Milena,* les plus belles lettres d'amour de notre siècle, celles dont nous ne saurions nous passer, il revient sans cesse sur l'impossibilité d'atteindre le bonheur d'expression, sur l'entreprise démesurée de l'écrivain qui doit redécouvrir le parler d'avant le péché, celui que les clichés n'ont pas encore épuisé et le gaspillage irréfléchi vidé de tout contenu. Tenu en échec, dans sa vie comme dans celle de son entourage, par la multiplicité des langues à sa disposition (tchèque, allemand, hébreu, yiddish), Kafka était capable de ce fait d'appréhender du dehors l'acte même de la parole. Son oreille, plus humble et plus sensible que celle des autres hommes, y surprit au cœur de l'Europe le tumulte d'un jargon de mort, non d'une manière vague et allégorique, mais avec la précision d'une prophétie. Du cauchemar vrai de *la Métamorphose* s'imposa le fait que le terme

Ungeziefer (« vermine ») en viendrait à désigner des millions d'hommes. Le sabir bureaucratique du *Procès* et du *Château* est devenu monnaie courante dans la vie du troupeau que nous sommes. Dans *la Colonie pénitentiaire,* la machine de torture se révèle être aussi une presse d'imprimerie. En bref, Kafka devina Buchenwald derrière le *bois de hêtres*[1]. Il comprit, comme si le buisson s'embrasait de nouveau sous ses yeux, que l'Europe était promise à l'avilissement, que le langage se prêterait en partie à l'horreur et en sortirait diminué. On ne peut s'empêcher d'évoquer la modulation qui mène de l'*intelligence centrale* dans les romans de Henry James à la « Central intelligence », la CIA, de Washington. À semblable époque, écrire est soit frivole, quand le cri du poème étouffe ou magnifie le râle de la rue, soit totalement impossible. Kafka a su exprimer métaphoriquement les deux termes de l'alternative.

Tout comme Hofmannsthal dans la plus achevée de ses comédies, celle qui possède la plus grande légèreté de touche, *Le Difficile.* Enterré vivant dans les tranchées pour un temps, Hans K. Bühl revient de la guerre profondément sceptique. C'est se tromper soi-même et se rendre coupable d'*indécence* (le mot clé de toute la pièce) que de se servir des mots comme s'ils pouvaient rendre la palpitation et le désarroi des sentiments humains, que de confier le vif-argent de l'esprit à l'inflation du bavardage. « Je me comprends moi-même beaucoup moins bien quand je parle que quand je me tais », dit Bühl. Lorsqu'on le prie de discourir devant la Chambre haute sur le thème élevé de la « réconciliation des nations », il se dérobe avec une clairvoyance dédaigneuse et sombre. Accepter de parler sur un tel sujet revient à créer « un désastre de confusion sacrilège ». Le fait même de sembler *dire* quelque chose est mal-

1. Buchenwald : bois de hêtres en allemand. (*N.d.T.*)

séant. Il est bon de se demander pourquoi le *Tractatus* de Wittgenstein et les apologues du silence que l'on trouve chez Hofmannsthal et d'autres écrivains allemands et autrichiens, datent tous des années 20. Ce refus croissant du langage n'était sans doute qu'un des aspects de la méfiance plus générale manifestée envers les éléments durables de la civilisation d'Europe centrale et sa capacité d'expression.

Neuf ans après la mort de Kafka, à l'aube de la barbarie, Schönberg terminait *Moïse et Aaron* sur ce cri : « Ô mot, mot, toi qui m'abandonnes. » Presque au même moment, Hermann Broch s'étendait sur l'incompatibilité de l'éloquence, cette joie animale que le poète reçoit dans le discours, et de la nature odieuse de la réalité politique.

Du fait que leur instrument ait servi Belsen, qu'on soit parvenu à nommer toutes ces choses sans que se paralysât la bouche humaine, de nombreux écrivains allemands qui s'étaient exilés ou avaient survécu au nazisme se prirent à désespérer. Dans son *Chant de l'exil,* Karl Wolfskehl proclame que la parole, l'expression de l'intelligence vive, est morte :

Und ob ihr tausend Worte habt :
Das Wort, das Wort ist tot.

Elizabeth Borcher nous dit : « Je m'introduis parmi les étoiles et ne trouve rien, et rien encore, et plus tard un terme étranger. » En conclusion à un exercice d'analyse logico-linguistique qu'il avait soigneusement dépouillé de toute référence affective, bien que le ton demeurât étrangement poétique et rappelât l'atmosphère des notes de Hölderlin sur Sophocle ou les aphorismes de Lichtenberg, Wittgenstein énonce une vérité vengeresse, un précepte de charité qui pour le poète équivaut à la destruction : « Ce qu'on ne peut dire doit être tu. »

Mais cette notion de la mort d'un idiome, de son échec face à la sauvagerie ne se limite en rien à l'allemand.

Pendant la crise politique de 1938, Adamov se demandait si aspirer à être écrivain n'était pas se livrer à une plaisanterie inopportune, si l'écrivain regagnerait jamais, au sein de la civilisation occidentale, un matériau vivant, attentif, avec lequel travailler : « Le nom de Dieu ne devrait plus jaillir de la bouche de l'homme. Ce mot dégradé par l'usage, depuis si longtemps, ne signifie plus rien. Il est vidé de tout sens, de tout sang... Les mots, ces gardiens du sens, ne sont pas immortels, invulnérables... Comme les hommes, les mots souffrent... Certains peuvent survivre, d'autres sont incurables... Dans la nuit tout se confond, il n'y a plus de noms, plus de formes [1]. » Au début de la guerre, il écrivait : « Usés jusqu'à la corde, réduits à rien, les mots sont devenus des squelettes, des fantômes ; chacun de nous les mâchonne lamentablement, leur son est nauséeux. » À une date plus récente, Ionesco publie dans son *Journal :* « C'est comme si en faisant de la littérature j'avais usé tous les symboles sans les pénétrer. Ils ne me parlent plus de façon vivante. Les mots ont tué les images ou ils les cachent. Une civilisation de mots, une civilisation égarée. Les mots créent la confusion. Les mots ne sont pas la parole... En fait, ils ne parlent pas, si je puis m'exprimer ainsi. La plus intense expérience leur échappe. Plus j'essaie de m'expliquer, moins je me comprends. Bien sûr, tout n'échappe pas aux mots, seulement la précieuse vérité. » Ces deux dernières phrases reprennent, presque textuellement, ce que dit le personnage d'Hofmannsthal. L'écrivain,

1. En français dans le texte. (*N.d.T.*)

maître et esclave de la langue par définition, affirme bien haut qu'on ne peut plus cerner la palpitante vérité. Cette intuition hante le théâtre de Beckett. À partir de l'idée, chère à Tchekhov, que la communication verbale est quasi irréalisable, il se contraint au silence et tend vers un *Acte sans paroles*. Nous verrons bientôt des pièces où rien n'est prononcé, où chaque protagoniste, après une lutte acharnée, verra le dire sacrilège ou futile lui échapper tandis que les syllabes se liquéfient et meurent sur ses lèvres grimaçantes. La première parole sensée fera tomber le rideau.

Vraisemblablement influencée par Heidegger et le commentaire qu'il a donné de Hölderlin, la philosophie du langage, en France, dans ces dernières années, assigne également une prestigieuse autorité et une fonction à part au silence. Pour Brice Parain, « le langage est le seuil du silence ». Henri Lefebvre pense que le silence « se trouve tout à la fois au cœur, en deçà et au-delà du langage ». Une grande part de sa théorie repose sur la distribution du silence à l'intérieur d'un système linguistique que lui seul rend intelligible en introduisant une discontinuité. Il a « un autre Dire que le dire ordinaire [1] » ; mais non moins chargé de signification.

Ce ne sont pas là fantaisies macabres ou paradoxes de logiciens. On ne peut se permettre d'ignorer si le poète doit ou non parler, si l'ustensile qu'il manie répond à ses besoins. « Plus de poésie après Auschwitz », a dit Adorno, et Sylvia Plath a vécu le sens caché de cette sentence, à la fois ostensiblement et avec une profonde sincérité. Notre culture a-t-elle abandonné tout droit à ce luxe indispensable, la littérature, en vertu des horreurs qu'elle a commises ou laissé commettre (car l'indifférence est une forme de complicité) ? Je ne veux pas dire à jamais et en tout lieu, mais

1. En français dans le texte. (*N.d.T.*)

ici et maintenant, comme la cité assiégée qui ne peut prétendre ni au libre souffle du vent, ni à la fraîcheur du soir par-delà les murailles.

Ce n'est pas que les écrivains doivent cesser de produire. Je me demande s'ils n'écrivent pas trop, si le cataclysme imprimé au milieu duquel nous cherchons aveuglément notre chemin n'équivaut pas à une déformation maligne de tout sens. « Une civilisation égarée. » Lorsque l'usage abusif dévalue à tel point la communication écrite, autrefois chargée de terreur et d'amour, l'original, l'authentique ne peuvent plus se faire entendre. Chaque mois est tenu de sortir un chef-d'œuvre et les maisons d'édition propulsent le médiocre au royaume d'une splendeur artificielle et éphémère. Il est reconnu scientifiquement que l'accélération du rythme de publication d'ouvrages spécialisés est telle que les bibliothèques devront bientôt être placées sur orbite et explorées électroniquement selon les besoins. La folle prolifération du verbiage érudit, les bagatelles présentées comme autant de nouvelles évaluations critiques menacent d'estomper l'œuvre d'art elle-même et la franche spontanéité du contact personnel dont se nourrit la vraie critique. De plus, nous parlons trop, et trop volontiers : ce qui était privé devient propriété commune ; l'élément personnel, toujours remis en question, et donc vivant tant qu'il ne sort pas des limbes, se fige en clichés gorgés de fausses certitudes. Notre culture est le règne de la parlote. Ce bavardage afflige aussi bien la théologie que la politique et l'intériorité, autour de laquelle on n'a jamais fait autant de bruit, comme le manifeste cette haute rhétorique du papotage, la psychanalyse. Ce n'est ni sur le bang supersonique, ni sur un hurlement que s'achèvera notre monde, mais en gros titre, en un slogan, un roman informe. Quelle proportion du déluge imprimé voit les mots se transformer en paroles ? Et quelle est la place du silence si nous voulons contempler cette métamorphose ?

Cette seconde question relève de la politique, au sens originel du terme. Il vaut mieux pour le poète s'arracher la langue que de rendre hommage au bestial par son art ou sa simple indifférence. Si le totalitarisme est assez puissant pour fermer la porte à toute dénonciation, toute satire, que le poète se retire et que le savant cesse de gloser sur les classiques à quelques kilomètres des camps de la mort. Précisément parce que la parole est l'insigne de la condition humaine, qu'elle fait de l'homme une créature d'inquiétude et de recherche, le langage ne devrait trouver ni vie ni repos dans les hauts lieux de la cruauté. Le silence est vraiment une alternative. Quand la cité éructe la sauvagerie et le mensonge, rien ne porte plus loin que le poème non écrit.

« Maintenant, les sirènes disposent d'une arme plus fatale encore que leur chant, écrivait Kafka dans ses *Paraboles,* leur silence. Et bien qu'on imagine mal une telle chose, quelqu'un peut-être a rompu le charme de leurs voix ; mais celui de leur silence, jamais. »

Comme cet océan devait être silencieux, prêt à se soumettre à l'enchantement du mot...

MOTS DE LA NUIT

Existe-t-il une science-fiction pornographique[1] ? J'entends par là quelque chose de réellement neuf, l'invention par le génie humain de nouvelles expériences sexuelles ? La science-fiction use librement les coordonnées du temps et de l'espace ; elle peut placer l'effet

1. Cet article a fait naître des controverses qui se sont poursuivies pendant plusieurs années. L'intérêt que je porte à la pornographie et la connaissance que j'en ai sont, il me semble, des plus ordinaires. J'essayais de mettre en relief le « déshabillage » du langage, l'étalement du vocabulaire érotique hors des zones intimes, hautement privilégiées ou audacieuses de la langue. Il m'apparaît que nous commençons tout juste à mesurer le dépérissement de l'imagination, l'usure des ressources individuelles de représentation et d'expression érotiques jusqu'à la banalité universelle. Cette érosion manifeste directement ce mouvement général qui tend à réduire toute vie subjective au sein d'une société de consommation. Quand tout peut se crier, on parle de moins en moins à voix basse. Je m'efforçais également de déterminer la relation qui peut exister entre l'avilissement de l'individu par la pornographie et le viol et l'anonymat infligé par le régime totalitaire dont le camp de concentration est le raccourci logique. La pornographie et la dictature me paraissent établir un système de forces qui attente nécessairement à toute vie privée.

Bien que la discussion ait fait rage après la publication, aucun de ces deux points n'a été soulevé ni entrevu.

avant la cause ; sa logique repose sur des potentialités sans limites — « l'imagination crée le vraisemblable ». Mais a-t-elle introduit dans le répertoire critique un seul élément original ? J'admets qu'un héros, un explorateur terrien puisse, dans un roman à venir, se livrer en compagnie d'un être étrange, d'un habitant de l'espace, à une masturbation réciproque — où serait pourtant la nouveauté dans tout cela ? Des algues aux accordéons, des météorites à la lave lunaire, tout, apparemment, peut servir. Un monstre galactique ne changerait rien d'essentiel à l'acte. Le registre de notre être sexuel ne s'en trouverait pas vraiment plus étendu.

La question est d'importance. On a beau exalter avec lyrisme, ou une insistance papelarde, les variétés infinies de la dynamique sexuelle, les faits demeurent : la gamme des plaisirs possibles et imaginables — attitudes, consommations — est sévèrement limitée. Il y a, nul doute, plus de mets, plus de combinaisons gastronomiques à tenter, qu'elles soient savoureuses ou repoussantes, qu'il n'y a eu de découvertes érotiques depuis que l'impératrice Théodora s'est résolue « à satisfaire simultanément et jusqu'à satiété tous les orifices amoureux du corps humain ». C'est qu'ils ne sont pas si nombreux. La logique de l'orgasme impose un épuisement assez rapide, et de fréquents interludes. Le système nerveux est ainsi fait qu'une série de stimuli répartis sur le corps humain ne tend à provoquer en retour qu'une sensation unique et quelque peu confuse. L'idée (essentielle à Sade et à une bonne part de l'art pornographique) que l'on peut doubler la jouissance en adjoignant au *coït* proprement dit une experte opération sodomique relève de la pure fantaisie. Somme toute, compte tenu de la constitution nerveuse et physiologique du corps humain et des diverses manières d'atteindre ou de retenir l'orgasme, l'ensemble des modalités physiques mises en œuvre dans des relations de cet ordre est fondamentalement limité. Les mathématiques de la sexualité plafonnent aux environs de *soixante-neuf*[1] ; il n'y a pas de séries transcendantales.

Telle est la loi qui se profile derrière les *120 Journées,* celle d'un pédant acharné à pousser le chiffre *pi* jusqu'à sa dernière décimale : Sade s'est ainsi évertué à concevoir et à présenter la liste complète des variantes de la combinatoire érotique. Il a délimité un petit nombre de corps humains et il a tenté de retracer tous les modes de plaisir ou de souffrance auxquels ils pouvaient, sexuellement, être soumis. Le nombre en est étonnamment restreint. Lorsqu'on a placé le corps dans toutes les postures possibles — il faut tenir compte des lois de la pesanteur —, lorsqu'on a mis en contact réciproque le maximum de zones érogènes du plus grand nombre de participants, que ce soit par abrasion, friction ou intrusion, que reste-t-il d'autre à accomplir ou à imaginer ? On peut donner ou subir la flagellation ; on peut se nourrir d'excréments ou s'abreuver d'urine ; la bouche peut rejoindre telle partie intime dans un quelconque échange, une aube grise ne s'en lève pas moins pour nous rappeler avec aigreur que les choses n'ont guère changé depuis que l'homme a rencontré la chèvre et la femme.

Cette inévitable monotonie des écrits pornographiques, le sentiment d'affolante similitude que connaissent bien tous les collectionneurs de Charing Cross Road ou des kiosques prégaullistes, n'a pas d'autre cause. L'emballage, certes, varie. Ce fut la bonne nounou victorienne en bottines qui fustige son maître ou le curé qui regarde à la dérobée dans les cabinets des garçons. La guerre civile espagnole a fourni une pléthore de nonnes violées, de fesses embrochées. Actuellement, les libraires spécialisés notent une

1. En français dans le texte. (*N.d.T.*)

demande soutenue de « PC » (Parties Carrées), des histoires d'échange de partenaires dans le décor immuable des banlieues ou des clairs de lune vénitiens. Mais la marée insondable de la franche ordure est restée, pour l'essentiel, fidèle à elle-même ; elle emprunte toujours les formules les plus éprouvées d'un sadisme primaire, d'une bouffonnerie scatologique, et d'un morne délire de prouesses phalliques ou de transports féminins. Toute cette littérature se révèle, à sa manière, aussi surprenante qu'un manuel de scoutisme.

Par-delà cette frontière indécise s'étend le royaume de l'érotique, celui de la sexologie littéraire authentique ou frelatée : un monde bien plus vaste qu'on ne l'imagine d'ordinaire puisqu'il remonte aux papyrus égyptiens. Le volume total de « haute pornographie » produit à des périodes données de la société occidentale doit avoir égalé, sinon dépassé, celui des simples belles-lettres. C'était, je présume, le cas pour l'Alexandrie romaine, pour la France de la Régence et, vraisemblablement, le Londres de la fin du siècle dernier. Le gros de cette littérature confidentielle est voué à l'oubli. Si vous avez eu le privilège de pénétrer dans la bibliothèque Kinsey de Bloomington, et si vous avez eu la chance de la parcourir sous la direction de Mr. John Gagnon, vous découvrez ce fait étonnant, et si profondément significatif, qu'il n'existe guère de grand écrivain du XIXe ou du XXe siècle qui n'ait, à un détour de sa carrière, soit avec grand sérieux, soit avec la gravité plus poussée encore de la plaisanterie, produit un ouvrage pornographique. Il est pareillement remarquable que peu de peintres, du XVIIIe siècle au post-impressionnisme, aient omis de graver à tout le moins une série de planches ou d'esquisses obscènes. Ne peut-on définir l'art abstrait, non figuratif, par le fait qu'il échappe à la pornographie ?

Il n'est pas contestable qu'une certaine proportion de

ce vaste ensemble d'écrits possède une puissance et une signification proprement littéraires. Lorsqu'un Diderot, un Crébillon fils, un Verlaine, un Swinburne ou un Apollinaire donnent dans l'érotique, leur tentative sera empreinte de ces mêmes qualités qui marquent, dans le domaine public, leurs autres ouvrages. Que des écrivains comme Beardsley et Pierre Louÿs nous apparaissent secondaires n'enlève pas à leur talent lubrique un charme propre à l'époque. Quoi qu'il en soit, la « haute pornographie », à de très rares exceptions près, ne relève pas du panthéon littéraire. Il est tout simplement faux d'envisager les enfers des grandes bibliothèques ou les collections privées comme le réceptacle de chefs-d'œuvre poétiques ou romanesques que l'hypocrisie ou la censure bannissent de la lumière. L'art graphique, ainsi que le suggèrent certains dessins du XVIIIe siècle ou des estampes japonaises, pourrait constituer un ordre différent car on y perçoit la trace d'un effort créateur par ailleurs absent. Ce qui frappe, quand on se penche sur ces classiques de l'érotisme, c'est qu'eux aussi obéissent à des conventions rigides et que leur éventail imaginatif, outre qu'il est réduit, plonge par degrés insensibles dans la rêverie stéréotypée d'une pornographie ouvertement commerciale.

En d'autres termes, elle est bien floue, cette ligne interposée, par exemple, entre l'univers de *Thérèse philosophe* ou de *Lesbia Brandon* et celui des *Tendres Flagellations* ou des *Cuisses soyeuses*. Ce qui distingue, pour l'essentiel, le « classique maudit » des petites merveilles d'arrière-boutique de Frith Street appartient au domaine sémantique, au registre verbal et aux expédients rhétoriques les plus aptes à provoquer l'érection. Tout cela n'a rien d'essentiel. Prenons cet exemple très récent de masturbation chez une femme de chambre dans *Un rêve américain* de Norman Mailer et une autre pareillement occupée dans *On l'appelait Dolly* (date inconnue, prix six shillings) ; la charge érotique est fonction du langage et la différence, pour être exact — les précisions verbales n'ont-elles pas maintenant conquis jusqu'à la vraie littérature ? —, tient à l'habileté narrative. Aucun de ces spécimens ne renouvelle en quoi que ce soit le potentiel émotif de l'humanité ; tous deux contribuent au gâchis.

Les apports authentiques sont, en fait, l'exception. La liste des écrivains dont le génie a étendu le registre affectif de notre conscience sexuelle, donné au jeu érotique de l'esprit un tour nouveau, exhumé une frange de connaissance jusque-là inouïe ou méconnue, est des plus réduites. Elle devrait, à mon sens, inclure Sapho dont les vers, pour la première fois peut-être, soufflèrent à l'oreille occidentale la note stridente, insoutenable de la sexualité stérile, le cri d'une libido qui se plaçait délibérément par-delà tout assouvissement. Catulle paraît y avoir également contribué, bien que le recul historique vienne, pour une grande part, masquer cet élément alors si bouleversant, si réellement dévastateur de sa vision. La correspondance précise et ingénieuse établie, dans la poésie et l'art baroques ou métaphysiques, entre l'orgasme et la mort, a manifestement élargi — comme l'intérêt précédemment porté à la virginité — notre héritage sensuel. L'examen plus attentif de tout ce qui lie l'infirmité nerveuse, la psychopathologie de l'organisme, à une vulnérabilité érotique particulière constitue sans doute, avec Dostoïevski, Proust et Thomas Mann, une innovation. Sade et Sacher-Masoch ont codifié et mis au jour dans une syntaxe dramatique des régions auparavant diffuses, ou moins explicitement définies. *Lolita* a réellement enrichi nos réserves habituelles de tentations, comme si Nabokov avait ramené sur notre champ de vision ces éléments restés jusque-là périphériques, dans *la Rabouilleuse* de Balzac, par exemple, ou bien maintenus dans l'improbable par une disproportion calculée (*Alice au pays des merveilles*). Mais de tels élargissements de notre perception sont rares.

L'érotisme littéraire se ramène en vérité, au même titre que le tout-venant de la pornographie commerciale, à la répétition obsessive, incroyablement monotone, de contorsions et d'extravagances convenues. Dans bon nombre de textes érotiques comme dans les rêves moites des hommes, l'imagination ne cesse de tourner en rond entre les bornes étroites de la stricte expérience corporelle. Les mouvements de notre esprit n'ont, quand nous nous masturbons, rien d'un ballet ; mais tout d'une meule.

Maurice Girodias ne manquerait pas de riposter que là n'est pas la question, et que l'interminable procession de fornications, flagellations, onanismes, fantaisies masochistes et autres exploits homosexuels qui peuplent les pages de son *Olympia Reader* sont inséparables de l'excellence littéraire, de l'originalité artistique et de l'intégrité des livres publiés à l'Olympia Press de Paris. Il soutiendrait que plusieurs des ouvrages dont il s'est fait le champion, et dont il a maintenant retenu les passages significatifs, se placent à l'avant-garde de la sensibilité moderne, que ce sont des classiques de la littérature d'après-guerre. Qu'ils accordent tant d'importance à l'expérience sexuelle tient à ce que l'écrivain contemporain y a reconnu la dernière frontière, le terrain sur lequel son talent, s'il veut rester sincère et pertinent, doit faire porter l'accent de notre culture. Le *Reader* fourmille de termes tabous, de comptes rendus détaillés d'actes sexuels spécialisés, pour cette bonne raison qu'il revient à l'écrivain d'étayer la campagne libératrice inaugurée par Freud, de surmonter les interdictions verbales, les hypocrisies de l'imagination où les générations précédentes se débattaient lorsqu'elles tentaient de suggérer cette part complexe et primordiale de notre être.

> Écrire des livres obscènes constituait notre participation inéluctable à la lutte commune contre le monde des conventions... Un simple devoir.

Il y a du vrai dans ce que déclare Girodias. À les lire, ses réminiscences et ses polémiques manquent de charme, car il pleurniche volontiers ; cela n'empêche pas son catalogue de montrer de la vigueur et de l'éclat. Les œuvres de Henry Miller comptent dans l'histoire de la prose américaine et celle de la connaissance de soi. Olympia Press a publié le *Watt* de Samuel Beckett et des textes de Jean Genet — pas son théâtre pourtant, ou le meilleur de sa prose. *Fanny Hill* et, dans une moindre mesure, *Candy,* sont des épopées parodiques de l'orgasme, des ouvrages que tout homme bien constitué saura apprécier. On a fait du *Carnet noir* de Lawrence Durrell une manière de chef-d'œuvre, ce qu'il n'est certes pas, quelle que soit la conviction de ses avocats. Il est possible que Girodias considère *le Festin nu* comme le couronnement de son flair littéraire. Moi pas. Rien n'est plus assommant, ignare et impudent, jusque dans ses tréfonds, que ce livre. Les louanges qu'il a reçues ont pour tout mérite de nous renseigner sur les diverses tendances — homosexualité, équivoque et brutalité de bon ton — qui règnent dans l'élite culturelle du moment. Si l'on peut dire que Burroughs met ses lecteurs en accusation, ce n'est pas selon l'acception généreuse et prophétique que prône Girodias. Rien ne peut toutefois contester, chez celui-ci, l'authenticité de son engagement ou la réalité des risques qu'il a assumés. De plus, deux romans de son catalogue sont de purs classiques, des livres dont il sut découvrir la conception géniale et auxquels son nom restera fièrement attaché : *Lolita* et *The Ginger Man.* Son désaccord ultérieur avec Nabokov empêche maintenant Girodias, par un trait d'humour crépusculaire qui dépeint à merveille toute l'industrie du salace littéraire, d'inclure un extrait de *Lolita* dans son anthologie. La jaquette verte et la typographie quelque peu maniérée d'Olympia Press auront, pour tous ceux qui découvrirent Humbert Humbert dans *The Traveller's Companion Series,* estampillé un des moments les plus exaltants de la littérature contemporaine. Ce seul fait aurait dû éviter à Girodias les tracasseries financières et légales par lesquelles la pudibonderie gaulliste l'a acculé à se démettre.

On trouve maintenant ce qu'Olympia Press a publié de meilleur dans les rayons de tous les Monoprix — la preuve par excellence du discernement de Girodias. L'*Olympia Reader* doit être jugé sur pièces, et la plupart d'entre elles sont d'une vulgarité sans nom — « couvrant la vie d'ordure » ; quant à ses prétentions au mérite littéraire ou à la maturité intellectuelle, elles s'avèrent des plus minces.

Le livre vous tombe littéralement des mains. Si vous l'ouvrez au hasard, vous ne pouvez échapper au sentiment du *déjà vu*[1] (« c'est un film spécialisé que j'ai déjà vu quelque part »). Que l'on tourmente une femme nue dans les donjons de Sade (*Justine*), pendant la révolte de Spartacus (Marcus Van Heller, *Orgie romaine*), dans un inquiétant château français (*Histoire d'O*) ou dans une maison arabe (*Kama Houri,* d'un certain Ataullah Mordaan), c'est bien du pareil au même. Le plaisir que l'on peut tirer de la stimulation orale ou

1. En français dans le texte. (*N.d.T.*)

de la sodomie se répète quelque peu, qu'il soit recherché chez Genet par les petites frappes parisiennes du *Journal d'un voleur,* par les boxeurs professionnels à la retraite de *The Gaudy Image* ou encore, à la lueur des becs de gaz édouardiens, par la jeunesse dorée de *Teleny,* cette chose inepte attribuée à Oscar Wilde.

Après cinquante pages de « seins raidis », de « cuisses doucement écartées » et de « fleuve brûlant » s'engouffrant dans l'anatomie extatique, ou s'en échappant, l'esprit proteste, non par une feinte indignation, ou parce que je suis un croulant réprimant sa libido, *mais par un pur et nauséeux ennui.* La fornication elle-même ne peut être aussi insipide, aussi désespérément banale que tout cela.

Tout, bien sûr, n'est pas de cette eau. *Sin for Breakfast* se termine sur une note d'humour lubrique des plus subtiles. Quant à la *Woman-Thing,* elle trouve dans l'emploi des mots proscrits, dans l'exactitude des détails anatomiques un net regain d'énergie, et la façon dont l'ardeur sexuelle condense et corrode le langage y est fort bien rendue. Pour tous ceux dont l'onanisme féminin stimule l'imagination, et j'imagine que la plupart des hommes sont dans ce cas, il y a là un fameux morceau. Ce n'est sans doute pas le seul. Mais qui peut lire cela d'un bout à l'autre ? À mon avis, le *Reader* contient une seule page absolument sublime. Elle se trouve dans un passage, peut-être apocryphe, de Frank Harris. Tandis qu'il s'essaye aux postures les plus savantes avec deux nymphettes orientales, sous l'œil de l'entremetteuse anglaise, Harris a soudain cette révélation brutale « qu'il est possible de prouver que la pensée de Marx repose, pour l'essentiel, sur des prémisses erronées. Les bohémiens peuvent être libres, jamais le prolétariat ». Le tableau qu'offre Frank Harris réfutant tout à coup *le Capital,* du plus profond de son engagement extatique, vaut son pesant d'or.

Avec des réserves. Car c'est là attenter non seulement à la liberté vraie de l'auteur, mais aussi au trésor déclinant de sensibilité et d'imagination de notre société ; et ceci bien plus que Girodias, Mary McCarthy, Wayland Young, Georges Bataille et autres défenseurs d'une franchise totale ne semblent le croire.

La préface de l'*Olympia Reader* se termine sur un véritable envoi :

> La censure morale est un héritage du passé, le résultat de siècles d'oppression cléricale. Maintenant qu'elle décline, nous pouvons espérer que l'avènement de la liberté va transformer la littérature. Il ne faut pas envisager la liberté dans ce qu'elle a de négatif, mais comme la possibilité d'explorer tous les aspects valables de l'esprit humain à la racine ou à l'intersection desquels on retrouve toujours, d'une certaine manière, les pulsions sexuelles.

La dernière assertion passe les bornes de la stupidité. Il faut voir de près ce que signifient cette liberté, cette régénérescence de la littérature par l'abolition des tabous du verbe ou de l'imagination.

Depuis l'affaire *Lady Chatterley* et l'échec des diverses tentatives tendant à retirer de la circulation certaines œuvres de Henry Miller, l'écluse est ouverte. On trouve partout les romans de Sade, les développements homosexuels de Genet et de Burroughs, et aussi *Candy, Sexus, Histoire d'O.* La censure a trop peur de se couvrir de ridicule en mettant en cause l'érotisme sadique, la sodomie sous tous ses aspects, odeurs comprises, qui font la gloire d'*Un rêve américain* de Mailer. Très bien. Mais sachons pourquoi. La censure est à la fois inepte et révoltante, et cela pour deux raisons bien terre à terre : les censeurs sont des hommes comme les autres et leurs jugements ne sont pas plus infaillibles ou moins sensibles à la corruption. De plus, c'est un système inefficace : qui veut un livre l'obtiendra, d'une manière ou d'une autre. Ce qui ne revient pas à dire que la pornographie ne fait pas des lecteurs dépravés et n'incite pas à des comportements nocifs ou criminels. C'est possible, ce n'est pas sûr. Nous manquons de preuve dans un sens comme dans l'autre. Ce problème est beaucoup plus délicat que nos lettrés avocats d'une totale liberté ne veulent bien l'admettre. Mais c'est une chose de dire que la censure est inefficace et qu'on ne devrait pas y avoir recours, et une autre d'affirmer sans se payer de mots qu'il y a eu libération de la littérature, que l'écrivain s'est débarrassé de ses entraves.

Bien au contraire. La sensibilité de l'écrivain s'exerce librement quand elle est la plus humaine, quand elle s'efforce de comprendre et de recréer cette merveilleuse variété, cette complexité, ce rebond de la vie à l'aide des mots les plus justes, les plus personnels, les plus chargés de signification que le langage peut offrir. Quoi de plus éloigné de la liberté que le cliché : je ne connais rien de plus inerte, de plus conventionnel, de plus brutalement creux qu'une série de mots grossiers. La littérature n'instaure un vivant dialogue entre l'écrivain et son lecteur que dans le cas où l'auteur montre le plus grand respect, d'une part pour l'imagination et la maturité d'esprit de son lecteur, de l'autre pour l'indépendance, la plénitude et la vie intérieure du personnage auquel il donne forme.

Le respect du lecteur implique que le poète ou le romancier soit prêt à voir collaborer avec la sienne l'intelligence du lecteur dans l'acte créateur. Il ne dit pas tout, car son œuvre n'a rien de ces premiers rudiments à l'usage des enfants ou des débiles mentaux. Il n'épuise pas toutes les directions que l'imagination du lecteur peut emprunter, mais se réjouit de la voir d'elle-même remplir de sa propre vie, de ses souvenirs sans nombre, de ses désirs sans partage, les contours qu'il a tracés. Tolstoï est infiniment plus libre que nos nouveaux pornographes, et son récit bien plus érotique lorsqu'il s'arrête à la porte de la chambre à coucher des Karénine, et ne fait que suggérer, en la rapprochant d'une flamme mourante, des cendres refroidies sur la grille, une faillite sexuelle que chacun de nous peut revivre ou expliciter à son gré. George Eliot est libre, et elle traite ses lecteurs en adultes lorsqu'elle laisse entrevoir, par les inflexions du style et le jeu des modes, ce que fut réellement la lune de miel des Causaubon dans *Middlemarch* et le traumatisme que l'incompréhension radicale infligea à Dorothée. Ce sont là des scènes profondément suggestives qui intensifient et diversifient notre expérience sexuelle, bien au-delà de ce que peuvent faire les histoires de bidet du roman contemporain « libéré ». Il n'y a pas la moindre trace d'affranchissement personnel dans les descriptions les plus précises des faits physiologiques que nous présente de nos jours la « haute pornographie », car le lecteur y est bafoué et son imagination fondamentalement dégradée.

La vie intérieure des personnages romanesques y est totalement profanée, et l'on ne montre pas plus de respect pour ce sentiment tenace de l'intégrité personnelle qui contraint un Stendhal, un Tolstoï ou un Henry James à marcher sur la pointe des pieds autour de leurs propres créations. Les romans conçus selon le nouveau principe de franchise absolue hurlent à leurs personnages : dénude-toi, fornique, commets telle ou telle perversion. Les gardes-chiourme SS criaient de même à des files d'hommes et de femmes. Ces deux attitudes, prises dans leur ensemble, ne diffèrent guère à mes yeux. Il se peut qu'il y ait des affinités plus profondes que nous le présumons encore entre « liberté totale » de l'imagination érotique et l'assouvissement complet du sadique. Que ces deux libertés soient apparues à des époques historiques voisines n'est peut-être pas le fait du hasard. Toutes deux s'exercent aux dépens de l'humanité d'un autre être, de son droit le plus précieux — l'inviolabilité de ses sentiments.

Rien n'est plus dangereux. Les historiens de demain pourraient définir cette période présente de l'Occident par la destruction massive qu'elle a opérée de l'intimité, des mécanismes délicats par lesquels nous nous efforçons de devenir nous-mêmes, attentifs à surprendre l'écho de ce qui nous appartient en propre. Cette dévastation est engendrée par les conditions mêmes d'une civilisation urbaine du nombre, par l'uniformité inévitable de nos choix économiques et politiques, par les nouveaux moyens électroniques de communication et de propagande, par la pression, l'intrusion et le contrôle croissants des facteurs sociologiques et matériels sur nos pensées et nos actions. De plus en plus, il n'est de véritable vie privée, de lieu propre à éprouver notre sensibilité, que dans des situations extrêmes : dépression nerveuse, drogue, dénuement. D'où l'effarante monotonie de tant d'existences apparemment réussies et qui ne peuvent se dérouler que sous le feu des projecteurs. De là le besoin de stimulations nerveuses d'une brutalité et d'une efficacité inconnues jusqu'alors.

Les relations sexuelles sont, ou devraient être, une des citadelles de l'intériorité, le refuge nocturne où il nous serait donné de rassembler les fragments harassés de notre conscience en une manière d'ordre inviolable et de repos. C'est dans l'expérience sexuelle qu'un être humain solitaire, et deux êtres tendus vers une communication entière qui est aussi communion, peuvent découvrir le pli inimitable de leur identité. C'est à travers elle que nous inventons à notre usage, après bien des efforts maladroits et de multiples échecs, les mots, les gestes, les images mentales qui mettent le sang en feu. Dans ces ténèbres merveilleuses et inépuisables, les approches aussi bien que l'illumination doivent nous appartenir en propre.

Les nouveaux pornographes compromettent cette ultime retraite. Ils imaginent pour nous. Ils dérobent les mots de la nuit et les crient par-dessus les toits, jusqu'à ce qu'ils sonnent creux. Les visions de nos étreintes, les hésitations les plus secrètes arrivent maintenant sous cellophane. Du rituel des caresses adolescentes aux dernières expériences universitaires dans lesquelles les épouses des professeurs ont consenti à pratiquer l'onanisme devant les caméras des chercheurs, la vie sexuelle, celle des États-Unis en particulier, passe de plus en plus dans le domaine public. C'est un phénomène profondément dégradant dont nous ne mesurons pas plus les effets sur notre identité personnelle et sur nos réserves de sensibilité que les atteintes incessantes sur nos nerfs des sollicitations érotiques latentes ou déclarées de la publicité moderne. La sélection naturelle nous rappelle que membres et fonctions, une fois délaissés, s'atrophient ; la faculté de ressentir, d'éprouver et de reconnaître l'irréductibilité précaire de chaque être, cela aussi peut dépérir dans un corps social. Et il n'est pas fortuit (Orwell l'avait bien noté) que l'uniformisation de la sexualité, qu'elle résulte d'une licence contrôlée ou d'un puritanisme imposé, aille de pair avec les régimes totalitaires.

C'est ainsi que la menace qui pèse à présent sur la liberté littéraire et l'intériorité sociale ne vient pas de la censure ou de la réticence verbale, mais du mépris délibéré dans lequel le romancier érotique tient ses lecteurs, ses personnages, et jusqu'au langage. Nos rêves sont des produits manufacturés.

Par le fait même qu'elle évitait certains termes, qu'elle ne décrivait pas certaines situations, une grande part de la poésie et de la fiction a modelé l'imagination occidentale, aiguisé et humanisé notre conscience en exigeant du lecteur non de se soumettre, mais de réverbérer sa voix. Mon différend avec l'*Olympia Reader* et l'idéologie que celui-ci implique n'est pas tant fondé, en réalité, sur la grisaille et l'abjection de son matériau verbal, que sur ce constat que ses livres laissent un homme moins libre, moins individuel qu'ils ne l'ont trouvé ; que le langage en sort appauvri, moins apte à s'étonner et s'émouvoir devant le monde. Ce n'est pas la liberté, c'est une nouvelle servitude qu'ils nous promettent. Au nom de la liberté, de l'intériorité humaine, du droit qu'a toute vie privée d'être privée, cela suffit !

LE MIRACLE CREUX

C'est entendu : l'Allemagne d'après-guerre est un miracle. Mais c'est un étrange miracle. Il y a une belle frénésie de vie à la surface ; mais au cœur un calme étrange. Allez là-bas : détournez-vous un moment des courbes de production, n'écoutez plus la ruée des moteurs.

Ce qui est mort, c'est la langue allemande. Ouvrez les journaux, les magazines, le flot des livres populaires ou savants qui s'écoule des nouvelles imprimeries ; allez entendre une pièce de théâtre ; écoutez l'allemand tel qu'on le parle à la radio ou au Bundestag. Ce n'est plus le langage de Goethe, Heine ou Nietzsche. Ce n'est même plus celui de Thomas Mann. Quelque chose d'immensément destructeur lui est arrivé. Cela fait du bruit. Cela peut même *communiquer,* mais non créer un sentiment de communion.

Les langages sont des organismes vivants. D'un ordre infiniment complexe, mais organismes tout de même. Ils ont en eux une certaine force de vie, et certains pouvoirs d'absorption et de croissance. Mais ils peuvent s'altérer et ils peuvent mourir.

Un langage montre de façons diverses qu'il porte en lui le germe de la dissolution. Des actions de l'esprit qui furent spontanées deviennent mécaniques, gelées, habituelles (métaphores mortes, comparaisons toutes faites, slogans). Les mots s'allongent et se font plus ambigus. La rhétorique se substitue au style, le jargon à l'usage précis du langage courant. Les racines étrangères et les emprunts ne sont plus absorbés dans la circulation sanguine de la langue. Ils sont simplement avalés et demeurent une intrusion du dehors. Tous ces échecs techniques cumulent dans un échec essentiel : le langage n'acère plus la pensée, il la ternit. Au lieu de charger chaque expression de l'énergie la plus grande et la plus franche, il dénoue et disperse l'intensité émotive. Il n'est plus aventure (et le langage est l'aventure la plus haute dont soit capable le cerveau humain). Pour tout dire, le langage n'est plus vécu ; il est simplement parlé.

Cet état peut durer très longtemps (voyez comme le latin est resté en usage longtemps après que les sources de vie furent taries dans la civilisation romaine). Mais là où il s'est installé, il y a quelque chose d'essentiel dans une civilisation qui ne guérira pas. Et c'est ce qui est arrivé en Allemagne. C'est pourquoi, au centre de ce miracle qu'est la résurrection matérielle de l'Allemagne, il y a une telle mort de l'esprit, une telle impression de trivialité et de dissimulation.

Qui a donné la mort à la langue allemande ? C'est là un point d'histoire fascinant et compliqué. Il commence avec un fait paradoxal : l'allemand fut le plus vivant avant que n'existât un État allemand unifié. Le génie poétique de Luther, Goethe, Schiller, Kleist, Heine et, partiellement, celui de Nietzsche anticipent sur la création de la nation allemande. Les maîtres de la prose et de la poésie allemandes furent des hommes qui ne connurent pas le dynamisme de la conscience nationale prusso-germanique, tel qu'il s'est développé après la fondation de l'Allemagne moderne en 1870. Ils furent, comme Goethe, des citoyens de l'Europe, vivant dans des principautés trop étroites pour solliciter les émotions du nationalisme. Ou, comme Heine et Nietzsche, ils écrivaient hors d'Allemagne. Et cela est resté vrai pour le meilleur de la littérature allemande, même dans une période récente. Kafka écrivit à Prague, Rilke à Prague, Paris ou Duino.

Le langage officiel et la littérature de l'Allemagne bismarckienne portaient déjà en eux les éléments de la dissolution. C'est l'âge d'or des historiens militants, des philologues et des métaphysiciens incompréhensibles. Ces mandarins du nouvel Empire prussien produisirent un mélange effrayant d'innocence grammaticale et d'absence d'humour, qui a fait du mot « allemand » un équivalent de « poids mort ». Ceux qui échappèrent à la prussianisation du langage furent les rebelles et les exilés, comme ces Juifs qui fondèrent une brillante tradition journalistique, ou Nietzsche, qui résidait à l'étranger.

À l'académisme et à la pesanteur de l'allemand tel qu'il était écrit par les piliers de la société et du savoir, entre 1870 et la Première Guerre mondiale, le régime impérial ajouta en effet ses propres apports, la pompe et la mystification. Le « style Potsdam » pratiqué dans les chancelleries et dans la bureaucratie du nouvel Empire fut un mélange de brutalité (« l'honnête discours de soldats ») et d'envols vers la grandeur romantique (la note wagnérienne). Ainsi l'Université, les milieux officiels, l'armée et la cour conspirèrent à introduire dans la langue allemande des habitudes non moins dangereuses que celles dont elles imposaient le moule au peuple allemand : une terrible faiblesse devant les slogans et les clichés pompeux (espace vital, péril jaune, vertus nordiques) ; un respect automatique pour les grands mots et la voix forte, un goût fatal pour le pathos sucré (*Gemütlichkeit*), sous lequel se dissimule toute forme de réalité trop crue ou décevante. Dans ce dressage, l'école de la philologie allemande, célèbre à juste titre, a joué un rôle curieux et complexe. La philologie place les mots dans un contexte de mots plus anciens ou apparentés, non dans celui de l'intention ou de la conduite éthique. Elle donne au langage ses relations formelles[1], non sa forme. Ce ne peut être un simple accident, si la structure essentiellement philologique de l'éducation allemande a fourni de loyaux serviteurs à la Prusse et au régime nazi. Le meilleur enregistrement de la trajectoire qui mène de l'appel disciplinaire dans la classe à celui des baraques concentrationnaires, on le trouve dans les romans de Heinrich Mann, surtout dans *le Sujet* ».

Quand les soldats se mirent en marche pour la guerre de 1914, les mots en firent autant. Les survivants revinrent, quatre ans plus tard, déchirés et battus, mais non les mots. Ils demeurèrent au front et bâtirent entre l'esprit allemand et les faits un mur de mythes. Ils lancèrent le premier de ces grands mensonges dont s'est nourrie une si grande part de l'Allemagne moderne : le mensonge du coup de poignard dans le dos. Les héroïques armées allemandes n'avaient pas été vaincues, elles avaient été poignardées dans le dos par « des traîtres, des dégénérés, des bolcheviks ». Le traité de Versailles n'était pas la tentative maladroite d'une Europe ravagée pour ramasser les morceaux, mais un plan de cruelle vengeance imposé à l'Allemagne par des adversaires gourmands. La responsabilité dans le déchaînement de la guerre appartenait à la Russie ou à l'Autriche, ou aux intrigues coloniales de la « perfide Angleterre », non à l'Allemagne prussienne.

Nombreux étaient les Allemands qui savaient y voir des mythes et qui savaient quelle part le militarisme

1. *Formality.* (*N.d.T.*)

allemand et l'arrogance raciale avaient eue dans la préparation de l'holocauste. Ils le disaient dans les « cabarets », les sketches politiques des années 1920, dans le théâtre expérimental de Brecht, dans les œuvres des frères Mann, dans l'art graphique de Käthe Kollwitz et George Grosz. La langue allemande fit un bond dans la vie, comme elle n'en avait plus connu depuis que les Junkers et les philologues s'étaient emparés d'elle. Ce fut une période de brillante rébellion. Brecht rendit à la prose allemande sa simplicité luthérienne et Thomas Mann introduisit dans son style la souple et lumineuse élégance de la tradition classique et méditerranéenne. Ces années 1920-1930 furent les *anni mirabiles* du moderne esprit allemand. Rilke composa les *Élégies de Duino* et les *Sonnets à Orphée*, donnant au vers allemand un coup d'aile et une musique qu'il n'avait pas connus depuis Hölderlin. *La Montagne magique* paraît en 1924, *le Château* de Kafka en 1926. La première de *l'Opéra de quat'sous* est de 1928, et en 1930 le cinéma allemand produit *l'Ange bleu*. La même année paraît le premier volume de l'étrange et vaste méditation poursuivie par Robert Musil sur le déclin des valeurs occidentales, *l'Homme sans qualités*. Pendant cette glorieuse décennie, la littérature et l'art allemands eurent leur part dans cette grande vague de l'imagination occidentale qui enveloppe Faulkner, Hemingway, Joyce, Eliot, Proust, D. H. Lawrence, Picasso, Schönberg et Stravinski.

Mais ce fut un bref midi. L'obscurantisme et la haine cimentés dans le tempérament allemand après 1870 étaient trop profondément enracinés. Dans une *Lettre d'Allemagne* étrangement prophétique, Lawrence nota comment « le vieil esprit hérissé et sauvage s'est installé ». Il vit le pays se détourner « de tout contact avec l'Europe occidentale, refluant vers les déserts de l'Est ». Brecht, Kafka, Thomas Mann ne réussirent pas à maîtriser leur propre culture, à lui imposer leur sobriété humaine. Ils se retrouvèrent eux-mêmes parmi les excentriques, puis parmi les pourchassés. De nouveaux linguistes étaient à l'œuvre pour faire de la langue allemande une arme politique plus totale et plus efficace que toute autre dans l'histoire et pour dégrader la dignité du langage humain au niveau des loups hurlants.

Car il nous faut garder un fait clairement présent à l'esprit : la langue allemande ne fut pas innocente des horreurs accomplies par le nazisme. Ce n'est pas simplement parce qu'il se trouve qu'un Hitler, un Goebbels, un Himmler parlèrent allemand. Le nazisme puisa dans le langage précisément ce dont il avait besoin pour donner une voix à sa sauvagerie. Hitler entendit à l'intérieur de sa langue natale l'hystérie latente, la confusion, la qualité de la transe hypnotique. Il plongea avec sûreté dans le sous-bois du langage, dans les zones de l'obscurité et du cri qui sont la première enfance du discours articulé, et qui surgissent avant que les mots aient acquis leur mélodie et leur charge de sens sous le toucher de l'esprit. Il pressentit dans l'allemand une autre musique que celle de Goethe, Heine et Mann ; la cadence d'une râpe, moitié jargon vague, moitié obscénité. Et au lieu de s'en détourner, écœuré et incrédule, le peuple allemand rendit un écho massif aux vociférations de cet homme. Cela s'est mis en retour à vociférer dans un million de voix, et à retentir dans un million de bottes. Un Hitler aurait trouvé des réserves de venin et d'analphabétisme moral dans n'importe quelle langue. Mais, par l'effet d'une histoire toute récente, nulle part elles n'étaient aussi disponibles et aussi proches de la surface même du langage commun. Un langage qui permet d'écrire le *Horst Wessel Lied* est prêt à donner tout entière à l'enfer la langue maternelle. (Comment le mot *Spritzen* pourrait-il garder le même sens après avoir signifié pour des millions d'hommes la « giclée » du sang juif sous la pointe des couteaux ?)

Et c'est ce qui eut lieu sous le IIIe Reich. Non le silence ou l'évasion, mais un immense débordement de mots précis et pratiques. Ce fut l'une des horreurs particulières de l'ère nazie, que cette façon de consigner, de cataloguer et d'enregistrer tout ce qui arrivait ; d'engager les mots à dire ce qu'aucune bouche humaine n'aurait dû dire et qu'aucun papier de fabrication humaine n'aurait dû laisser s'inscrire. Là est la nausée, et l'intolérable : dans le souvenir de ce qui a été œuvré et *parlé*. Mais il faut se souvenir. Dans les cellules de la Gestapo, des sténographes (habituellement des femmes) notaient soigneusement les sons de la peur et de l'agonie arrachés par la brûlure ou les coups à la voix humaine. Les tortures et les expériences sur le vivant qui s'effectuaient à Belsen et Mauthausen étaient enregistrées avec exactitude. Les règlements sur le nombre de coups de fouet à distribuer, au bloc de correction de Dachau, étaient écrits en toutes lettres. Quand des rabbins polonais étaient contraints de nettoyer les latrines avec leurs mains et leur bouche, il y avait des officiers allemands pour noter le fait, pour le photographier et pour étiqueter les photos. Quand les gardes d'élite SS séparaient les mères des enfants à l'entrée des camps de la mort, ils ne procédaient pas en silence. En les huant, ils annonçaient l'horreur imminente : « *Heida, heida, juchheissa, Scheissjuden in den Schornstein*[1] *!* »

L'indicible qui est dit pendant douze ans. L'impensable qui est écrit, répertorié, classé pour les références. Les hommes qui versèrent de la chaux vive dans les bouches d'égout à Varsovie, pour tuer les vivants et

1. « Gai ! gai ! oh gai ! merde de Juifs dans la cheminée ! » (*N.d.T.*)

étouffer l'odeur des morts, ces hommes en parlaient dans leurs lettres, à leurs familles. Ils parlaient de la « vermine » qu'il avait fallu « liquider ». Dans des lettres demandant des photos de famille ou envoyant les vœux de Noël. « Nuit silencieuse, nuit sainte. » *Gemütlichkeit.* Un langage accoutumé à l'enfer, incorporant les usages de l'enfer dans la syntaxe. S'accoutumant à détruire l'humain dans l'homme et à restaurer la bête en lui. Par degrés, les mots ont perdu leur sens premier et acquis des contenus de cauchemar. *Jude, Pole, Russe* en sont venus à signifier des poux à deux pieds, une vermine putride que les bons Aryens doivent écraser « comme des blattes sur un mur sale », précisait un manuel du parti. « Solution finale », *endgültige Lösung,* en vint à signifier la mort de six millions d'êtres humains dans les fours à gaz.

Ce n'est pas seulement par la bestialité massive que le langage s'est laissé infecter. Il a été aussi appelé à faire valoir des impostures innombrables, à persuader les Allemands que la guerre était juste et partout victorieuse. À mesure que la défaite se rapprochait du Reich millénaire, la densité du mensonge devenait celle d'une tempête de neige permanente. Le langage était mis à l'envers, pour dire « lumière » là où il faisait noir et « victoire » là où il y avait désastre. Gottfried Benn, l'un des rares écrivains dignes de ce nom à être demeurés en Allemagne nazie, a noté quelques-unes des nouvelles définitions, dans le dictionnaire de la langue hitlérienne :

« En décembre 1943, c'est-à-dire à une époque où les Russes nous avaient repoussés devant eux sur quinze cents kilomètres, et avaient percé notre front en une douzaine de points, un lieutenant, petit comme un oiseau-mouche et tendre comme un jeune chien, faisait cette remarque : “Le principal, c’est que les cochons n’ont pas passé au travers.” » « Passer au travers » (*break through, durchbrechen*), « repousser », « nettoyer », « lignes de combat flexibles et fluides » — quel pouvoir positif et négatif ont ces mots ? Ils peuvent faire illusion, ou ils peuvent déguiser. Stalingrad : un accident tragique. La défaite des sous-marins : une petite découverte technique, tout accidentelle, qu’ont faite les Anglais. Montgomery chassant Rommel sur quatre mille kilomètres, d’El-Alamein à Naples : trahison de la clique Badoglio.

Et à mesure que le cercle de la vengeance se rapprochait de l’Allemagne, cette chute de neige prenait l’épaisseur d’une rafale de mensonges. À la radio, entre les interruptions provoquées par les raids d’aviation, la voix de Goebbels assurait au peuple allemand que de « titaniques armes secrètes » étaient sur le point d’être lancées. L’un des tout derniers jours du *Götterdämmerung,* Hitler sortit de son bunker pour inspecter une file de garçons de quinze ans aux visages de cendre, recrutés pour la défense de Berlin. L’ordre du jour parla de « volontaires » et d’unités d’élite rassemblées invinciblement autour du Führer. Le cauchemar prit fin sur un mensonge honteux : on annonça solennellement au *Herrenvolk* que Hitler était dans les tranchées sur la ligne du front, défendant le cœur de la capitale contre les bêtes Rouges. En fait, le bouffon reposait avec sa maîtresse, mort, dans la sécurité de son repaire de béton.

Les langages ont de grandes réserves de vie. Ils peuvent absorber des doses massives d’hystérie, d’inculture et de vulgarité (George Orwell a montré comment se fit cette absorption dans l’anglais d’aujourd’hui). Mais ici un point de rupture est apparu. Usez d’un langage pour concevoir, organiser et justifier Belsen ; pour faire le devis des fours crématoires ; pour déshumaniser l'homme en douze ans de bestialité calculée : quelque chose va lui arriver. Faites des mots ce que Hitler, Goebbels et les cent mille *Untersturmführer* en ont fait : des véhicules de la terreur et du mensonge. Quelque chose va arriver aux mots. Une part de mensonge et de sadisme va s'introduire dans la moelle du langage. Imperceptiblement d'abord, comme les poisons de la radiation s'infiltrent dans les os. Mais déjà le cancer commence, et la destruction en profondeur. Le langage ne va plus croître, ni retrouver sa fraîcheur. Il n'accomplira plus comme il le faisait ses deux fonctions principales : la transmission de l'ordre humain, dans ce que nous appelons la loi, la communication de ce vif de l'esprit, que nous appelons la grâce. Dans une note angoissée de son journal, en 1940, Klaus Mann observait qu'il ne pourrait plus lire de livres allemands : « Est-il possible que Hitler ait souillé la langue de Nietzsche et de Hölderlin ? » Cela était possible.

Mais qu'est-il arrivé à ceux qui étaient les gardiens du langage, et de sa conscience ? Qu'est-il arrivé aux écrivains allemands ? Nombre d'entre eux furent tués dans les camps de concentration ; d'autres, tel Walter Benjamin, se tuèrent avant que la Gestapo ne fût en mesure d'oblitérer en eux la part humaine d'image divine. Mais les plus grands écrivains partirent en exil. Les plus grands dans le théâtre : Brecht, Zuckmayer. Les plus grands romanciers : Thomas Mann, Werfel, Feuchtwanger, Heinrich Mann, Stefan Zweig, Hermann Broch.

L'exode est un fait essentiel lorsqu'il s'agit de comprendre ce qui est arrivé à la langue allemande et à « l'âme » dont elle est la voix. Quelques-uns, parmi ces écrivains, durent fuir pour sauver leur vie, parce qu'ils étaient juifs ou marxistes, ou de quelque autre sorte d'« indésirable vermine ». Mais beaucoup d'entre eux auraient pu rester et recevoir les honneurs dus aux convives aryens du régime. Les nazis n'étaient que trop anxieux de s'assurer le lustre et le prestige que la présence de Thomas Mann, sa seule présence, aurait donnés à la vie culturelle du Reich. Mais Mann ne pouvait pas rester. Et la raison en était qu'il savait exactement ce qu'on allait faire de la langue allemande, et il pensait qu'en exil seulement elle pourrait être préservée d'une ruine décisive. Quand il eut émigré, les sycophantes de l'Université de Bonn le dépouillèrent de son doctorat *honoris causa.* Dans sa lettre ouverte au recteur, Mann expliqua pourquoi il n'était pas possible, pour un homme employant la langue allemande à dire la vérité, de demeurer dans le Reich hitlérien :

« Le mystère du langage est grand ; être responsable du langage et de sa pureté, c'est porter une responsabilité d'ordre symbolique et spirituel : celle-ci ne revêt pas seulement une signification esthétique. La signification du langage est, essentiellement, la responsabilité elle-même... Un écrivain allemand, responsable par l'exercice même du langage qui lui est habituel, doit-il demeurer silencieux, tout à fait silencieux, face au mal irréparable qui a été commis et qui est commis chaque jour dans mon pays contre les corps, les âmes et les esprits, contre la justice et la vérité, contre les hommes et contre l'homme ? »

Mais, pour un écrivain, le prix d'une telle intégrité est terriblement lourd.

Les écrivains allemands souffrirent de différents degrés de privation et réagirent de façons différentes. Un petit nombre d'entre eux eurent la chance de trouver asile en Suisse, où ils purent demeurer dans le courant vivant de leur propre langue. D'autres, comme Werfel,

Feuchtwanger et Heinrich Mann formèrent entre eux des îlots de langue natale, dans leur nouvelle patrie. Stefan Zweig, une fois à l'abri en Amérique latine, tenta de se remettre sur le métier. Mais le désespoir eut raison de lui. Il était convaincu que les nazis allaient changer l'allemand en jargon inhumain. Il ne vit plus d'avenir possible pour un homme consacré à maintenir dans leur intégrité les lettres allemandes, et il se tua. D'autres cessèrent entièrement d'écrire. Seuls les plus résistants furent capables de transformer en art la cruauté d'une telle condition.

Poursuivi par les nazis de refuge en refuge, Brecht fit de chacune de ses pièces nouvelles une brillante action d'arrière-garde. L'admirable *Mère Courage* fut montée pour la première fois à Zurich pendant le printemps noir de 1941. Plus il est traqué, plus clair et plus fort devient l'allemand de Brecht. Le langage semble y retrouver l'enfance du premier livre de lecture, épelant l'a b c de la vérité. Sans doute Brecht était secouru par sa perspective politique. Marxiste, il se sent le citoyen d'une communauté qui déborde l'Allemagne, prenant part à la marche en avant de l'histoire. Il était prêt à accepter la profanation et la ruine de l'héritage allemand, comme le prélude tragique et nécessaire à la fondation de la société nouvelle. Dans son tract *Cinq difficultés de dire la vérité,* Brecht se donne la vision d'un nouveau langage allemand, capable d'égaler le mot au fait, le fait à la dignité de l'homme.

Un autre écrivain fit de l'exil une richesse : Hermann Broch. *La Mort de Virgile* n'est pas seulement l'un des romans les plus importants qu'ait produits la littérature européenne depuis Joyce et Proust ; c'est le traitement, propre à l'homme, du langage dans sa condition tragique, dans un âge de pouvoir brut. Le roman prend pour thème la décision de Virgile, à l'heure de sa mort, de détruire le manuscrit de l'*Énéide* : à l'heure où il découvre que la beauté et la vérité du langage ne sont pas en mesure de faire face à la souffrance humaine et à l'approche de la barbarie. L'homme doit trouver une poésie plus immédiate, plus secourable que celle des mots : une poésie de l'action. Broch, par surcroît, porte la grammaire et le discours au-delà de leurs frontières traditionnelles, comme si elles étaient devenues trop étroites pour contenir le poids de douleur et de vision auquel est contraint l'écrivain par l'inhumanité des temps. Le roman est organisé à la façon d'un quatuor, la vitesse de la narration étant réglée de façon à suggérer le tempo musical. Dans la dernière section — le dernier mouvement — de l'œuvre, les conditions temporelles et logiques de la syntaxe sont partiellement dissoutes, et le langage s'écoule en un courant libre et subtil, comme s'il se changeait vraiment en musique parlée. Mais cela même ne satisfait pas Broch. Vers la fin d'une vie plutôt solitaire (il mourut à New Haven, presque inconnu), il sentit de façon croissante que la communication pouvait reposer sur des modes autres que ceux du langage, peut-être dans les mathématiques, cette autre face du silence.

De tous les exilés, c'est Thomas Mann qui eut la meilleure part. Il avait toujours été un citoyen du monde, réceptif au génie des autres langues et des autres cultures. Dans la dernière partie du cycle de *Joseph,* il semble que certaines tonalités de la langue anglaise, au milieu de laquelle il vivait désormais, entrent dans son style. L'allemand demeurait sa langue, mais ici et là une lueur étrangère brille à travers elle. Dans le *Docteur Faustus,* Mann vise lui-même directement à exprimer la ruine de l'esprit allemand. Le roman est modelé par le contraste entre la langue du narrateur et les événements qu'il rapporte. Le langage est celui de l'humaniste classique, avec une touche laborieuse et désuète, mais toujours ouverte aux voix de la raison, du scepticisme et de la tolérance. L'histoire de la vie de Leverkühn, d'autre part, est une parabole de déraison et de désastre. La tragédie personnelle de Leverkühn préfigure une folie plus grande, celle du peuple allemand. Déjà, pendant que le narrateur rédige, non sans pédanterie, son témoignage humaniste devant la sauvage destruction d'un homme de génie, le Reich est en train de s'enfoncer dans un chaos de sang. Dans le *Docteur Faustus* également sont directement envisagés les rôles du langage et de la musique dans l'âme allemande. Mann semble dire que les plus profondes énergies de l'âme allemande furent toujours exprimées par la musique plutôt que par les mots. Et l'histoire d'Adrian Leverkühn suggère que c'est là un fait plein de danger. Car il existe dans la musique des possibilités d'irrationalité sans limites, et d'hypnose. Inaccoutumés à trouver dans le langage une mesure ultime du sens, les Allemands étaient tout préparés au jargon subhumain du nazisme. Et derrière le jargon résonnaient les sombres cordes de l'extase wagnérienne. Dans *l'Élu,* l'un de ses derniers livres, Mann retourne au problème de la langue allemande par la voie du pastiche et de la parodie. L'écriture du conte imite soigneusement le ton de l'allemand médiéval, comme pour s'éloigner le plus possible de l'allemand contemporain.

Mais, quelles que soient leurs réalisations, les écrivains allemands ne pouvaient défendre leur héritage de l'autodestruction. En quittant l'Allemagne, ils préservaient leur propre intégrité. Ils témoignaient des commencements de la catastrophe, non de son déroulement complet. « Vous n'avez pas payé du prix de votre propre dignité. Comment, dès lors, communiquer avec ceux qui l'ont fait ? » Les livres que Mann, Hesse et Broch écrivirent en Suisse, en Californie ou à Princeton sont lus aujourd'hui en Allemagne, mais seulement comme pour prouver qu'un univers privilégié a continué d'être « quelque part ailleurs », hors de la portée de Hitler.

Et les autres, les écrivains qui sont restés ? Quelques-uns devinrent les laquais dans la maison de prostitution officielle, la *Reichsschrifttumskammer,* la « Chambre impériale de littérature ». Les autres s'installèrent dans l'équivoque au point de perdre jusqu'au pouvoir de dire quoi que ce soit de clair et de signifiant, même à eux-mêmes. Klaus Mann donne une brève esquisse de la façon dont Gerhart Hauptmann, le lion du réalisme, approuvait les réalités nouvelles : « Hitler... après tout... Mes chers amis !... pas de sentiments durs !... Essayons seulement d'être... Non, s'il vous plaît, permettez-moi... objectivement. Je peux remplir mon verre ? Ce champagne... très remarquable, vraiment — l'homme Hitler, je veux dire... Le champagne aussi, pour cela... Le plus extraordinaire développement... La jeunesse allemande... Environ sept millions de votes. Comme je l'ai souvent dit à mes amis juifs... Ces Allemands... nation impérissable... vraiment très mystérieuse... des impulsions cosmiques... Goethe... la saga des Nibelungen... en un sens, Hitler exprime... comme j'ai essayé de l'expliquer à mes amis juifs... des tendances dynamiques... élémentaires, irrésistibles... »

D'autres, comme Gottfried Benn et Ernst Jünger, se réfugièrent dans ce que Benn lui-même a appelé « la forme aristocratique de l'émigration ». Ils entrèrent dans l'armée allemande, pensant qu'ils pourraient échapper au temps de la souillure et servir leur pays « de la vieille et honorable façon », dans le corps des officiers. Jünger écrivit un récit de la victorieuse campagne de France. C'est un petit livre élégant et lyrique :

Jardins et routes. Pas une note brutale là-dedans. Un officier vieux style prenant soin paternellement de ses prisonniers français et entretenant des relations « correctes » et même bienveillantes avec ses nouveaux sujets. Derrière sa voiture d'état-major arrivaient, tout droit de Varsovie, les camions de la Gestapo et les troupes d'élite. Jünger ne mentionne pas ces aspects désagréables, il parle de jardins.

Benn vit les choses plus clairement, et se retira tout d'abord dans l'obscurité du style, puis dans le silence. Mais le seul fait d'être présent dans l'Allemagne nazie semble avoir détruit sa prise sur la réalité. Après la guerre il mit sur le papier quelques-uns de ses souvenirs du temps de la nuit. Parmi eux l'on trouve une phrase surprenante. Parlant des pressions exercées sur lui par le régime, Benn remarque : « Ce que je décris, ce n'est pas par ressentiment à l'égard du national-socialisme que je le fais. Ce régime est renversé, et je ne suis pas prêt à traîner le corps d'Hector dans la poussière. » L'imagination vacille devant la somme de confusions nécessaires pour amener un tel écrivain à écrire cela, à user d'un vieux cliché pour faire du nazisme l'équivalent du plus noble parmi les héros homériques. Une fois mort, le langage tourne au mensonge.

Une poignée d'écrivains restèrent en Allemagne pour cautionner une résistance secrète. L'un de ces très rares écrivains fut Ernst Wiechert. Il passa quelque temps à Buchenwald, puis demeura dans une demi-retraite tout au long de la guerre. Ce qu'il écrivait, il l'enterrait dans son jardin. Il vécut dans ce danger continuel, parce qu'il sentait qu'on ne pouvait laisser l'Allemagne sombrer ainsi, dans cette souffrance sans voix. Il resta pour qu'il existe un témoin honnête, capable de consigner cela, pour ceux qui avaient pu fuir et pour ceux qui pourraient survivre, capable de décrire *comment c'était.* Dans *le Bois des morts* il dresse un rapport tranquille et bref de ce qu'il a vu dans le camp de concentration. Un rapport tranquille : parce qu'il souhaitait voir l'horreur du fait ressortir de la vérité nue. Il vit les Juifs torturés à mort sous de lourdes charges de pierre et de bois, battus chaque fois qu'ils s'arrêtaient pour reprendre souffle, jusqu'à ce qu'ils tombent morts. Quand sur son bras s'étendirent des plaies purulentes, on lui fit un pansement et il survécut. Mais le médecin militaire du camp ne voulait pas toucher des Juifs ou des Tziganes, de peur « d'être infecté par l'odeur de leur chair ». Ils mouraient donc, hurlant de gangrène, chassés par les chiens policiers. Wiechert vit cela et s'en est souvenu. À la fin de la guerre, il déterra le manuscrit dans son jardin et le publia en 1948. Mais c'était déjà trop tard.

Dans les trois années aussitôt après la fin de la guerre, beaucoup d'Allemands cherchèrent à avoir la vision réelle de ce qui avait eu lieu pendant l'ère hitlérienne. À l'ombre des ruines et de la misère économique, ils songèrent au mal monstrueux que le nazisme avait déchaîné sur eux et le monde. De longues files d'hommes et de femmes passèrent devant les tas d'ossements, dans les camps de la mort. Des soldats, revenus des territoires occupés, reconnurent ce qu'avait été l'occupation en Norvège ou en Pologne, en France ou en Yougoslavie — les exécutions massives d'otages, la torture, le pillage. Les Églises élevèrent la voix. Ce fut une période d'examen moral et d'accablement. Des mots étaient prononcés, qui ne l'avaient pas été depuis douze ans. Mais le moment de la vérité fut plutôt court.

Le tournant semble avoir été 1948. Avec le nouveau *deutsche Mark,* l'Allemagne commence son ascension miraculeuse vers, de nouveau, la puissance économique. Le pays, littéralement, se drogue de travail. Ce sont les années où les hommes passent la moitié de la nuit dans leurs usines reconstruites, parce que leurs maisons ne sont pas encore habitables. Et avec ce bond d'énergie matérielle est né un mythe nouveau. Des millions d'Allemands commencèrent à se dire à eux-mêmes, et à dire à tout étranger assez naïf pour l'entendre, que le passé n'avait en quelque sorte pas eu lieu, que ses horreurs avaient été exagérées grossièrement par la propagande alliée et la presse à sensation. Sans doute, il existait quelques camps, et il semble bien qu'un certain nombre de Juifs et d'autres malheureux y furent exterminés. « Mais pas six millions, *lieber Freund,* rien d'approchant. Ça, c'est seulement de la propagande, vous savez. » Sans doute il y a eu de regrettables brutalités, commises en territoire étranger par les unités SS. « Mais ces gars-là étaient des chiens misérables, des *Lumpenhunde,* des bandits de basses classes. L'armée régulière n'a rien fait de pareil. Pas notre honorable Armée allemande. Et vraiment, sur le front russe, nos garçons ne trouvaient pas en face d'eux des êtres humains conformes à la normale. Ces Russes sont des chiens fous, *lieber Freund,* des chiens fous ! Et le bombardement de Dresde ? » Où que l'on ait voyagé en Allemagne, on a pu entendre ce genre d'arguments. Les Allemands eux-mêmes commencèrent à y croire avec ferveur. Mais il y avait pire.

Les Allemands de tout âge commencèrent à déclarer qu'ils n'avaient rien su des atrocités du régime nazi. « Nous ne savions pas ce qui se passait. Personne ne nous avait parlé de Dachau, Belsen ou Auschwitz. Comment l'aurions-nous découvert ? Ne nous blâmez pas. » Il est évidemment difficile de réfuter cette revendication d'ignorance. *Il y eut* de nombreux Allemands à n'avoir qu'une faible notion de ce qui se passait hors de leur arrière-cour : les districts ruraux, les communautés réduites, reculées, ne furent éveillées à la réalité que dans les derniers mois de la guerre, quand la bataille se fit toute proche. Mais un très grand nombre ont *su.* Wiechert décrit son long voyage en direction de Buchenwald, pendant les jours relativement idylliques de 1938. Il dit la façon dont les foules se rassemblaient aux diverses étapes, pour huer les Juifs et les prisonniers politiques enchaînés dans le camion de la Gestapo, pour cracher sur eux. Quand les trains de la mort commencèrent à rouler à travers l'Allemagne pendant la guerre, l'air était épais du son et de l'odeur de l'agonie. Les trains attendaient sur les voies de garage à Munich, avant de mettre le cap sur Dachau, non loin de là. Dans les wagons scellés les hommes, les femmes et les enfants devenaient fous de terreur et de soif. Ils hurlaient, demandaient de l'air et de l'eau. Ils hurlaient toute la nuit. Des gens l'ont entendu à Munich, l'ont dit à d'autres. Sur le chemin de Belsen un train fut arrêté quelque part en Allemagne du Sud. Les prisonniers furent forcés à courir le long du quai et un homme de la Gestapo lâcha sur eux son chien en criant : « Homme, attrape ces chiens ! » Une foule d'Allemands se tenait là, observant le sport. Sur les cas de ce genre les comptes rendus sont innombrables.

La plupart des Allemands ignorèrent probablement les détails effectifs de l'extermination. Il se peut qu'ils n'aient pas connu le mécanisme des fours crématoires (un historien nazi officiel appelle ceux-ci « l'anus du monde »). Mais quand la maison voisine était vidée de ses occupants dans la nuit, ou quand les Juifs, leur étoile jaune cousue sur leur manteau, étaient repoussés des abris antiaériens et contraints à se tapir dehors, dans les rues en flammes, seul un aveugle atteint d'idiotie aurait pu l'ignorer.

Et pourtant le mythe a pu agir. Il est vrai que des publics allemands furent émus, voici peu de temps, par la représentation du *Journal d'Anne Frank.* Mais même la terreur qu'exprime le *Journal* n'a été qu'un souvenir d'exception. Et celui-ci ne montre pas ce qui se passait *à l'intérieur* du camp. Pour cet ordre de choses, le marché est étroit en Allemagne. Oublie le passé. Travaille. Deviens prospère. L'Allemagne nouvelle appartient à l'avenir. Interrogés récemment sur le sens qu'avait pour eux le nom de Hitler, un grand nombre d'enfants répondirent que c'était l'homme qui avait construit les autoroutes et supprimé le chômage. Avaient-ils entendu dire qu'il était un méchant homme ? Oui, mais ils ne savaient guère pourquoi. À des professeurs qui avaient tenté de parler de la période nazie, on fit savoir en haut lieu que de tels sujets n'étaient pas adaptés à un public d'enfants. Le petit nombre de ceux qui persistèrent furent déplacés, ou subirent de fortes pressions de la part des parents et des collègues. Pourquoi aller fouiller dans le passé ?

Ici et là, en fait, les anciens visages sont revenus. Sur le banc des tribunaux sont assis quelques-uns des juges qui sanctionnèrent les *lois du sang* hitlériennes. Dans plusieurs chaires professorales sont assis des spécialistes dont la promotion date du temps où leurs propres maîtres, juifs ou socialistes, furent envoyés à la mort. Dans un certain nombre d'universités allemandes et autrichiennes, des bravaches étalent de nouveau leurs casquettes, leurs rubans, les cicatrices de leurs duels et leurs idéaux « purement germaniques ». « Oublions » tient lieu de litanie au nouvel âge allemand. Ceux mêmes qui ne peuvent oublier pressent les autres de le faire.

Toute chose est oubli. Mais pas une langue. Quand le mensonge lui a été injecté, seule la vérité la plus rigoureuse peut la nettoyer. Mais l'histoire de l'après-guerre a été au contraire pour la langue allemande celle de la dissimulation et de l'oubli volontaire. Le souvenir de l'horreur passée a été en grande partie déraciné. Mais à un prix élevé, que paye maintenant la littérature allemande. Il existe de jeunes écrivains et des poètes riches de dons. Mais la plus grande part des publications, en « littérature sérieuse », n'est que platitude et pacotille, privée de toute flamme de vie. Comparez ce qu'offre de meilleur le journalisme courant avec un exemplaire moyen de la *Frankfurter Zeitung,* dans la période préhitlérienne ; il est parfois difficile de croire que dans les deux cas il s'agit de la langue allemande.

Cela ne veut pas dire que le génie allemand soit mort. Il existe en Allemagne une brillante vie musicale, et nulle part la musique moderne et expérimentale n'est assurée de trouver une meilleure audience. Il y a un renouveau d'activité en mathématiques et dans les sciences de la nature. Mais musique et mathématiques sont des « langages » différents du langage. Plus purs peut-être ; moins souillés par les implications du passé ; plus aptes peut-être à traiter l'âge de l'automation et du contrôle électronique. Mais jusqu'à présent, dans l'histoire, c'est le langage qui a été le véhicule de la grâce humaine et le premier porteur de civilisation.

(*Traduction de Jean-Pierre Faye*)

RÉFLEXIONS SUR GÜNTER GRASS

Günter Grass représente à lui tout seul une industrie : 300 000 exemplaires du *Tambour* ont été vendus en Allemagne ; plus de 60 000 en France ; le livre relié a atteint un tirage de 90 000 exemplaires aux États-Unis, et broché plus de 100 000. En Angleterre, la silhouette du petit bonhomme au tambour démoniaque est devenue l'emblème d'une maison d'édition. Il serait difficile de trouver maintenant en Europe une vitrine de libraire dans laquelle le chien noir du second grand roman de Grass, *les Années de chien,* n'exhibe une langue rouge et phallique. Mais ce qui importe, ce n'est ni l'immense succès de Grass, ni le fait qu'il a remis en selle la littérature allemande. C'est le pouvoir qu'a cette voix tonitruante de dominer le chant suave de la sirène Oubli, de forcer les Allemands à assumer leur passé monstrueux, comme aucun écrivain ne l'avait jamais fait avant lui.

Une fable sinistre se tapit au cœur des *Années de chien.* L'histoire repose sur le mélange d'amour et de haine et sur la fraternité de sang des nazis et des Juifs. Walter Matern, engagé dans les Chemises brunes, et Edouard Amsel, le Juif ; frères par la chair et l'âme, ombres jumelles lancées dans la parabole féroce et fatale d'une Allemagne sombrant dans la nuit.

Rien ne peut extirper cette idée sournoise qu'il existe un lien secret et arrêté de toute éternité entre Juifs et fascistes, une identité cachée ou une attirance mutuelle plus profonde que les manifestations ostensibles de mépris et de violence. Nous la retrouvons, exposée avec un bonheur historique variable, dans le soupçon que c'est du judaïsme même que le nazisme a tiré sa propre foi en une « race élue », son nationalisme millénaire et messianique. Elle affleure encore dans l'interprétation macabre que donne Hannah Arendt du « sionisme » d'Eichmann, et dans la croyance ou l'allégation tenaces que certains dirigeants nazis — Heydrich, Rosenberg et même Hitler — avaient du sang juif.

Cette hypothèse a deux origines profondes : le masochisme juif incline parfois à reconnaître une obscure raison d'être à la catastrophe, sous les espèces d'une rebuffade brutale et cependant naturelle opposée aux espoirs impudents qu'avait fait naître l'assimilation des Juifs à la culture germanique ; de plus, les Allemands ou les tiers nourrissent le sentiment confus que la communauté juive d'Allemagne attira l'ouragan sur sa propre tête en flattant insidieusement les désirs les plus subtils de la bête. Une extermination aussi calculée et totale ne peut qu'impliquer une complicité occulte entre la victime et le bourreau. Car chacun tue le Juif qu'il aime.

Deux jeunes garçons jouent et rêvent parmi les roseaux des rives bourbeuses de la Vistule, dans ces marais de la frontière polonaise, autour de Dantzig, que Grass a marqués de son empreinte : Matern, le coléreux, fils du meunier ; Amsel le demi-Juif (à demi seulement, qui peut le dire ?). La meute des écoliers aboie sur les traces d'Amsel, un petit rondouillard à la langue bien pendue qui se fait rouer de coups. Matern se fait son chevalier. Plus de « sale youpin » ou de raclées quand Matern est dans le coin. Bouboule donne à Matern un petit couteau de poche. Mais la rivière fascine Matern et, un jour qu'il n'a pas de caillou sous la main, il y jette le canif. Et puis après ? C'était un canif de deux sous, et Edi Amsel est un gars bien. Avec de vieux chiffons, quelques copeaux et trois bouts de fil de fer, il vous a mis sur pied un épouvantail en un tour de main. Et pas n'importe quel épouvantail. Les siens ressemblent aux gens d'alentour et les oiseaux tournoient autour d'eux, en vols épouvantés. Qu'on leur mette dans le ventre quelques rouages et les voilà partis !

Matern lui aussi est un malin. Il tâte du communisme et trouve le brouet bien fade. Au club, tous les gars virent au brun. En toute simplicité d'ailleurs : « Mieux vaut un communiste repenti qu'une douzaine de bourgeois péteux. » Matern s'inscrit. Et merde ! Et puis il y a cet enflé d'Amsel qui ne cesse de mendigoter tous les vieux uniformes de SA que Matern peut récupérer, casquettes graisseuses et chemises brunes mises en pièces lors des dernières échauffourées. Il en drape ses épouvantails et voilà que ces faux hommes bourrés de paille se mettent en marche, les yeux fixés devant eux, le bras levé, défilant au pas de l'oie comme s'ils étaient légion.

Il y a de la neige dans la cour d'Amsel, quand un jour se produit quelque chose de pas ordinaire. Une troupe de jeunes Chemises brunes aux visages masqués se glisse par-dessus la barrière et ils réduisent le youpin en charpie. Puis ils le roulent dans la neige. Voilà Amsel transformé en bonhomme de neige édenté. Plus une seule dent. Qui étaient ces voyous ? Jochen Sawatzki, Paul Hoppe, Willy Eggers... Noms venus de Poméranie, de Bavière, des bords du Rhin. Alfons Bublitz, Otto Warnke... Recomptez. Huit noms seulement, et ils étaient neuf. Cela remonte si loin, et c'est tellement compliqué. Comme dans un cauchemar ou une irrésistible nausée. Peut-on demander à un homme de se souvenir de tout ? La couche de neige était épaisse sur les trente-deux dents éparses. Dix-huit poings en action, et Amsel n'était plus qu'une masse sanguinolente. Huit noms bien allemands. Il en manque encore un.

Et Matern décide de trouver ce nom. La guerre est finie et l'éternité du Reich n'est plus qu'un tas puant. Mais, parmi les graffiti des pissotières de la gare de Cologne, Matern découvre le nom et l'adresse de ce vieux Sawatzki. Puis d'autres noms. Il arpente du nord au sud le paysage lunaire des décombres et de la défaite et les repère, un à un. Il veut la vérité et la justice. Où étais-tu quand ce triple dingue nous a tous entraînés dans cette immense marée brune ? Où étais-tu quand ils ont fait de mon ami Edi Amsel une boule de neige et de sang et se sont essuyé les bottes sur son visage ?

Matern n'est pas seul dans sa quête. Il voyage avec un énorme berger allemand, Prince, le chien d'Hitler. Il s'est échappé du dernier refuge où se terrait le Führer, ce bunker de la mort à Berlin. Alors qu'il vagabonde vers l'ouest, il rencontre Matern sortant d'un camp de prisonniers et ils deviennent inséparables. Prince engraisse tandis que Matern transmet aux femmes et aux filles de ses vieux copains ses maladies vénériennes — bizarre d'ailleurs, comme ces petites choses de rien du tout s'infiltrent dans le sang allemand pour l'enflammer. Prince a été rebaptisé Pluton — Gentil chien-chien fait le beau pour avoir un sucre.

Matern se retrouve grande vedette de la radio. Un beau jour, il se laisse interviewer par un groupe de jeunes gens enthousiastes et bien peignés. Un magasin farfelu vient juste de lancer des lunettes spéciales. Mettez-les et vous verrez papa-maman dans une drôle de lumière brunâtre. Et se livrant à toutes sortes de choses étonnantes comme de briser des vitrines, hurler comme des singes en chaleur et forcer de pauvres vieux terrorisés à nettoyer les latrines avec leur barbe. Ce n'est pas toi, papa ? Et les jeunes et brillants espoirs demandent à Matern : qui sont ces neuf apaches masqués qui escaladent la barrière du jardin ? Herr Walter Matern, l'ami des Juifs, l'antinazi grand teint, va révéler leurs noms à la nation repentante par la voie des ondes.

Puis il s'enfuit en courant ; vers l'est ; vers l'autre Allemagne derrière son mur de silence. Il abandonne Pluton, solidement attaché, à la gare de Cologne. Le train file sans heurt. Les Allemands savent si bien lancer les trains à travers l'Europe. Mais un chien s'élance, bondit le long de la voie, plus rapide que l'éclair. Puis, à la frontière, une ombre sort de l'ombre. C'est un vieil ami, et il a un canif. Quand Matern jette le canif dans le canal de Berlin, il ne s'en formalise pas. On peut toujours draguer un canal. Cependant, il existe des choses qu'on ne peut ni perdre, ni jeter. Les canifs, par exemple.

L'histoire se termine en une grotesque *Walpurgisnacht,* la descente dans une mine de potasse qui est aussi l'antichambre de la damnation. Nous savons maintenant ce que nous avons toujours su : Walter Matern aimait tant Edouard Amsel qu'il lui fallait, de ses mains nues, le toucher au cœur, qu'il lui fallait voir ses trente-deux dents dans la neige. Nous savons aussi qu'un coup de sifflet de l'homme-qu'il-faut transforme les bergers allemands en une meute infernale.

Un tel résumé est non seulement insuffisant (il y a en fait une demi-douzaine de romans entassés dans ce seul monstre difforme), il change la tonalité de l'œuvre, la rend plus dense et plus convaincante qu'elle ne l'est en réalité. Avant d'atteindre la *Materniade,* la pseudo-épopée vengeresse de Matern, le lecteur doit se frayer un chemin à travers une jungle d'allégories et de digressions. La partie médiane du livre, qui comprend quelque trois cents pages, se présente sous forme de lettres parodiant par instants *les Affinités électives* de Goethe. Ces lettres nous donnent des aperçus sur les destinées chaotiques de Matern, d'Amsel (qui traverse la période nazie sous un faux nom) et de bien d'autres personnages secondaires.

Il y a de nombreux raccords. Prince-Pluton a un long pedigree qui remonte à Perkum le chien-loup. L'histoire de ses ancêtres se mêle à celle des Matern. Les deux enfants ont joué avec le chien Senta sur les berges de la rivière. Le bosquet de bouleaux où les enfants pataugeaient tout en guettant le cri de la chouette semble se fondre en d'autres taillis plus sombres (*Birken-Buchen :* bouleaux, hêtres — ajoutez une syllabe au nom allemand d'un arbre, et...). Malgré l'intrigue délirante et enchevêtrée dans laquelle se complaît Grass, le roman ne tient qu'à un fil. Ce qui reste dans l'esprit, c'est l'idée générale d'un vaste chaos et le brillant de certains épisodes secondaires.

Les premiers chapitres, l'enfance et la rivière, avec leur cadence lourde et sinueuse, sont une réussite extraordinaire. Grass s'abandonne aux pulsations de l'enfance. Comme les enfants, il découvre le monde à travers de lents éveils ou des éclairs fulgurants. *Les Années de chien,* tout comme *le Tambour,* donnent l'impression que Grass puise délibérément sa force dans un univers infantile, dans l'ardeur directe et sans frein des sentiments.

La description d'une bande de Chemises brunes dans une taverne est inoubliable. Grass met en lumière les racines vulgaires de la cruauté nazie. Nous découvrons les manières communes, étriquées, étouffantes de la petite bourgeoisie allemande ; nous voyons la cendre humide des cigares et les grandes claques sur les fesses se muer, par une soudaine crise d'hystérie, en frénésie de meurtre. On en vient à comprendre comment la grossièreté même des plaisirs allemands, saucisses tendues à craquer, pots de chambre à fleurs, chopes énormes et gros hommes en culottes de daim trop étroites, représentent le terrain idéal pour le panaché de sadisme et de sentimentalité qu'est le nazisme. De plus, on se rend compte que Grass a toléré dans son talent et sa propre personnalité une certaine marge de vulgarité. C'est ce qui donne à sa descente dans l'esprit et les paroles de Sawatzki et de ses sbires une vérité qui lève le cœur. Il faut se tourner vers le roman injustement négligé de Rudolf Nassauer, *The Hooligan,* pour trouver une évocation aussi cinglante.

Grass est sans pitié pour l'Allemagne d'après-guerre, ce miracle d'amnésie et de ruse par lequel les Allemands plantèrent là leur passé et, au volant de leur Volkswagen, s'en furent vers l'aube nouvelle. Il rend avec une exactitude dévastatrice les expressions et attitudes, les silences en famille et les clichés publics par lesquels l'Allemagne d'Adenauer se persuada elle-même, persuada son peuple et une bonne partie du monde extérieur que toutes ces horreurs n'avaient pas existé, qu'on avait « grossièrement exagéré les chiffres » et que personne, non personne, en cette bonne ville de Baden-Baden n'avait la moindre idée de ce qui se passait dans la forêt, à cinq kilomètres de là. Il est vrai que bon nombre de belles maisons furent mises en vente à cette époque. Au fait, Lieschen, le petit Wolfram et moi en habitons une en ce moment. Mais vous savez ce que sont les Juifs : toujours en route pour Sorrente ou l'Amérique du Sud. Le Führer ? Quand vous en parlez, ça me fait penser que je ne l'ai jamais vu. Mais j'ai vu son chien une fois ; un beau toutou. Un biscuit, s'il vous plaît !

Grass distingue les moments de mensonge. Entre 1945 et 1948, pendant la période de désolation, les Allemands auraient pu saisir l'occasion de comprendre vraiment l'horreur de ce qu'ils avaient fait. « L'Allemagne n'avait jamais été aussi belle, aussi saine. Il n'y avait jamais eu autant de visages humains et expressifs qu'au temps des cartes d'alimentation. Mais, au moment où le petit ferry de Mulheim accostait, Inge Sawatzki dit : "Bientôt, nous aurons notre nouvelle monnaie." »

Le passé fut rejeté comme incongru après la réforme monétaire de 1948 et le redressement étonnant de l'économie allemande qui s'effectua dans les mêmes aciéries et cartels où la main-d'œuvre esclave avait été pressurée à mort si peu de temps auparavant. Il n'y a rien de tel que la prospérité pour tout décaper : elle chasse la vieille obscurité, et les vieilles odeurs de la maison ne peuvent lui résister. Grass a saisi sur le vif toute cette atmosphère de propos évasifs et de tromperies flagrantes, le cynisme des petits hommes engraissés sur la carcasse des morts, et les questions angoissées de la jeunesse. L'ombre d'Amsel (Amsel lui-même peut-être) est remplie d'une réelle admiration pour le génie allemand. Regardez-moi tous ces braves gens « en train de faire cuire leur petite soupe aux pois sur la flamme bleue du gaz, et tranquilles comme Baptiste ». Pourquoi devraient-ils se ronger de souci ? Qu'y a-t-il de mal dans un four à gaz ?

Le 8 mai 1945, Prince atteint les rives de l'Elbe. Ira-t-il vers l'est ou vers l'ouest ? Après avoir flairé avec application, le chien de Hitler décide que c'est l'ouest qui lui convient. Telle est, inscrite au cœur du roman, l'épitaphe dérisoire de l'Allemagne d'Adenauer.

Les Années de chien confirment ce qui apparaissait déjà dans *le Tambour* et *le Chat et la Souris*. Grass est l'écrivain le plus original, le plus puissant de l'Allemagne d'après 1945. Ce géant impétueux piétine lourdement les fragiles plates-bandes d'une littérature habituellement lyrique et confidentielle. La force de ses inventions, l'échelle de ses romans tiennent du prodige.

Il fait penser à un *action painter* luttant corps à corps avec sa toile gigantesque, trépignant, puis se roulant dans la peinture pour parfaire la logique de son dessin.

C'est le langage qui représente la source exclusive d'énergie. *Les Années de chien* n'offriront jamais au traducteur une tâche aisée et le titre allemand lui-même n'a pas d'équivalent. Grass joue sur sept cents pages avec une virtuosité inquiétante d'un immense instrument verbal. De longs passages de patois balte alternent avec des parodies du jargon hitlérien. Grass empile les mots en galimatias solennel, les fait éclater en insinuations obscures, en obscénités inattendues. Il a une attirance irrésistible pour les inventaires, les catalogues de termes rares ou techniques et c'est en cela qu'il s'apparente le plus à Rabelais. On trouve des pages entières tirées de dictionnaires de géologie, d'agriculture, de mécanique, de danse. Le nœud de ce sombre conte de fées réside dans la teneur ésotérique et folle du langage, dans ses replis et son affectation.

J'ai posé dans l'essai précédent la question de savoir si la langue allemande avait survécu à l'âge hitlérien, si les mots empoisonnés par Goebbels, et qui avaient fondé et réglementé Belsen, pourraient jamais se remettre au service de la vérité morale et de la poésie. *Le Tambour* date de 1959, et on entend partout proclamer que la littérature allemande s'est relevée de ses cendres, que son outil est intact. Je n'en suis pas si sûr.

Grass a compris qu'aucun écrivain allemand, venant après l'holocauste, ne pourrait prendre le langage au pied de la lettre. Il a été la voix de l'enfer et c'est pourquoi il a commencé à se défaire et se fondre. Grass a déversé expressions, clichés, slogans, calembours, citations et éléments de patois dans le creuset. Il en est sorti une lave bouillante. Sa prose est douée d'une énergie torrentielle, épaisse ; elle est hérissée de rocs et de tessons acerbes. Elle laisse le paysage couvert de formes bizarres et éloquentes, de cicatrices et de bleus. Souvent le langage lui-même n'échappe pas à sa fantaisie corrosive.

C'est ainsi que l'une des parties les plus stupéfiantes des *Années de chien* est un pastiche dont le jargon métaphysique de Heidegger ne se relèvera jamais. Grass apprécie fort bien combien les obscurités arrogantes du sabir philosophique ont gauchi l'esprit allemand, lui ont fait perdre tout pouvoir de penser et de s'exprimer clairement. Grass a empoigné le dictionnaire allemand à la gorge et a essayé de faire recracher aux vieux mots les mensonges et les conventions, de leur rendre une nouvelle jeunesse en les nettoyant à force d'ironie et d'impropriétés. Il arrive cependant que sa prolixité débordante, ses phrases titanesques et ses inventaires verbaux n'inspirent pas confiance ; ils évoquent la colère et le dégoût du maçon qui taille une pierre friable et criblée de gravier. De plus, en fin de compte, son obsession d'exubérance mine la forme et la réalité du roman. Grass ne sait ni s'arrêter à temps, ni baisser le ton quand il le faut. Les brutalités rauques dont il se gausse corrompent son art.

Cet art qui, en lui-même, est curieusement démodé. La structure du livre, son recours constant au montage et aux fondus, à la simultanéité des événements publics et privés viennent tout droit de *USA*. Grass, comme beaucoup d'autres, confirme que, parmi les Américains, c'est Dos Passos et non Hemingway qui a le plus fortement influencé le XXe siècle. *Les Années de chien* tiennent aussi de Joyce. Le monologue intérieur continu et l'association verbale qui relance le récit ne pourraient exister sans le modèle d'*Ulysse*. En dernier lieu résonne la voix proche de Thomas Wolfe. Les romans de Grass ont le volume et la véhémence brouillonne de ceux de Wolfe. Le titre et l'écoulement lyrique des souvenirs préfigurent toute la première partie des *Années de chien*.

Quand Grass brode sur la tradition du roman allemand, ce n'est pas le modernisme et l'originalité de Broch et Musil qu'il retient mais « l'expressionnisme à la Dos Passos » des années 20. Du point de vue technique, *les Années de chien* et *le Tambour* prennent la relève de *Berlin Alexanderplatz* de Döblin (1929).

Cela est dû, en partie, au fait que Grass est résolument a-littéraire et manie les conventions esthétiques avec la naïveté candide d'un artisan. Il est venu à l'écriture par le biais de la peinture et de la sculpture. Il ne se préoccupe nullement de couper les cheveux en quatre selon les théories et aspirations en vogue. La façon dont il aborde son travail est essentiellement celle d'un manuel. Mais il s'ajoute à tout cela une autre raison. Les régimes totalitaires exaltent le provincialisme. Les nazis ont coupé la sensibilité allemande de tout ce qui était vivant et fondamental dans l'art moderne. Grass est reparti du point où la littérature allemande est devenue muette vers 1930, de la façon même dont les jeunes poètes soviétiques « découvrent » maintenant le surréalisme ou Cocteau. Son pas pesant, ses audaces à la bergamote sont la rançon que la culture allemande doit payer pour ses années d'isolement.

Mais qu'importe ! Dans ses deux romans les plus importants, Grass a eu le courage, l'indispensable muflerie d'évoquer le passé. Par la vigueur de sa raillerie macabre et souvent obscène, il a mis le nez de ses lecteurs dans la crasse et le vomi de leur temps. Comme aucun autre écrivain ne l'a fait, il a ridiculisé et contesté l'oubli doucereux, le repos des consciences qui soustendent le miracle allemand. Tout ce qu'il y a de probe et de remuant dans l'Allemagne de Krupp et des palais de la bière munichoise passe désormais par ce grand paillard.

K.

Franz Kafka meurt en 1924, ayant seulement publié quelques nouvelles et fragments. Son souvenir se grave profondément dans l'esprit de quelques amis : Max Brod, Franz Werfel, Felix Weltsch, Gustav Janouch. Son ironie prudente et énigmatique, l'innocence pénétrante de sa parole avaient su créer un enchantement. Mais pour le reste du monde, le mot *kavka* ne signifiait guère que corneille. Moins de vingt ans plus tard, Kafka aurait alors à peine atteint la soixantaine, W. H. Auden pouvait écrire, sans chercher le scandale ni le paradoxe : « S'il fallait nommer l'écrivain dont le rôle, en notre temps, soit comparable à ceux joués par Dante, Shakespeare et Goethe à leurs époques respectives, c'est à Kafka qu'on penserait d'abord. » Et, du haut de ses certitudes dogmatiques, du haut de sa prodigieuse besogne, Claudel déclarera : « À côté de Racine, le plus grand écrivain à mes yeux, il en est un autre : Franz Kafka. »

Une énorme masse de commentaires a proliféré autour d'un homme qui, dans le courant de sa vie, n'a jamais publié qu'une demi-douzaine de nouvelles et d'esquisses. Au *Franz Kafka : Eine Bibliographie* de Rudolf Hemmerle (Munich, 1958) qui contient déjà les titres de quelque treize cents ouvrages de critique et d'exégèse, on doit ajouter le précieux catalogue de « Biographie et Critique » du *Franz Kafka Today* (Madison, University of Wisconsin Press, 1959), *Die Kafka-Literatur* de Harry Järv et la liste d'articles et études les plus récents dans *Franz Kafka : Parable and Paradox* de Heinz Politzer. La bibliographie de Harry Järv atteint près de quatre cents pages, et met en valeur le fait que, du Brésil au Japon, toutes les langues importantes ont leurs traductions et commentaires de Kafka. L'Union soviétique représente une notable exception. Victor Nekrassov, l'une des voix les plus autorisées de la jeune génération d'écrivains russes, déclara, au retour d'un voyage en Occident, que rien ne l'avait plus mortifié et mieux éclairé sur l'étroitesse de la vie littéraire soviétique que de n'avoir jamais auparavant entendu prononcer le nom de Kafka. Ce nom même est devenu le mot de passe du royaume de la culture.

Les premiers admirateurs de Kafka se plaignent parfois des cris discordants de la critique. Ils méprisent la dispersion, rançon de la renommée, de ce qui fut autrefois le trésor d'une minorité passionnée. Dans son essai altier sur « le Renom de Franz Kafka » Walter Muschg, lui aussi maître en isolement, se plaint de voir « l'ombre d'un poète aussi solitaire que Kafka subir à son tour les déformations les plus folles sur le mur du temps ». Les vertus cabalistiques, l'intimité de l'art de Kafka sont devenues propriété commune depuis la publication posthume par Max Brod des trois romans (dont deux sont incomplets), publication à laquelle Kafka s'était expressément opposé. Pour ceux qui ont conservé le souvenir de son rayonnement étrange et secret, la présente image est à la fois magnifiée et affaiblie. La gloire a ses ténèbres.

Kafka lui-même donnait raison à ceux qui voient en ses livres une œuvre confidentielle et fragmentaire :

« Max Brod, Felix Weltsch, tous mes amis, s'emparent de quelque chose que j'ai écrit et puis me prennent par surprise avec un contrat d'éditeur signé et ratifié. Je ne veux pas les mettre dans l'embarras, et ainsi, on publie des choses qui n'étaient rien d'autre que des esquisses ou des passe-temps personnels. On imprime, on vend même les pauvres vestiges de ma faiblesse humaine, parce que mes amis, et Max Brod en tête, ont décidé d'en faire de la littérature, et parce que je n'ai pas la force de détruire ces témoignages (*Zeugnisse*) de ma solitude. » Mais aussitôt il se reprenait et nuançait sa pensée de réserves habituelles : « Ce que je viens de dire est, bien entendu, surfait. »

Il est impossible, de nos jours, de réduire Kafka aux premières nouvelles et fragments expressionnistes. *Le Procès* (1925), *le Château* (1926), *l'Amérique* (1927) et les récits publiés en 1931 ont modelé pour l'essentiel la perception et l'identité de l'esprit moderne. Selon les termes mêmes de la parabole kafkaïenne, il nous faut nous assurer que la Muraille de Chine de la critique n'emprisonne pas l'œuvre, que le messager peut traverser les portes du commentaire. L'intimité première, la prise de possession initiatique sont perdues à tout jamais. Ce qui ne doit pas dissimuler cette vérité première : c'est parce que le labyrinthe de sa pensée mène par des chemins secrets et douloureux jusqu'aux grands chemins de la sensibilité moderne, jusqu'à ce qu'il y a de plus authentique et de plus pressant dans notre condition, que Kafka projette une ombre si vaste et se trouve l'objet d'une critique aussi serrée. Il serait absurde de nier la qualité profondément personnelle de l'itinéraire de Kafka ; mais sa position centrale suscite de multiples tentatives d'approche et de pénétration. C'est de là que l'affirmation d'Auden tire toute sa force. Opposer la forme classique, les idées universelles de Dante et Goethe à la démarche ambiguë et singulière de Kafka, c'est mettre en relief la substance de notre temps. Nous entendons nos propres paroles mises en forme dans un code rempli de silences et de paradoxes désespérés.

Les interprétations politiques de l'œuvre de Kafka sont souvent naïves ; elles confondent l'engagement et la prophétie. Cependant, le temps a démontré qu'une bonne part du « trans-réalisme » de Kafka, du décalage qu'il impose à la réalité afin de créer une logique et une concision proprement hallucinatoires sont fondés sur l'observation précise et ironique de circonstances historiques locales. Derrière l'exactitude délirante du lieu kafkaïen se cache la topographie de Prague et de l'Empirc austro-hongrois à son déclin. Prague, chargée d'une tradition de pratiques astrologiques et cabalistiques, Prague avec sa masse serrée d'ombre et de clochers est inséparable du paysage des paraboles et des romans. Kafka avait un sens très aigu des ressources symboliques à sa disposition ; il passa l'hiver de 1916-1917 dans la Zlatà ulicka, la rue des Alchimistes de l'Empereur, et il est impossible de nier la parenté étroite qui existe entre le château situé sur la colline Hradcany et celui du roman. Les spectres de Kafka sont bien enracinés dans le sol de Prague.

De plus, comme l'a soutenu Georg Lukács, il y a chez Kafka une critique sociale bien définie. L'espoir révolutionnaire lui semblait obscurci ; la lutte du prolétariat, estimait-il, ne pouvait profiter qu'au tyran et au démagogue. Mais ses études de droit et son expérience professionnelle à la Compagnie d'assurances ouvrières lui avaient donné une vue aiguë des rapports de classes et des réalités économiques. La peinture d'une bureaucratie malveillante et pourtant, en dernier ressort, désarmée constitue le cœur du *Procès*. Le roman est un mythe démoniaque de la tracasserie administrative que *Bleak House* de Dickens laissait présager. *Le Château* est bien plus qu'une cinglante allégorie du féodalisme bureaucratique de l'Autriche-Hongrie ; mais l'intention reste implicite. Comme le montre Politzer, Kafka était hanté par l'image d'une force perverse et destructive, cette machine industrielle dont *la Colonie pénitentiaire* offre une transposition si terrifiante. Kafka a hérité de Dickens non seulement sa maîtrise de la déformation symbolique, mais aussi sa colère devant l'anonymat sadique de l'organisation bureaucratique et du travail à la chaîne.

La vision politique véritable de Kafka et son passage à un degré plus profond de réalité se situent à un autre niveau. Il a été, au sens littéral du terme, un prophète. Le vocabulaire de la critique moderne, affaibli qu'il est par une circonspection et des préjugés séculaires, n'offre ici qu'une prise imparfaite. À l'origine, il y a chez Kafka un terrible pressentiment, la conscience, minutieuse jusqu'à l'obsession, de l'orage qui s'accumulait. *Le Procès* offre le modèle classique du régime policier. Il préfigure la cruauté furtive, l'hystérie totalitaire s'insinuant dans la vie privée, dans les rapports sexuels, et jusqu'à l'ennui sans visage des tueurs. Depuis *le Procès,* en a-t-on entendu des portes secouées au milieu de la nuit, en a-t-on emmené de ces gens qu'on tuait ensuite « comme des chiens » ! Kafka a été le prophète lucide de ce désastre de l'humanisme occidental que Nietzsche et Kierkegaard n'avaient fait qu'entrevoir comme un point noir à l'horizon.

Kafka saisit au vol une allusion du *Souterrain* de Dostoïevski pour décrire les tourments de l'homme réduit à l'état de vermine. La métamorphose de Grégoire Samsa, que les premiers lecteurs prirent pour un cauchemar monstrueux, allait s'avérer la réalité quotidienne de millions d'êtres humains. Ce mot même de « vermine », *Ungeziefer* en allemand, est un trait de clairvoyance tragique, car c'est ainsi que les nazis devaient appeler ceux qu'ils destinaient à la chambre à gaz. *La Colonie pénitentiaire* annonce non seulement la technologie de l'extermination dans les usines de la mort, mais encore ce paradoxe inhérent aux régimes totalitaires modernes : la collaboration subtile, obscène, du tortionnaire et de sa victime. Rien de ce qui a été écrit sur les ressorts intimes du nazisme n'est comparable, par la précision, à l'image que donne Kafka du bourreau qui se suicide en sautant parmi les engrenages de sa machine infernale.

Il se peut fort bien que cette vision de cauchemar ait jailli chez Kafka de l'angoisse et de la névrose. Sa troublante pertinence n'est est pas diminuée pour autant : elle fournit la preuve que tout grand artiste est pourvu d'antennes qui dépassent les bornes du présent et rendent l'obscurité visible. L'imaginaire est devenu réalité. Les chambres à gaz n'ont pas épargné les proches de Kafka : Milena et Greta B. (qui eut peut-être un enfant de Kafka) sont mortes en camps de concentration. L'univers juif de l'Europe centrale et orientale, dont le génie de Kafka faisait si intimement partie, a été réduit en cendres.

Kafka, tout autant que les Prophètes qui se rebellaient contre le poids de la révélation, était hanté par les signes de l'inhumain. En l'homme il voyait renaître la bête. Les murailles de la vieille cité de l'ordre se chargeaient de l'ombre des désastres à venir. À Gustav Janouch, il fit remarquer de façon ambiguë que « le marquis de Sade est le saint protecteur de notre époque » : le bois de hêtres menait à Buchenwald ; et au-delà, il ne discerna aucune réelle promesse de grâce. Politzer conclut ainsi son analyse de *la Colonie pénitentiaire* : « Le vrai héros de l'histoire, *cette machine singulière,* survit à sa destruction, invaincue, invincible. Kafka n'a jamais vu la fin des visions d'horreur qui l'assaillaient. » Ou, comme Kafka le dit aphoriquement en 1920 : « Certains nient la misère en montrant du doigt le soleil ; il nie le soleil en montrant la misère. »

Le refus du soleil est implicite dans les vues équivoques que Kafka professait sur la littérature en général, et ses propres écrits en particulier. Sa réticence rappelle l'Ancien Testament, les bègues porteurs du message de Dieu, les prophètes cherchant à se dérober aux exigences du Verbe. En 1921, il confiait à Max Brod « l'impossibilité de ne pas écrire, l'impossibilité d'écrire en allemand, l'impossibilité d'écrire de manière différente. On pourrait presque ajouter une quatrième impossibilité : celle d'écrire. » C'est cette dernière qui représentait la tentation suprême. Politzer analyse avec beaucoup de tact le jeu compliqué que Kafka joua avec ce qu'il allait laisser derrière lui : « Tout ceci doit être brûlé, sans aucune exception, et je vous supplie de le faire aussi tôt que possible. » À quoi Max Brod répliqua : « Laissez-moi vous affirmer sur-le-champ que je n'en ferai rien. » Kafka conserva Brod comme exécuteur testamentaire, tout en renouvelant le vœu que tout fût brûlé, sauf les quelques écrits déjà publiés. Les œuvres imprimées n'échappèrent d'ailleurs pas à une condamnation mitigée : « Qu'elles disparaissent totalement, et je serais pleinement satisfait. Mais puisqu'elles existent en fait, je ne peux empêcher personne de les conserver. »

Politzer soutient que Kafka plaçait si haut son idéal de perfection stylistique et formelle qu'il ne voulait se prêter à aucun compromis. Les romans et nouvelles étaient imparfaits et devaient de ce fait périr. Cependant, l'écriture avait été pour Kafka le seul moyen d'échapper à une vie personnelle stérile et étriquée. Il cherchait, en un paradoxe insoluble, « une liberté plus vaste que les mots, une libération du mot lui-même » que seule la littérature pouvait lui donner. « Le but existe, c'est le chemin qui manque, écrivit Kafka ; ce que nous appelons chemin n'est qu'une hésitation. » Dans l'interprétation la plus profonde donnée à ce jour de *Joséphine la cantatrice ou le Peuple des souris* (une des légendes les plus obscures de Kafka) Politzer révèle le faux-fuyant qu'a découvert Kafka pour expliquer le silence nécessaire de l'artiste. Le narrateur balance : « Est-ce son chant qui nous transporte, ou n'est-ce pas plutôt le silence solennel qui entoure son filet de voix ? »

Mais il est possible d'aller plus loin. Kafka connaissait l'avertissement donné par Kierkegaard : « L'individu ne peut ni aider ni sauver une époque, mais seulement constater sa perte. » Il voyait venir l'âge de l'inhumain et pouvait en fixer l'image intolérable. Mais la tentation du silence, la croyance qu'en face de certaines réalités l'art se révèle futile ou incongru n'étaient pas loin. Le monde d'Auschwitz déjoue la parole, tout comme il déjoue la raison. Accepter une part d'innommable c'est mettre en péril la vie du langage, créateur et porteur de vérité humaine et rationnelle. Les mots saturés de mensonge et d'atrocité ne reviennent pas facilement à la vie. Kafka n'était pas le seul à éprouver cette appréhension. Hofmannsthal, dans sa *Lettre de lord Chandos,* et Karl Kraus dans ses polémiques trahissent cette peur que le logos ne se dissolve et que la lettre ne l'emporte sur l'esprit. Le silence s'abat avec autorité sur le *Tractatus* de Wittgenstein et *la Mort de Virgile* de Broch, où l'on pourrait surprendre, par endroits, un commentaire du propre dilemme de Kafka.

Chez Kafka, la question du silence se pose de la façon la plus exemplaire. C'est ce qui lui donne cette place aussi privilégiée dans la littérature moderne. Le poète doit-il se taire ? En un temps où les hommes expriment leur souffrance comme des insectes ou des souris, la parole articulée, la plus humaine des facultés, est-elle encore possible ? Kafka savait qu'au commencement était le Verbe ; et à la fin ? nous demande-t-il.

C'est là que la judaïcité de Kafka s'impose. Beaucoup de ses aspects ont été explorés par les critiques et les biographes. Il n'y a plus rien à ajouter sur la dette de Kafka envers les traditions gnostique et hassidique, sur l'intérêt profond bien qu'intermittent qu'il porte au sionisme, sur sa nostalgie coupable d'une cohésion émotionnelle propre à la communauté juive d'Europe centrale qui lui faisait dire à Janouch : « Je voudrais courir vers les Juifs misérables du ghetto et embrasser l'ourlet de leur robe sans rien dire. S'ils voulaient m'accepter près d'eux en silence, mon bonheur serait complet. » La fière prophétie de Kafka qu'en frappant le Juif on tue l'homme (*Man schlägt den Juden und erschlägt den Menschen*) est célèbre. Mais le plus difficile reste à faire : replacer l'œuvre et le silence de Kafka dans le contexte de la sensibilité juive et des langues et littératures européennes.

L'étude de Politzer est indispensable à qui veut aborder le problème. Bien qu'elle passe assez vite sur la question épineuse des sources stylistiques de Kafka (Robert Walser n'est cité qu'une fois), elle fait preuve de plus de pénétration qu'aucune autre dans l'exposé des scrupules et de la méthode littéraires de Kafka. Aucun lecteur sérieux ne peut négliger ce que Politzer a découvert sur l'agencement des romans, les étapes successives de la composition et les habitudes de travail de Kafka. Cet ouvrage patient et minutieux a heureusement mis en lumière le métier de Kafka.

Politzer ne pousse pourtant pas assez loin ses jugements critiques ou philosophiques ; il ne va pas au fond des choses. La situation linguistique de Kafka était précaire. La minorité juive de langue allemande vivait à Prague dans l'isolement et la perplexité. L'allemand de Kafka irritait les oreilles tchèques ; de plus, il se sentait souvent coupable de ne pas consacrer son talent à la renaissance de la littérature et de l'esprit national tchèques. Ce remords devint poignant lors de sa rencontre avec Milena. Cependant, sa judaïcité s'opposait à la pression montante du nationalisme allemand. Kafka remarque quelque part d'un air pincé que l'allemand des étudiants et hommes d'affaires venus de Berlin est différent du sien, que c'est, qu'on le veuille ou non, « la langue de l'ennemi ». La petite bourgeoisie juive espérait faire reconnaître son émancipation, la part qu'elle prenait à la défense des valeurs libérales européennes en se séparant du milieu tchèque. Kafka pressentait ce que cet espoir avait d'illusoire.

Par-delà les circonstances locales se posait un problème plus général. Le Juif européen n'était venu que fort tard à la littérature profane, à ce royaume des « mensonges vrais » que représentent la poésie et le roman. Il trouvait partout des langues nées de réalités historiques et enracinées dans des visions du monde étrangères aux siennes. Les mots eux-mêmes faisaient partie de l'héritage du christianisme latin ou slave, tout comme l'influence et le pouvoir. Chaque fois que les Juifs d'Europe orientale abandonnaient l'hébreu et par le canal du *Jüdisch-Deutsch* en venaient à utiliser les langues européennes, leur sensibilité devait se vêtir des défroques de l'oppresseur. Toute langue impose sa loi aux réflexes séculaires, aux méandres de la sensibilité, aux souvenirs d'actions qui transcendent la mémoire individuelle ; toute langue confère à l'expérience commune une forme dont l'influence subtile ne le cède en rien à celle qu'exercent une terre et un ciel sur l'épanouissement des civilisations. Un étranger arrive à maîtriser une langue comme un cavalier sa monture ; mais il est bien rare qu'il épouse le mouvement insaisissable de son intimité. Schönberg a créé une syntaxe nouvelle, une série de conventions que nulle musique étrangère ou antérieure n'avait déflorée. Les écrivains juifs de la période romantique et de la période contemporaine ne sont pas allés aussi loin. Ils se sont efforcés de mouler le génie de leur tradition, le caractère irremplaçable de leur condition sociale et historique, sur une langue d'emprunt.

Les liens entre les écrivains juifs et l'allemand étaient particulièrement tendus et problématiques, comme chargés des signes avant-coureurs de la catastrophe. Comme Theodor Adorno le dit de Heine : « Le langage si clair et si délié que Heine acquit dans la langue parlée se trouve à l'opposé de l'aisance propre à la langue maternelle (*Geborgenbeit*). Celui-là seul qui n'est pas tout à fait "chez lui" dans une langue la manie comme un outil. » Le *Journal* de Kafka, à la date du 24 octobre 1911, apporte un témoignage tragique de l'aliénation qu'il ressentait au sein de son propre idiome : « Hier, il m'est venu à l'esprit que je n'aimais pas toujours ma mère autant qu'elle le méritait, autant que j'aurais pu le faire, et cela à cause de la langue allemande. Aucune mère juive n'est une "Mutter" et l'appeler ainsi la rend un peu comique... Pour les Juifs, "Mutter" est spécifiquement allemand, lié à la fois à la splendeur et à la froideur chrétiennes. La femme juive qu'on appelle "Mutter" n'en devient pas seulement comique, mais vaguement étrangère... Je pense que seuls les souvenirs du ghetto ont sauvé la famille juive car "Vater" non plus n'a pas grand-chose à voir avec le père juif. »

Il est facile de lire la dernière nouvelle de Kafka, *le Terrier,* comme une parabole de la séparation, comme l'histoire de l'homme chassé de sa langue. Quelle que soit l'attention qu'il déploie pour se maintenir dans les limites rassurantes de son art, le bâtisseur hagard sait qu'il y a une fissure dans le mur, que « l'extérieur » attend de s'engouffrer (*geborgen* et *verborgen* mettent en relief le lien linguistique profond qui existe entre « être en sécurité à la maison » et « être bien caché »). Kafka se trouvait au sein de l'allemand comme un voyageur dans un hôtel, l'une des images clés de son œuvre. La maison des mots n'était pas vraiment la sienne.

C'est de là que jaillit son style inimitable, avec une densité et un dépouillement inouïs. Kafka a dénudé la langue allemande en éliminant, tant qu'il le pouvait, les résonances historiques, régionales ou métaphoriques. Il n'a conservé dans l'amas de la langue, dans l'archéologie de ses associations verbales que ce dont il pouvait s'emparer totalement. Il a placé des jeux de mots aux endroits marquants, car le calembour, à la différence de la métaphore, ne résonne qu'à l'intérieur et ne répond qu'à une structure accidentelle de la langue.

L'écriture de *la Colonie pénitentiaire* ou d'*un champion de jeûne* est d'une transparence miraculeuse, comme si la richesse et la couleur de la culture allemande avaient été gommées. Kafka polissait les mots comme Spinoza des verres ; la lumière les traverse sans dévier. Cependant, l'air y est souvent froid et rare. En vérité, la voix de Kafka retentit comme un signal donné au génie juif : c'est en hébreu et non sous le déguisement d'une langue d'emprunt qu'une littérature juive pourra prendre racine.

La position extrême de Kafka dans le domaine littéraire, ajoutée aux tourments de sa courte vie, rend plus frappants encore la grandeur et le caractère fondamental de sa réussite. Nulle autre voix n'a ainsi témoigné des gouffres de notre temps. Kafka remarquait, en 1914 : « Je trouve la lettre K répugnante à donner la nausée, et pourtant je l'écris. Ce doit être un trait caractéristique de ma personnalité. » Dans l'alphabet de la sensibilité humaine, cette lettre appartient à tout jamais à un seul homme.

JE SUIS UN SURVIVANT

à Elie Wiesel

Pas vraiment. Grâce à la prévoyance dont mon père avait fait preuve en quittant Vienne dès 1924, j'arrivai aux États-Unis en janvier 1940, au milieu de la « drôle de guerre ». Nous quittâmes la France, qui m'avait vu naître et grandir, en toute sécurité. Je n'étais donc pas là quand on commença l'appel. Je n'eus pas à attendre, debout, sur la place publique, avec les autres enfants, mes compagnons de jeu. Et je ne vis pas mes parents disparaître lorsque s'ouvraient brutalement les portes des wagons. Mais, d'une certaine manière, je reviens de loin et je n'en reviens pas intact. S'il m'arrive fréquemment de ne plus communiquer avec ma propre génération, si ce qui m'habite et m'impose une sensibilité particulière apparaît à bon nombre de mes intimes et de mes collègues de ce monde nouveau vaguement sinistre et préfabriqué, c'est que je ne fais qu'un avec l'obscure malédiction qui a frappé l'Europe. D'autant plus que je n'y étais pas et qu'un caprice du hasard avait rayé mon nom du cahier de présence.

Souvent les enfants s'en allèrent seuls ou donnant la

main à des inconnus. Des parents les virent passer qui n'osaient pas crier leur nom. Et s'ils étaient séparés ce n'était pas, bien entendu, parce qu'ils avaient dit ou fait quelque chose. Mais parce que leurs parents étaient nés avant eux, parce qu'ils payaient le crime d'être « leurs » enfants. Un crime pour lequel, sous le règne du nazisme, il n'existait ni pardon, ni fin. En est-il autrement maintenant ? Il couve toujours, en quelque endroit, le désir d'exterminer les Juifs, de les biffer de la face de la terre pour la simple raison qu'ils existent. Il ne s'affiche guère, d'ordinaire, ou seulement d'une manière furtive, banale — portes barbouillées d'inscriptions obscènes, pavés dans les vitrines. Mais il existe, même maintenant, des pays où l'impulsion meurtrière ne demande qu'à se manifester : en Russie, dans certaines parties d'Afrique du Nord, dans des pays d'Amérique du Sud. Et demain ? Quand je vois mes enfants dans cette pièce, ou que j'imagine les entendre respirer dans le calme de la maison, la peur m'envahit, parce que je les ai chargés d'un fardeau de haine immémoriale et que j'ai lâché sur eux la meute sauvage. Qui sait si mes efforts pour les protéger ne se révéleront pas aussi vains que ceux déployés par les parents des enfants disparus.

Cette angoisse est au cœur de la façon dont je m'éprouve en tant que Juif. Être né juif en Europe au cours de la première moitié du XXe siècle revenait à condamner ses propres enfants, à leur imposer une condition aux bornes de l'entendement. Rien ne prouve que cela ne se représentera pas. Tant que le souvenir reste vivace, cette pensée, qui est ma vie même, ne doit pas me quitter. Il se peut que nous autres Juifs serrions nos enfants de plus près que les autres hommes ; quoi qu'ils fassent, ils ne peuvent s'arracher à notre ombre.

Voilà comment je me définis, et moi seul car je ne peux me faire le porte-parole des autres Juifs. Il est évident que nous avons tous quelque chose de commun. Où que nous nous rencontrions, nous tendons à nous reconnaître d'un simple coup d'œil, par une réaction quasi instinctive, par les ténèbres que nous abritons. Mais chacun de nous doit dégager ce qui en lui relève de tous. Le sens profond de la Diaspora n'est rien d'autre que cet éparpillement et affaiblissement de la foi.

Un Juif orthodoxe lira dans ma définition la vacuité du désespoir. Des communautés entières ont maintenu leur cohésion jusqu'au dernier moment. On a vu des enfants se retenir de crier pour réciter *Shema Yisroel*[1], les yeux grands ouverts puisque Son Royaume était juste de l'autre côté du charnier. Il n'y en eut pas autant que d'aucuns le prétendent parfois, mais il y en eut. Au croyant fort de sa foi, la torture et le massacre de six millions d'hommes ne représentent qu'un chapitre du dialogue poursuivi au cours des millénaires entre Dieu et le peuple sur qui est tombé son terrible choix. Bien que le judaïsme ignore toute eschatologie et confie à l'individu le soin d'imaginer la transcendance, les orthodoxes peuvent méditer sur l'existence des camps, antichambres de la maison divine, mystère évident bien qu'intolérable de Sa Volonté. Quand il enseigne à ses enfants les rites et les prières (l'histoire me les a appris, non la foi vécue), quand il les entend chanter à ses côtés aux grandes fêtes, le Juif pratiquant ne ressent pas la peur, ne voit pas en eux les otages chargés de la malédiction de son amour, mais se réjouit et exalte sa fierté. C'est par eux que le pain continuera à être bénit et le vin sanctifié. Ils ne doivent pas la vie à l'erreur de quelque employé des bureaux de la Gestapo, mais à ce qu'ils sont, tout autant que les morts, la vérité de Dieu. Sans eux l'histoire se viderait de son sens. Le Juif

1. « Écoute, Israël... », début d'une célèbre prière. (*N.d.T.*)

orthodoxe (à mon contraire) s'épanouit dans la prière, dans la richesse d'un héritage à la fois tragique et resplendissant. Il recueille l'écho vivant de sa personne dans la voix de sa communauté et la sainteté du monde. Ses enfants font chanter la nuit.

Non seulement le Juif orthodoxe me refuserait le droit de parler pour lui, en me signifiant mon absence de savoir et de piété, mais il ajouterait : « Tu n'es pas des nôtres, tu n'es juif que d'apparence, de nom. » J'en conviens. Mais les nazis ont su faire du seul nom une cause nécessaire et suffisante. Ils ne vous demandaient jamais si vous fréquentiez la synagogue, si vos enfants connaissaient l'hébreu. L'antisémitisme ne s'embarrasse pas de théologie et sa définition du Juif est large. C'est pourquoi nous y serions allés de concert, l'orthodoxe et moi. Et l'on aurait arraché l'or de nos bouches mortes, que celles-ci aient ou non chanté des hymnes.

Deux passages de l'Exode aident à entrevoir l'incommensurable. Ce sont peut-être des erreurs de traduction ou des fragments archaïques interpolés au texte saint. Mais, tout comme la poésie et la métaphore, ils me procurent une aide précieuse en étayant l'horreur des événements sur la logique de l'imaginaire. L'Exode (IV, 24) montre comment Dieu tenta de tuer Moïse : « Et il advint que Dieu le rencontra à l'auberge et voulut le supprimer. » J'en infère que Dieu éprouve à l'égard des Juifs, ce peuple qui L'a sommé d'intervenir dans l'histoire et les accrocs de la condition humaine, des bouffées d'exaspération meurtrière. Peut-être ne désirait-il pas être pris à partie ; il se peut que le peuple l'ait élu dans l'oasis de Quadès et lui ait imposé les peines et les labeurs de la justice et de la colère légitime. Ce sont peut-être les Juifs qui L'ont agrippé par les basques et ont exigé une assurance et un dialogue, avant que Dieu et l'homme soient encore capables d'intimité. C'est ainsi qu'au sein du mariage ou des rapports de père à fils, l'amour se transforme par moments en quelque chose qui lui ressemble beaucoup, la pure haine.

Dans le second texte (Exode, XXXIII, 21-23) Moïse se trouve une fois de plus sur le Sinaï et demande de nouvelles Tables de la Loi (il faut dire que nous L'avons toujours harcelé à réclamer justice ou raison deux fois pour une). Il s'ensuit un étrange cérémonial : « Et il adviendra, tandis que ma gloire passe près de toi, que je t'enfermerai dans une fente de la roche et te couvrirai de ma main pendant mon passage ; et je retirerai ma main et tu verras mon dos ; mais tu ne contempleras pas ma face. » C'est là peut-être que se trouve l'indice irréfutable : Dieu peut Se détourner et, pendant quelques minutes ou quelques millénaires (Son temps et le nôtre ont-ils quelque chose de commun ?), regarder *de l'autre côté*. Sans doute quelque infime, odieuse erreur dans la Création a-t-elle fait de l'univers un espace trop vaste pour Sa surveillance ; sans doute quelque part un micron — pourquoi plus ? — échappe à Sa vue et force Son attention. Quand Dieu tourne le dos à l'homme, l'histoire engendre Belsen.

Si les Juifs orthodoxes ne peuvent prendre en considération ni mon analyse, ni l'utilisation métaphorique ou paradoxale des Écritures, les sionistes et les Israéliens ne le peuvent pas plus. Ils ne nient pas le désastre, mais objectent qu'il a porté un fruit splendide. L'atrocité a accouché de la seconde chance. On ne peut mettre en doute que l'État d'Israël soit en partie l'héritage des exterminations massives de l'Allemagne. L'espérance, la volonté d'agir jaillissent de la capacité d'oubli qu'a l'esprit humain, de cette soif impérieuse de tout effacer. Le Juif israélien ne peut regarder en arrière trop souvent ; ses rêves doivent être frappés non de nuit mais de lumière : des visions de pionniers. Aux morts d'ensevelir le monceau des morts ; son histoire leur est étrangère ; elle vient juste de commencer. À quelqu'un comme moi, le Juif israélien dirait : « Pourquoi n'es-tu pas avec nous ? Si tu crains pour la vie de tes enfants, pourquoi ne pas les envoyer ici et les laisser grandir parmi les leurs ? Pourquoi les charger du poids de ton masochisme, de tes souvenirs peut-être ostentatoires ? Ici est leur avenir ; ils y ont droit. Cerveaux, muscles, rien ne nous est superflu. Nous ne travaillons pas pour nous seuls et il n'est pas un Juif au monde qui ne redresse la tête à l'idée de ce que nous avons accompli, à la pensée qu'Israël existe. »

Et, bien sûr, tout cela est vrai. La condition du Juif a partout un peu évolué, il se voit avec une nouvelle dignité depuis qu'Israël a démontré que les Juifs sont capables de se servir d'armes modernes, de faire voler des avions à réaction et de transformer le désert en vergers. Qu'on l'assaille de pierres en Argentine ou qu'on le tourne en dérision à Kiev, le gosse juif sait qu'il est au monde un endroit où il est le maître et où c'est lui qui porte le fusil. La destruction d'Israël ne laisserait aucun Juif indemne. L'amertume de l'échec, le besoin et les exigences des réfugiés atteindraient les plus indifférents, les plus opposés au sionisme.

Alors, pourquoi ne pas partir ? Pourquoi ne pas quitter les divers pays où nous vivons encore, à ce qu'il me semble, en hôtes plus ou moins bien tolérés ? De nombreux Juifs russes saisiraient l'occasion d'émigrer. Les Juifs d'Afrique du Sud risquent d'avoir à suivre sous peu la même voie. Dans ce cas, pourquoi est-ce que je ne pars pas, moi qui suis libre de le faire, afin que mes enfants grandissent loin des traces d'un passé inhumain ? Je ne sais s'il existe une réponse satisfaisante. Mais il y a une raison.

Si la façon dont je ressens ma qualité de Juif apparaîtra toujours inacceptable ou veule aux Juifs orthodoxes et israéliens, elle semblera de même incompréhensible et théâtrale à la plupart des Juifs américains. Ceux-ci admettent volontiers que tous leurs frères, quelque éloignés qu'ils aient été des scènes de carnage, sont sortis mutilés de la catastrophe européenne, que le massacre a privé les survivants de leur équilibre, comme le fait l'amputation d'un membre ; mais leur assentiment reste abstrait, il me semble n'avoir pour eux aucune résonance personnelle. Les liens qu'ils entretiennent avec l'histoire récente diffèrent de façon subtile et radicale de ceux que nous connaissons en Europe. Le caractère irrévocable de l'holocauste est venu *a posteriori* justifier les réflexes d'immigration. Il a démontré avec éclat que tous ceux qui avaient fui le vieux monde afin de créer les nouvelles communautés juives d'Amérique avaient vu juste. Le soldat juif retrouva l'Europe de ses pères avec des armes et une technologie bien supérieures à celles de ses implacables ennemis. Les quelques frères qu'il découvrit vivants sortaient d'un monde hideux de spectres, semblable à un cauchemar en langue inconnue. En Amérique, les Juifs s'éveillent la nuit pour écouter leurs enfants : c'est pour s'assurer que la voiture est de retour au garage, et non parce que la foule crie au-dehors. Ces choses-là n'arrivent pas à Scarsdale.

Je n'en suis pas certain après tout, et c'est en quoi je demeure à l'écart. La plupart des Juifs américains reconnaissent des relents d'antisémitisme dans des domaines bien délimités : au club, à la plage, dans certains quartiers résidentiels, dans les associations professionnelles. Mais, par comparaison, ces manifestations restent mesurées, peut-être parce que les États-Unis, à la différence de l'Europe ou de la Russie, n'ont pas de culpabilité historique à l'égard des Juifs. De plus, l'envergure et la diversité humaine de la communauté juive américaine sont telles qu'un de ses membres n'a pas à sortir de son cadre habituel pour profiter des avantages et des libertés qu'offre son pays. Cependant, le principe dynamique de la vie américaine réside dans le conformisme, l'adoption intégrale des goûts et idéaux de la moyenne et petite bourgeoisie. Par définition, ou presque, les Juifs s'opposent à une uniformité si radicale. Cette disparité latente, l'acceptation, non sans hostilité réciproque, d'une *différence* tend à s'accuser dans les périodes de tension économique, sociale ou politique. Une crise, la montée foudroyante du chômage mettraient en relief le statut propre aux Juifs, dresseraient les mécontents contre leur prospérité et l'ostentation qui en découle. La campagne pour l'égalité raciale des Noirs qui en arrive à obscurcir une si grande partie de l'atmosphère aux États-Unis n'est pas sans rapport avec la question. Les Noirs des villes font souvent preuve ouvertement d'un antisémitisme brutal et délibéré qui leur permet de conclure des alliances temporaires avec des éléments aigris ou défavorisés de la collectivité blanche. Derrière ces ébauches se profile un système : le raidissement de l'opinion publique, la concentration croissante des valeurs américaines en un nationalisme étroit et moralisateur.

J'accorde que l'antisémitisme américain demeurera contenu et discret aussi longtemps que l'économie prospère et qu'on impose au conflit racial des limites tolérables ; aussi longtemps qu'Israël subsiste et s'offre comme refuge. Tout, vraisemblablement, part de là. L'aide apportée à Israël par les Juifs américains est à la fois totalement généreuse et profondément intéressée. Qu'une nouvelle vague d'immigrants se manifeste, que leurs frères russes ou tunisiens viennent frapper aux portes, et leur position s'en ressentirait immédiatement.

Cet ensemble complexe de garanties et de tolérances peut s'effondrer. L'Amérique n'est pas plus réfractaire à la contagion de l'antisémitisme que ne le sont les autres sociétés nationalistes et d'obédience chrétienne.

Qu'éclate l'insatisfaction, qu'on commence à refouler les Juifs, et les plus intégrés seront rejetés sans merci vers notre lot de toujours, la peur. Mgr Harrison peut l'avoir oublié, il a beau s'être converti à l'Église unitarienne, cette demi-mesure caractérisée, ses voisins lui rappelleront que son père s'appelait Horowitz. Récuser ces hypothèses revient à affirmer que l'homme et les formes historiques ont subi aux États-Unis quelque changement miraculeux ; et tout, dans la civilisation contemporaine d'outre-Atlantique, n'a cessé de contredire cette utopie.

Néanmoins, l'image que je me fais du père juif hanté par d'atroces souvenirs d'impuissance et des prémonitions de meurtre m'est toute personnelle et représente un cas isolé. Elle se situe en marge de l'optimisme actuel. Elle n'est pas entièrement négative pour autant. Elle renferme à mes yeux bien plus qu'un froid constat de destruction. Cette foule tellement méprisée, tellement repoussée aux frontières de la mémoire que les noms mêmes ont disparu et que la prière des morts restera à jamais incomplète, tout ce qui a été anéanti incarnait une qualité d'intelligence et de sensibilité qu'aucune communauté juive importante n'a pu de nos jours conserver ou recouvrer. C'est parce que cette ascendance distincte anime, je le sens, mes réactions et le travail auquel je me suis voué que je suis un survivant.

En ce qui concerne la pensée *profane* et l'œuvre accomplie, cette période de l'histoire juive qui s'est terminée à Auschwitz surpasse même l'ère resplendissante de la coexistence au sein de l'Espagne islamisée. Pendant environ un siècle, de l'affranchissement des ghettos par la Révolution française et Napoléon jusqu'à l'avènement d'Hitler, les Juifs ont pris une part active à la brillante réussite morale, intellectuelle et artistique de l'Europe bourgeoise. Le long emprisonnement du ghetto, qui avait aiguisé les esprits et les sensibilités à la meule des persécutions, avait déposé en eux de vastes réserves d'expérience. Ramenés à la lumière, une certaine élite juive et le large cercle de la bourgeoisie qui s'intéressait à sa percée vivifièrent et raffinèrent le système de la pensée occidentale. Tous les domaines connurent une mutation radicale. Les plus doués de ces intellectuels s'emparèrent en particulier des éléments fondamentaux de la civilisation classique européenne pour leur instiller une problématique nouvelle. Il n'y a là rien que de très banal, tout comme l'inévitable remarque que le contenu de l'esprit moderne, les lignes de recherche et de compréhension selon lesquelles nous ordonnons nos vies ont pris naissance chez Marx, Freud et Einstein.

Il reste à apprécier ce qui, dans leur génie individuel, relève d'une émancipation collective encore récente, d'une orientation particulière du sentiment rationnel qui, spécialisée à l'origine, en est venue à incarner notre époque. Le rapprochement est indéniable, quoique rebelle à la démonstration. Un mouvement souverain les porte tous trois vers une logique visionnaire, vers les opérations les plus arides, comme si leur long éloignement de l'action pratique eût donné à la réflexion des Juifs d'Europe occidentale et orientale une autonomie frappante. La contestation radicale de Schönberg et de Kafka, les mathématiques de Cantor trahissent un même élan tant voluptueux qu'abstrait de l'imagination, la sensibilité juive se risquant dans l'inconnu d'un monde délivré du dogme. C'est ce qui rapproche le *Tractatus* de Wittgenstein de celui de Spinoza.

Sans la contribution apportée par les Juifs de 1830 à 1930, la culture occidentale apparaîtrait, de toute nécessité, différente et diminuée. Dans le même temps, bien entendu, c'est le heurt entre les valeurs propres au Juif émancipé et les canons classiques d'un art et d'une argumentation bien établis en Europe qui amenèrent le premier à définir son pouvoir et son identité. L'impact de ces deux visions et la recherche subséquente d'un équilibre à l'intérieur d'un milieu presque entièrement emprunté conférèrent un rôle singulièrement délicat et fécond à celui, Juif converti ou demi-Juif, dont les relations avec son passé s'étaient chargées d'hostilité ou de réticence : Heine, Bergson, Hofmannsthal et Proust.

Ceux qui ont participé à l'élaboration de cet *humanisme d'Europe centrale* (il faut peser la signification de chacun de ces termes) se distinguent par leur parenté marquée de goût et de jugement. Tous avaient le don des langues. Heine est le premier, sinon le seul grand poète, qu'il soit difficile d'enfermer dans le cadre d'une seule langue. Cette génération de Juifs européens a souvent pour centre de référence les classiques grecs et latins, mais à travers la vision qu'en donnent Winckelmann, Lessing et Goethe. Une conviction quasi religieuse de la stature inégalable de Goethe, de l'incroyable humanité et maturité de son art anime l'ensemble des « lumières » judéo-européennes et se perpétue chez les quelques survivants : c'est le fragment de Goethe *Sur la Nature* qui poussa Freud à délaisser le droit pour les sciences biologiques. Cette bourgeoisie d'Europe centrale connaissait souvent à fond les pièces de Shakespeare et se targuait, à bon droit, que les spectacles montés à Vienne, Munich ou Berlin, par des Juifs le plus souvent, étaient de meilleure qualité que ceux que l'on pouvait voir en Angleterre. Elle lisait Balzac, Stendhal (qu'on se rappelle l'étude d'avant-garde que Léon Blum fit de Beyle), Tolstoï, Ibsen et Zola. Mais elle les transposait souvent dans un contexte spécial d'une allure plus noble. Les Juifs qui s'ouvraient au théâtre scandinave et au roman russe étaient prêts à discerner dans le nouveau réalisme et la désacralisation de la littérature un mouvement général de libération spirituelle. Zola ne faisait pas qu'explorer les réalités érotiques et économiques, comme Freud, Weininger ou Marx : il se posait en défenseur de Dreyfus.

Les rapports entre la conscience juive et Wagner tenaient de la passion et du refus. On peut déceler des exemples tardifs de cette ambivalence dans la musicologie d'Adorno et le roman de Werfel. La sensibilité juive devinait en Wagner à la fois le radical et le cabotin, deux aspects d'un homme en marge de la culture reçue et des conventions. Elle ressentait dans son antisémitisme une note bizarre de déjà-vu et accordait parfois créance à la légende tenace selon laquelle il était lui-même d'origine juive. Vierge dans le registre des arts plastiques, et jouissant par conséquent d'une merveilleuse liberté d'appréciation, le goût juif en la personne de marchands, mécènes et critiques soutint l'impressionnisme et la flambée des modernes. Avec Reinhardt et Piscator, il rajeunit le théâtre ; avec Gustav Mahler, les liens entre la grande musique et la société. Dans sa période dorée, de 1870 à 1914 et plus tard, dans les années 20, le levain de la pensée juive enrichit Prague et Berlin, Vienne et Paris de toute sa vitalité expressive et émotionnelle. Elle y suscita une atmosphère purement européenne et pourtant résolument « excentrique ». C'est ce ton inimitable que Proust a rendu inoubliable dans sa satire nuancée de l'hédonisme tourmenté et de l'érudition mondaine qui caractérisent Swann.

Il n'en subsiste presque rien. C'est ce qui fait de mon identification quasi involontaire à ce courant une condition si précaire. La collectivité juive européenne et son intelligentsia se trouvèrent prises entre deux vagues de meurtres, le nazisme et le stalinisme. L'attachement au marxisme de ses représentants européens et russes coulait de source. Comme on l'a dit et redit, le rêve du règne de Dieu sur la terre qui survit chez Georg Lukács et Ernst Bloch, le plus grand historien de l'espérance, rattache cette utopie sociale qu'est le communisme à la tradition messianique. Pour les Juifs et les communistes, l'histoire est un processus d'humanisation progressive, un effort désespéré de l'homme pour atteindre sa vraie condition. Ces deux modes d'appréhension conservent la hantise de l'autorité des prophètes, de l'interprétation rigoureuse des Tables de la Loi. D'Édouard Bernstein à Trotski, d'Isaac Babel à Pasternak, le destin des aspirations juives enrôlées sous la bannière du communisme ou de la révolution russe se révèle cependant bien ironique. Il se termine presque invariablement dans l'opposition ou l'hérésie, cette hérésie qui se proclame orthodoxe car elle tend à restaurer Marx dans sa signification première : le marxiste polonais Adam Schaff serait un exemple contemporain de ce « révisionnisme talmudique ». À mesure que le stalinisme s'affirmait nationaliste et technocrate, la pensée révolutionnaire fut conduite au poteau (la classe nouvelle des cadres moyens s'est formée en Russie à cette époque). Les marxistes juifs, les trotskistes et les compagnons de route se virent écrasés dans les ruines de l'utopie. Les Juifs qui s'étaient faits communistes pour vaincre les nazis, les communistes juifs qui s'étaient séparés du parti après les purges tombèrent ensemble dans les filets du pacte germano-soviétique.

Et ce fut l'un des épisodes les plus infamants de l'histoire moderne, les polices et milices des deux Europes, celle du « lâche soulagement » et celle des dictatures collaborant pour traquer les Juifs. Les Français remirent aux mains de la Gestapo ceux qui avaient fui l'Espagne et l'Allemagne. Himmler et la Guépéou procédèrent à des échanges de Juifs antistaliniens et antinazis afin de les torturer et de les éliminer. On ne peut oublier Walter Benjamin, l'un des représentants les plus brillants de l'humanisme radical, se suicidant pour échapper aux gardes-frontières français ou espagnols qui l'auraient livré au SS ; ou la veuve de Buber-Neumann que les agents de Staline harcelèrent jusque dans un camp de concentration nazi ; une foule d'autres encore exposés aux deux volontés malfaisantes d'Hitler et de Staline : la succession hideuse de leurs morts conclut les *Mémoires* de Victor Serge. Ces marchandages aux frontières et ces trocs dégradants soulignent éloquemment le désir d'effacer les Juifs de l'histoire européenne ; ils mettent aussi en lumière la dignité singulière de leurs souffrances. Peut-être peut-on proposer cette définition : *les Juifs sont un peuple sur qui la barbarie de tout totalitarisme est contrainte à déverser sa haine.*

Quelques-uns en réchappèrent. Il est facile de démontrer qu'une grande partie des recherches accomplies aux États-Unis, de 1934 à 1955 environ, dans le domaine des arts et des sciences exactes n'est autre que le second souffle de la renaissance d'Europe centrale et manifeste le talent des réfugiés. Mais le type particulier d'intelligence des Juifs nés américains, avec lequel j'eus mes premiers contacts à l'université de Chicago à la fin des années 40, et dont le rôle est à présent si essentiel à la vie de l'esprit aux États-Unis, représente quelque chose de tout à fait différent. La *Partisan Review,* par exemple, n'a pas grand-chose à voir avec les idées de Karl Kraus sur le style et la culture humaine. Kraus est, en un sens, la pierre de touche. Demandez à quelqu'un s'il le connaît de nom ou s'il a lu sa *Littérature et mensonge.* Si oui, vous avez devant vous, probablement, un survivant.

Sur l'œuvre de Kraus, comme sur celle de Kafka ou d'Hermann Broch, plane l'ombre de la mort et de l'absolu. Broch, à mes yeux le plus grand romancier européen après Joyce et Thomas Mann, se tient aux confins d'une époque. Sa *Mort de Virgile,* ses essais philosophiques forment l'épilogue de l'humanisme. Ils s'arrêtent sur ce fait que notre raison, si tant est qu'elle nous obéisse encore, devrait fixer sans répit, par lequel notre identité doit sans cesse vaciller — le meurtre collectif, fils de la civilisation. Tout comme certaines paraboles de Kafka et l'épistémologie du jeune Wittgenstein, l'art de Broch frôle ce seuil au-delà duquel tout est silence. Il met en question la pérennité de la parole, les catégories du jugement moral et de l'imagination découverts par la tradition judéo-hellénique dans l'autorité du verbe, face à l'inhumain. Chaque poème n'est-il pas une insulte à la souffrance ? Broch mourut en Amérique dans une solitude extrême, paradoxale, donnant le jour à une civilisation et à des aspirations déjà condamnées.

De cet humanisme il ne reste plus que des cendres. Les accents des survivants : Hannah Arendt, Ernst Bloch, T. W. Adorno, Erich Kahler, Lévi-Strauss résonnent avec une unanimité qui s'apparente à la désolation, quelque différents que puissent être leurs intérêts et leurs travaux. Cependant, ces voix seules m'apparaissent contemporaines ; seuls leur quête et leurs critères peuvent exhumer les racines philosophiques, politiques et esthétiques de l'inhumain — réduire ce paradoxe selon lequel la barbarie de l'âge moderne s'est dégagée secrètement et peut-être inéluctablement du cœur même de la civilisation humaniste. S'il en est ainsi, pourquoi s'évertuer à enseigner, à écrire, à débattre de la culture ? Cette recherche inlassable, je n'en connais pas de plus urgente, et la langue qu'elle emprunte, projettent celui qui s'y adonne à trente ans de distance, d'un côté ou de l'autre du présent.

Tout comme d'autres questions, de plus en plus assourdies et inadéquates, mais qu'on ne peut se permettre de négliger si l'on veut interroger les valeurs et le contenu potentiel de notre culture. Je pense à la complicité générale dans le massacre. Il y a eu, certes, des exceptions sublimes : au Danemark, en Norvège, en Bulgarie ; mais le fond de l'histoire est sordide et il subsiste en elle une hideuse énigme. Au moment où l'on exterminait neuf mille Juifs *chaque jour,* ni la R.A.F. ni l'U.S. Air Force n'ont bombardé les fours ou tenté de faire sauter le verrou des camps, comme des Mosquitos, volant à ras du sol, avaient détruit une prison française et permis à des maquisards de prendre le large. Malgré les appels désespérés de la résistance juive et polonaise, et bien que la bureaucratie allemande ne fît point secret de la fonction primordiale des chemins de fer dans la « solution finale », les lignes d'Auschwitz et de Belsen ne furent jamais touchées. Pourquoi ? On l'a demandé à Churchill et Tedder. Ont-ils pu fournir une réponse satisfaisante ? Quand la Wehrmacht et les Waffen-SS envahirent la Russie, les services secrets soviétiques furent vite au courant de l'extermination massive des Juifs. Staline défendit que le fait fût rendu public, et une fois de plus les raisons sont obscures. Peut-être voulait-il éviter que s'enflamme à nouveau une conscience juive indépendante ; peut-être craignait-il qu'on n'établisse un rapprochement avec sa propre politique antisémite. Quoi qu'il en soit, de nombreux Juifs qui auraient pu s'enfuir vers l'est demeurèrent sur place, inconscients du danger. Plus tard, en Ukraine, des bandes locales aidèrent les Allemands à cerner ceux qui se dissimulaient dans les caves ou les forêts.

Je me demande ce qui se serait produit après Munich si Hitler avait joué le jeu et simplement déclaré : « Je me limiterai au Reich, aussi longtemps qu'on me laissera les mains libres à l'intérieur de mes frontières. » Dachau, Buchenwald et Theresienstadt auraient fonctionné au centre de la civilisation du XXe siècle jusqu'à ce que le dernier Juif à portée ait été réduit en savon. On aurait prononcé des discours courageux à Trafalgar Square, à Carnegie Hall et place de la Bastille devant un public de plus en plus clairsemé et indifférent. Les vins allemands auraient sans doute été boycottés, par intervalles. Mais aucun gouvernement étranger ne serait intervenu. Les touristes auraient envahi les *autobahns* et les villes d'eaux du Reich et seraient passés à proximité, pas trop près cependant, des camps de la mort, de la façon dont nous longeons les geôles portugaises et les îles où sont déportés les prisonniers grecs. Il se serait trouvé d'innombrables pontifes, une nuée de journalistes pour nous assurer que les rumeurs étaient outrées et qu'il y avait de jolies promenades à Dachau. Et la Croix-Rouge aurait expédié des colis de Noël.

À mi-voix, les Juifs demandent aux *gentils,* leurs voisins : « Si vous en aviez été informés, auriez-vous hurlé à la face de Dieu et des hommes que cette horreur doit cesser ? Auriez-vous essayé de sauver mes enfants ? Ou bien auriez-vous fait des projets de ski à Garmisch ? » Les Juifs constituent un vivant reproche.

Les hommes sont complices de ce qui les laisse insensibles. C'est ce qui doit, je pense, rendre les Juifs circonspects à l'intérieur de la culture occidentale, les pousser à contester les idéaux et les coutumes qui, en Europe surtout, avaient mobilisé le meilleur de leurs espérances et de leur génie. La demeure de la civilisation ne sut pas être un abri.

En fait, je n'ai jamais vraiment fait confiance aux demeures. Les Juifs, par la force des choses, ont souvent été ramenés à l'état de voyageurs et d'invités. Rien ne les empêche d'acquérir un vieux manoir et d'aménager un jardin. Il n'est pas rare que les petits-bourgeois ou les intellectuels juifs manifestent aux États-Unis un goût fébrile du champêtre, cherchant ainsi à assimiler les habitudes anglo-saxonnes. Mais je me demande si nous y parvenons jamais. Les vieilles poupées du grenier ne sont pas à nous et le fantôme a l'air en location. N'est-il pas significatif que Marx, Freud et Einstein finissent leurs jours loin du sol natal, exilés ou réfugiés ? Le Juif jette l'ancre non dans l'espace mais dans le temps, dans le sens aigu qui le possède de l'histoire vécue comme une expérience individuelle. Six mille ans d'introspection forgent une patrie.

Cette vie d'errance sous des toits de fortune m'apparaît gravée dans le langage, bien que là encore mon expérience diffère sensiblement de celle du Juif né en Amérique. Son homologue européen apprenait les langues rapidement ; ses pérégrinations l'y contraignaient le plus souvent. Mais il peut nous manquer cette aisance innée qui ressort d'une intimité inconsciente et immémoriale de l'homme avec sa langue native, comme avec son roc, sa terre et les cendres de son lopin. D'où la tactique propre aux deux plus grands écrivains juifs d'Europe. L'allemand de Heine, comme Adorno l'a fait remarquer, est un idiome européen, hautement personnel, sur lequel sa connaissance parfaite du français exerce une pression de tous les instants. Kafka écrivait un allemand tout en os, comme si lui étaient refusées la chair du parler familier et la pulpe des dialectes et de l'histoire. Chaque mot qu'il utilise semble emprunté à un taux élevé d'intérêt. Nombre de grands acteurs sont, ou ont été juifs. La matière verbale les traverse littéralement, ils lui donnent un tour presque trop pur, comme d'un trésor acquis et dont ils ne sont pas sûrs. Cela peut s'appliquer aussi à la maîtrise des Juifs en musique, en mathématiques et en physique, ces langues internationales, ces codes de notation abstraite.

Le Juif européen ne tenait aucunement à rester en transit. Il lutta, comme il l'a fait depuis en Amérique, pour s'enraciner. Il fournit des preuves opiniâtres et même macabres de sa loyauté. En 1933-1934, les anciens combattants juifs de la Première Guerre mondiale assurèrent Hitler de leur patriotisme et de leur dévouement à la cause pangermanique. Peu de temps après, les amputés, les décorés n'en furent pas moins traînés dans les camps. En 1940, quand le gouvernement de Vichy dépouilla les Juifs français de leurs droits, des anciens de Verdun, *médaillés militaires* [1], des hommes dont la famille vivait en France depuis le début du XIXe siècle se retrouvèrent sans protection et sans patrie. En Union soviétique, le mot *Juif* figure sur les cartes d'identité. Est-il vain ou exagéré de supposer que, quels que soient les efforts qu'ils déploient, les Juifs dans une nation de *gentils* sont toujours assis près de la porte ? Et là, naturellement, ils font naître la méfiance.

De Dreyfus à Oppenheimer, chaque éclat de nationalisme, d'hystérie chauvine a dirigé les soupçons sur les Juifs. Bien que de telles statistiques n'aient aucun sens, il est probable qu'un pourcentage élevé d'entre eux aient été impliqués dans des affaires de trahison idéologique ou scientifique. Peut-être sont-ils plus vulnérables au chantage et aux menaces clandestines, peut-être faut-il incriminer leur nature d'intermédiaires rompus de tout temps à l'import-export des idées, mais je discerne, au fond de tout, leur condition de parias dont le sentiment national a été érodé, ébranlé. Pour celui qui demain devra fuir au-delà de ses propres frontières, dont la tombe sera, qui sait, profanée et semée d'ordures, la nation-État n'est qu'un refuge bien fragile. La citoyenneté n'est plus un droit inaliénable, le sacrement du *Blut und Boden,* tout juste un contrat que chacun des hôtes doit négocier pour son propre compte.

Le déracinement des Juifs, leur caractère « cosmopo-

1. En français dans le texte. (*N.d.T.*)

lite » flétri par Hitler, Staline, Mosley, Maurras et tous les voyous de la droite n'est qu'une qualité imposée par l'histoire. Le Juif n'éprouve aucun bien-être à « s'accroupir sur le rebord de la fenêtre », selon l'expression bien peu courtoise de T. S. Eliot. Il se préférerait *echt Deutsch, Français de vieille souche*[1] ou descendant de soldat de la guerre d'Indépendance que « Juif viennois de Chicago ». Il ne lui est pas souvent donné de choisir. Mais une fois assumée, cette situation, bien que pénible à l'extrême, n'en débouche pas moins sur de plus larges perspectives.

Le nationalisme est le venin de notre temps. Il a amené l'Europe au bord de la ruine. Il transforme les jeunes États d'Asie et d'Afrique en lièvres affolés. En se proclamant ghanéen, vénézuélien ou maltais, un homme s'évite des tracas. Il n'a pas à démêler les fils de sa personnalité et de sa vérité humaine. Il s'intègre à une meute solide et armée. La politique contemporaine le prouve assez : chaque soulèvement de la populace, chaque dessein totalitaire se repaît de nationalisme et de cet excitant qu'est la haine. C'est par eux que des êtres humains se montrent les crocs de chaque côté d'un mur, au-dessus de dix mètres de sol inculte. En dépit de leur lassitude et de leur épuisement, les Juifs — ou tout au moins un certain nombre d'entre eux — peuvent servir d'exemple en réaffirmant que si les arbres ont des racines, les hommes ont des jambes ; et que chacun est l'invité d'un autre. Si le potentiel de civilisation n'est pas voué à la disparition, nous devrons tous acquérir des attaches plus complexes et moins rigides. Socrate nous a enseigné qu'il est des trahisons qui rendent la cité plus libre et plus accueillante à l'homme. Même « la Grande Société » ou « l'Europe des nations » n'est

1. En français dans le texte. (*N.d.T.*)

qu'un objet borné et passager comparé au jeu illimité de l'esprit, à la discipline anarchique de ses rêves.

Quand un Juif se dresse contre le féroce esprit de clocher en quoi la xénophobie dégénère si aisément — si fatalement —, il rembourse une vieille dette. Par une des ironies cruelles et prophétiques de l'histoire, c'est en terre d'Israël que naquit le concept du peuple élu, de la nation surpassant les autres par un destin sans égal. Le vocabulaire nazi charriait les éléments d'une parodie vengeresse de la prétention judaïque. Au motif théologique d'un peuple choisi sur le mont Sinaï répondent les prétentions de la race supérieure à une domination millénaire. Tout ce qu'il y a d'ambigu dans les rapports des nazis et des Juifs désigne du doigt ce minuscule, cet effrayant grain de logique.

Mais si le poison est, partiellement et du fond des âges, juif, de même, vraisemblablement, l'antidote, cet humanisme intégral qui surprend l'homme en marche vers l'humanité. C'est en quoi Marx est le plus radicalement juif, tout en prônant la dissolution de l'identité juive. Il soutenait que les classes et les facteurs économiques débordent les frontières et que le monde de la misère impliquait une commune citoyenneté. Il postulait que la poussée révolutionnaire abolirait les distinctions nationales et les antagonismes tout comme la technologie avait pratiquement supprimé l'autonomie régionale. L'utopie socialiste et la dialectique de l'histoire ont des prémices internationales.

Marx avait tort car ici, comme sous d'autres aspects, il se faisait une idée trop haute et trop romantique de l'homme. Le nationalisme a été la cause déterminante et le bénéficiaire des deux guerres mondiales. Les travailleurs de tous les pays ne se sont pas unis, ils se sont pris à la gorge. Les mendiants eux-mêmes se drapent dans les oriflammes. C'est le patriotisme russe, l'atteinte portée à la conscience nationale qui a permis à l'Union soviétique de tenir en 1941, non la vision du socialisme et de la solidarité de classe. En Europe de l'Est, l'idéologie étatique a laissé subsister des rivalités nationales aussi agressives qu'archaïques. Quinze cents kilomètres carrés de steppe sibérienne désertique en arriveront peut-être à compter plus, aux yeux de la Russie et de la Chine, que l'édifice entier de la fraternité communiste.

Bien que Marx se soit trompé, et que l'idéal d'une société universelle s'estompe sous les quolibets, il n'existe en dernière analyse aucune autre alternative à la destruction de l'homme par l'homme. La terre est trop encombrée, l'ombre de la famine lui laisse si peu de répit, qu'il est hors de question de gaspiller une partie de sa surface sous les barbelés. Tant qu'on le tolère comme invité, tant qu'il peut soumettre à un examen toujours renouvelé les relations de la conscience et de l'action, tempérant sa loyauté nationale d'humanité et de scepticisme, le Juif peut exercer le rôle salutaire de stimulant. La troupe chauvine grondera sur ses talons ; mais les lois de la chasse veulent que le gibier devance les chiens.

Voilà pourquoi je n'ai pu, jusqu'à présent, me faire à l'idée d'aller vivre en Israël. Cet État est, dans une certaine mesure, un miracle plein d'amertume. Le programme sioniste d'Herzl portait les stigmates visibles du nationalisme montant de la fin du XIXe siècle. Surgi de l'inhumain et de l'imminence du massacre, Israël a dû se dresser comme un poing fermé. Personne plus qu'un Israélien n'est pétri de patriotisme. Il doit en être ainsi s'il veut que sa langue de terre contienne les assauts de ses voisins. Le sursaut national est presque la condition *sine qua non* de sa vie. Mais bien que la puissance d'Israël trouve un écho dans la conscience de chacun de nous, bien que l'existence de tout un peuple puisse en dépendre, il n'en reste pas moins que cet État hérissé d'armes est un sombre vestige, une absurdité en ce siècle surpeuplé ; et qui méconnaît quelques-uns des éléments les plus humains et les plus évolués de l'esprit juif.

Ainsi certains d'entre nous préfèrent-ils demeurer dans le froid, hors de ce sanctuaire du nationalisme, même s'il leur appartient enfin. Nul n'a besoin d'être enterré en Israël. Highgate, Golders Green, le Père-Lachaise ou même le vent suffiront.

Si mes enfants devaient lire ce texte un jour, la chance se maintenant, il leur apparaîtra probablement aussi lointain qu'à bon nombre de mes contemporains. Si les choses tournaient mal, il leur rappellerait que, quelque part, la stupidité et la barbarie les ont déjà pris pour cibles. C'est en cela que consiste leur héritage, plus ancien, plus inaliénable que n'importe quelles lettres de noblesse.

POST-SCRIPTUM

Deux passages, pris au hasard : le premier dans *le Journal de Varsovie* de Chaim Kaplan, le second dans l'étude sur Treblinka de Jean-François Steiner :

« On obligea un rabbin de Lodz à cracher sur un rouleau de la Torah qui se trouvait dans l'arche sainte. Afin de sauver sa vie, il obéit et profana ce qui, pour lui et son peuple, est sacré. Au bout d'un moment sa bouche était sèche, il n'avait plus de salive. Au nazi qui lui demandait pourquoi il s'était arrêté, il répondit qu'il avait la bouche desséchée. Alors, ce fils de la "race supérieure" se mit à cracher dans la bouche du rabbin, et le rabbin continua à souiller la Torah. »

« Malgré toutes les précautions de ses amis, (le professeur Mehring), un jour, à l'appel, avait été sorti des rangs. Quand le peloton avait commencé à s'effilocher, une brusque et extraordinaire volonté de vivre l'avait saisi et il s'était mis à courir comme un forcené. "Lalka" l'avait remarqué et, lorsque le quart (des prisonniers) fut tombé, il fit continuer l'exercice pour voir jusqu'où pourrait tenir le vieillard qui courait à quelques mètres derrière les autres.

« — Si tu les rattrapes, tu auras la vie sauve, lui cria-t-il.

« Et il donna l'ordre de fouetter les survivants.

« (Ceux-ci) hésitèrent et ralentirent pour aider le professeur, mais les coups redoublèrent, les faisant chanceler, déchirant leurs vêtements, couvrant leur visage de sang. Aveuglés de sang, ivres de douleur, ils accélérèrent de nouveau. Le professeur qui avait gagné du terrain, en les voyant s'éloigner de nouveau, lança ses bras en avant, comme pour les saisir et comme pour supplier. Il trébucha une fois, puis une seconde ; son corps écartelé sembla se désarticuler ; il tenta une nouvelle fois de retrouver son équilibre puis, soudain, se raidit et s'effondra dans la poussière. Quand les Allemands s'approchèrent, ils virent un filet de sang couler de sa bouche. Le professeur Mehring était mort. »

En fait, c'était plutôt une chance : on ne l'avait pas pendu par les pieds, comme Langner, et fouetté à mort en prenant soin de régler le rythme des coups de façon qu'il ne mourût qu'au soir. Ni jeté vivant dans le four crématoire. Ni noyé, comme tant d'autres, par immersion lente dans l'urine et l'ordure. Ni surtout conduit à pendre son enfant, de ses propres mains, la nuit, dans les baraques, pour lui épargner les nouvelles tortures du matin.

Bien que j'aie beaucoup écrit à ce sujet, pour essayer d'introduire une perspective supportable, il est une chose qui m'échappe encore, et c'est le déroulement chronologique. À un point antérieur de la durée rationnelle, le professeur Mehring travaillait dans son bureau, parlait à ses enfants, lisait, lissait de la main la nappe blanche du vendredi soir. Écorché vif, « le sang s'égouttant lentement de sa chevelure », Langner demeurait, en un sens, ce même être qui, un an auparavant, moins peut-être, parcourait les rues au grand jour, faisait des affaires, se promettant un bon repas, ouvrait une revue savante. En un sens, mais lequel ? À l'instant précis où l'on achevait Mehring ou Langner sous les coups, l'écrasante majorité des hommes, à trois kilomètres de là dans les fermes polonaises, ou à huit mille au cœur de New York, dormaient, mangeaient, allaient au cinéma, faisaient l'amour ou se tracassaient à cause d'une visite chez le dentiste. C'est là que mon imagination se cabre. Ces deux expériences simultanées appartiennent à des ordres si différents, tellement incompatibles avec les normes reconnues des valeurs humaines, leur coexistence représente un paradoxe si horrible que je m'interroge sur le temps. Car enfin, si Treblinka a existé, c'est que des hommes l'ont construit, mais aussi que le reste de l'humanité a fermé les yeux. Peut-on concevoir, comme le laissent entendre la science-fiction et les spéculations gnostiques, des catégories temporelles différentes à l'intérieur d'un même univers, des « moments propices » et des plis sournois, des périodes barbares où les hommes tombent aux mains benoîtes de la damnation ? Si l'on écarte un tel schéma, il devient extrêmement malaisé d'entrevoir la continuité entre l'existence normale et la minute où l'enfer se déchaîne, sur la place publique quand les Allemands donnent l'ordre des premières déportations, dans les bureaux du *Judenrat,* n'importe où, quand hommes, femmes, enfants se voient arrachés à ce qui était leur existence, séparés de toute voix venue de ce monde où l'on dormait, mangeait, communiquait. Sur le quai de la gare en trompe-l'œil de Treblinka, peinte de couleurs vives, aux fenêtres ornées de jardinières afin de détourner l'attention des nouveaux contingents des fours à gaz situés à huit cents mètres de là, l'horloge indiquait trois heures. Toujours. Kurt Franz, le commandant du camp de la mort, fit preuve là d'une intelligence pénétrante.

Il se peut que cette idée de durées parallèles mais dissemblables et cloisonnées nous soit indispensable puisque nous n'étions pas là, et habitions une autre planète. Voilà, en fait, ce qui importe : découvrir la relation entre ceux qu'on massacrait et les vivants, puis leur lien commun à nous-mêmes ; déterminer, avec autant de précision que le permettent les écrits et l'imagination, quelle proportion d'ignorance, d'indifférence, de complicité, de culpabilité enchaîne à la victime le contemporain ou le rescapé. Ainsi, pour la première fois instruits complètement du fait que « rien n'est impossible » (voilà la leçon de l'histoire), que lundi prochain à, disons onze heures vingt, tout peut changer pour nous et nos enfants et basculer dans l'inhumain, nous serons plus à même d'apprécier notre présente condition, de jauger, vis-à-vis de tous ces « possibles », son degré de complaisance ou de vulnérabilité. Il n'est qu'une raison de s'astreindre à lire ces témoignages littéralement insoutenables, mais elle est contraignante : se grave en nous cette conviction que la « solution » n'était pas « finale », qu'elle déborde sur nos vies. C'est pourquoi nous devons nous retourner vers l'antimonde hermétique du ghetto et des camps d'extermination ; ou peut-être les deviner dans le futur.

De plus, malgré l'immense travail accompli par les historiens et les monceaux de documents réunis au cours des procès, la corrélation des faits n'a pas partout été clairement établie. Tout d'abord, il faut se rappeler que les pays d'Europe et les États-Unis n'ont jamais, à la fin des années 30, dépassé le stade des gestes symboliques pour venir au secours des enfants juifs. Ensuite, penser aux preuves accablantes de l'enthousiasme manifesté par la population en Pologne et en Russie occidentale dès qu'il s'agissait de prêter main-forte aux Allemands pour supprimer les Juifs. Des six cents évadés de Treblinka, quarante seulement ont survécu, les autres ayant été assassinés dans les forêts par les Polonais. « Allez à Treblinka, les Juifs y sont à leur place », s'entendaient souvent répondre les femmes et les enfants qui cherchaient refuge chez des voisins polonais. En Ukraine, où de nombreux Juifs s'attardèrent devant l'avance allemande, car la politique stalinienne interdisait que leur fussent révélées les intentions des nazis, les choses furent pires, si cela est possible. Il aurait suffi, pour que les projets nazis tournent court, que l'Europe occupée choisît d'aider les Juifs, qu'elle s'identifiât, même symboliquement, au destin de sa minorité israélite. C'est ce que démontrent le courage et la solidarité de nombre de communautés chrétiennes de Norvège, du Danemark et de certaines parties de la Bulgarie qui se portèrent à l'aide des Juifs.

Mais, cela mis à part, que dire des puissances qui étaient réellement en guerre avec l'Allemagne nazie ? Ici les rapports sont, à ce jour, contradictoires et chargés de réticences inquiétantes. De nombreuses questions demeurent quasiment taboues. Des raisons de politique intérieure, des préjugés aussi vieux que l'histoire, et la pure cruauté peuvent rendre compte de l'indifférence au sort des Juifs et même de la part prise à leur anéantissement par la Russie de Staline. Pourquoi la R.A.F. et l'Air Force américaine n'ont-elles jamais bombardé les chambres à gaz et les voies ferrées menant aux camps, malgré les renseignements détaillés sur la « solution finale » reçus à Londres, en provenance de Pologne et de Hongrie, et malgré les appels désespérés transmis par des éléments de la résistance polonaise ? Révoltante énigme. Les seules considérations techniques ne peuvent justifier l'absence de tels raids : interrompre le fonctionnement des chambres pour un pauvre jour aurait sauvé dix mille personnes. Et des avions de la R.A.F., volant en rase-mottes, avaient bien fait sauter les portes d'une prison française et permis à des membres importants des réseaux de résistance d'échapper à un surcroît de tortures, à la mort. À quelle date exacte les noms de Belsen, Auschwitz, Treblinka firent-ils leur apparition dans les dossiers secrets des Alliés ? Quelle action fut entreprise ?

On a prétendu que l'explication résiderait dans une impuissance psychologique, une incapacité de l'intelligence « normale » à concevoir l'horreur des circonstances et par conséquent le moyen d'y remédier. Même les isolés qui en vinrent à admettre l'authenticité des nouvelles venues d'Europe orientale, à se persuader que des milliers d'êtres humains étaient méthodiquement torturés et gazés au milieu du XXe siècle, ne le croyaient que de façon abstraite, comme on accepte une doctrine théologique ou un événement historique passé. Leur certitude ne se rattachait à rien. Si nous appartenons à la génération post-auschwitzienne de l'*homo sapiens,* c'est que les preuves, les photos de milliers de squelettes, de dents en or, de souliers d'enfants et de traces griffées sur le mur des fours par leurs petites mains ont bouleversé notre notion de l'impossible. Que se fassent entendre à nouveau les murmures de l'enfer, nous ne saurions en interpréter le code ; notre confiance en l'avenir est devenue bien précaire.

C'est là un argument de poids, en particulier si on l'étend à la conscience qu'avaient les Allemands de ce qui se passait, et au problème encore plus délicat du scepticisme des Juifs, sinon, sur un plan métaphorique, de leur acceptation passive du massacre. Le sol de Treblinka renfermait alors, à l'une des extrémités du camp, 700 000 cadavres « du poids approximatif de trente-cinq mille tonnes et d'un volume de quatre-vingt-dix mille mètres cubes ». Si les Juifs ne pouvaient admettre la véracité des faits avant que ne se referment sur eux la porte des chambres à gaz, avant que la pestilence des fours crématoires ne les atteigne ; si l'esprit d'un peuple préparé par deux mille ans de tourments à la terreur de l'Apocalypse ne pouvait se concentrer sur cette nouvelle éventualité, qu'attendre des autres hommes ?

C'est l'un des attributs diaboliques du nazisme, comme de la littérature sadique, que de marquer d'une touche d'incertitude et de déséquilibre ceux qui parviennent à conceptualiser son délire, même quand ils le rejettent avec horreur. Accréditer les détails sur Auschwitz communiqués secrètement par la résistance, accorder créance aux données statistiques avant qu'elles n'aient été prouvées irréfutables et acceptées par l'ensemble des survivants, revenait, dans une certaine mesure, à se faire complice des monstrueux desseins allemands. « Des choses comme ça n'arrivent pas maintenant, à cette étape de l'histoire, dans une société qui a vu naître Goethe » : l'incrédulité abritait une part de dignité humaine et de respect de soi, plus tragiquement présente encore chez les Juifs d'Europe orientale, tellement imprégnés de culture allemande et de lumières occidentales.

Le récit romancé de Vilna sur lequel s'ouvre *Treblinka* et les premières pages du journal de Kaplan le démontrent clairement. La masse juive était tiraillée entre deux espoirs : l'occupation allemande allait apporter une organisation, alléger les souffrances, car l'emprisonnement au fond d'un ghetto pouvait protéger contre les incessants accès de brutalité des *goyim ;* et puis Hitler ne tarderait pas à permettre aux Juifs de quitter l'Europe. Les fuites, les quelques bribes de renseignements sur les exterminations massives conduites par les nazis furent longtemps regardées comme des fantasmes nés de l'angoisse, ou de dangereux mensonges répandus par des agents provocateurs dans le but de les démoraliser ou les inciter à la rébellion. Un soulèvement viendrait à point fournir à l'ennemi « l'excuse » de plus de « rigueur ». Par-dessus tout, on escomptait l'aide du monde extérieur. Le 24 janvier 1940, Kaplan écrit : « Un pâle rayon de lumière a traversé les nuages qui bouchent notre ciel. Des nouvelles nous sont parvenues : les quakers américains envoient en Pologne une mission de sauvetage. Cette fois-ci, il s'agit d'un secours à l'américaine, distribué sans égard à la race ou la religion, et même les nôtres en bénéficieront ! Dieu bénisse nos bienfaiteurs ! Quant à nous, c'est la première fois que nous entendons “y compris les Juifs” au lieu de “Juifs exclus”, et ces paroles résonnent étrangement à nos oreilles. Se peut-il que ce soit vrai ? » Le 11 juin 1940, les Juifs de Varsovie se réconfortent de la ferme assurance que « les Français ont réuni leurs dernières forces et se battent comme des lions ». L'espérance, ce droit inaliénable qu'a l'homme de se sentir membre d'une communauté, mourait à petits coups. Le souvenir qu'elle laissait explose dans l'un des derniers messages parvenus lors de la révolte du ghetto de Varsovie. « Le monde sait, il est inconcevable qu'il ne sache pas, et cependant il ne réagit pas. Le représentant de Dieu sur la terre n'élève pas la voix au Vatican ; Londres et Washington sont muettes ; nos frères américains ne disent mot. L'horreur, le caractère incroyable de ce silence universel ! » En fait, il y avait du bruit de l'autre côté de l'enceinte du ghetto : le rire, les applaudissements des spectateurs polonais éclataient quand des hommes sautaient dans le brasier, que des maisons s'écroulaient. Les équipes d'information allemandes ne perdaient pas une minute...

Quand le fait admis se changea-t-il en terrible évidence ? Selon J.-F. Steiner dont le reportage, cependant, est en partie romancé, ce fut Langner, mourant sous le fouet, qui cria dans son dernier souffle : « Ils vous massacreront jusqu'au dernier. Ils ne peuvent vous laisser aller après ce que vous avez vu. » Si l'on en croit Kaplan, ce n'est que graduellement que s'imposa la vérité. Chaque soubresaut d'une vitalité tenace, une plaisanterie, de la nourriture donnée à un enfant, une sentinelle allemande fléchie ou dupée, lui semble une garantie de survie : « Une nation qui peut traverser de telles circonstances sans perdre le sens, sans se saborder, qui a même conservé le don du rire, ne peut disparaître. Lequel sera le premier balayé de la surface de la terre, le nazisme ou le judaïsme ? Je suis tout prêt à parier que le nazisme s'effondrera d'abord ! » Ces phrases datent du 15 août 1940. En juin 1942, Kaplan voit se dessiner clairement la « solution finale ». Bien qu'enfermé « derrière une double muraille, l'une de briques pour les corps, l'autre de silence pour les âmes », il constate le 25 juin que la collectivité juive polonaise est noyée dans le sang. Il mentionne même le « gaz mortel ». Mais ce n'est qu'à la fin de juillet 1942, avec l'ordre de déportation, que la fatalité se révèle dans toute son étendue. La rumeur courut qu'Himmler, par goût sadique de la plaisanterie, avait choisi de promulguer le décret la veille du neuvième jour d'Av, « jour de pénitence et de deuil pour les générations successives. Mais qu'importe ? En dernier ressort, ce n'est pas cela qui a provoqué l'arrêt. Ces cris et ces prières ne sont que passagers, accidentels. L'intention véritable est plus profonde, plus fondamentale : il s'agit d'anéantir la nation juive ». Ce désir ne s'est pas éteint avec le nazisme ; il se perpétue chez de nombreux individus, au sein de plusieurs sociétés dont certaines ne comptent pratiquement plus de Juifs. L'exemple de la vie soviétique, où il se meut à fleur du sol, nous contraint à jeter les yeux en arrière. Certaines composantes de l'antisémitisme débordent la sociologie, l'économie et même les superstitions ancestrales. Les Juifs se coincent dans la gorge de tous les nationalismes. « Dieu des Dieux, écrit Kaplan quand s'approchait la fin, faudra-t-il que l'épée décime tes fils à jamais ? »

Le journal s'achève au soir du 4 août, alors que la police juive, sous la direction des nazis, nettoie un à un les immeubles de la ville. Emmenés à l'*Umschlagplatz* (que le régime actuel de Varsovie a presque fait disparaître, ainsi que la plaque commémorative), Kaplan et sa femme sont déportés. On pense qu'ils furent assassinés à Treblinka en décembre 1942 ou janvier 1943.

La prévoyance de Kaplan et l'aide apportée, de l'extérieur, par un Polonais nous ont conservé ces pauvres cahiers. Avec les *Notes du ghetto de Varsovie* d'Emmanuel Rigelblum, ils représentent le seul document complet sur la vie des Juifs de Varsovie de la déclaration de guerre aux déportations. Kaplan répète sans relâche que son journal constitue son unique raison de vivre et que le récit des atrocités doit atteindre le monde entier. En voici la dernière phrase : « Si ma vie s'arrête, qu'adviendra-t-il de mon journal ? » Il a gagné son pari désespéré et résigné : sa voix domine les cendres et l'oubli.

C'est la voix d'un être exceptionnel : professeur d'hébreu, écrivain, spécialiste de l'histoire et des traditions juives, Chaim Aron Kaplan choisit de rester à Varsovie en 1941, en sachant que ses amis américains ou palestiniens lui auraient obtenu un visa de sortie. Il écrivait en hébreu mais en se réclamant des habitudes critiques et érudites de l'humanisme classique et européen, comme tous les membres de l'intelligentsia juive moderne ; le 26 octobre 1939, il proclamait son credo : « Bien que nous subissions en ce moment des épreuves terribles et que le soleil de midi pour nous soit noir, nous n'avons pas perdu l'espoir de voir se lever une ère de lumière. On ne nous rayera pas de la liste des peuples. Des hommes seront massacrés, mais la communauté juive subsistera. C'est pourquoi ce que je note dans ce journal est plus précieux que l'or, tant que je m'en tiens à un récit fidèle, sans exagérations, sans déformations. » Il remplit cette dernière condition d'une manière quasi miraculeuse. Au milieu de l'enfer, il maintient la distinction entre les atrocités dont il a été témoin et celles qu'il ne fait que rapporter. Une précision extrême le conduit à la finesse de perception du praticien. Dès le 28 octobre 1939, il avait cerné la nature exacte des liens qui unissaient Juifs et Allemands : « Aux yeux des conquérants, nous n'appartenons pas à l'espèce humaine. Voilà l'exposé de la doctrine nazie que ses adeptes, simples soldats aussi bien qu'officiers, transforment en réalité tangible. » Il avait compris ce que d'aucuns se refusent encore à admettre : l'antisémitisme nazi est le couronnement logique de l'éternelle vision chrétienne, renforcée par l'enseignement, selon laquelle le Juif a tué Dieu. En commentaire aux assauts meurtriers infligés à ses coreligionnaires, à Pâques 1940, par des bandes polonaises et allemandes, il écrit : « Un jour, la *morale* chrétienne envahit la vie publique. Alors, le malheur descendit sur nous ! » Il analyse le mystère du génie allemand, la coexistence chez les mêmes hommes d'instincts brutaux et d'une immense soif de savoir. « Nous avons affaire à une nation de haute culture, un peuple du livre... Les Allemands se passionnent pour une seule chose, les textes... Quand le pillage s'appuie sur une idéologie, sur une vision du monde spirituelle par essence, rien n'en peut égaler la puissance ni la durée potentielle... Le nazi possède à la fois le livre et l'épée, c'est là sa force et son pouvoir. » Il se peut fort bien que les œuvres en question soient celles de Goethe ou de Rilke ; mais cette réalité suprême nous est tellement odieuse que nous nous efforçons de la rejeter, et continuons à susurrer des actes de foi en la culture, comme si la vérité n'allait pas nous briser les dents. Elle le fera sans doute, si nous ne l'appréhendons pas avec le calme et la lucidité qui caractérisaient Kaplan.

Sa clairvoyance s'étend aux éclairs d'humanité dont les Allemands font preuve. La rougeur, l'embarras d'une sentinelle allemande sont rapportés avec gratitude ; un officier qui s'arrête pour relever un enfant piétiné par un soldat allemand et ajoute : « Va dire à tes frères que leurs souffrances touchent à leur fin » passe pour un messager de la grâce (31 janvier 1940). Sans répit, il s'acharne à saisir comment « ce phénomène pathologique appelé nazisme », cette « maladie de l'âme » peut infecter un peuple entier. En lui, l'observation impartiale devient un acte d'exploration rationnelle qui dément la folie et la dégradation de la rue. Il n'y a, dans ces pages, rien d'autre que la volonté de comprendre, de soumettre l'intuition à l'épreuve de la raison ; la haine en est absente. À la vue d'un soldat allemand qui, aux yeux de tous, fouette à mort un vieux colporteur, Kaplan note : « Il est difficile de découvrir la justification secrète d'un tel sadisme... Comment peut-on sans motif s'attaquer à un inconnu, un homme de chair et de sang comme soi-même, le blesser, le fouler aux pieds, cribler son corps de coups et de plaies ? Comment est-ce possible ? Et pourtant, je jure que je l'ai vu de mes propres yeux. » Un tel effort de compréhension porte en lui l'unique pardon possible. Ceux qui ont connu l'enfer, qui ont survécu à Auschwitz, au spectacle de leurs parents flagellés à mort ou gazés (comme Elie Wiesel), ceux qui ont découvert les leurs parmi les cadavres dont ils devaient arracher les dents en or — chose quotidienne à Treblinka —, ceux-là seuls ont le droit de pardonner. Pas nous. C'est là un aspect important et souvent mal interprété. Ce que les nazis ont fait dans les camps et les chambres à gaz se situe au-delà du pardon ; c'est une marque au fer rouge qui ne s'effacera jamais de l'image de l'homme ; chacun de nous s'est trouvé diminué par les manifestations d'une sous-humanité qui sommeille en tous. Mais tant qu'on n'a pas joué le rôle de victime, la haine ou le pardon demeurent des jeux de l'esprit, sérieux, certes, mais jeux cependant. La meilleure attitude, maintenant qu'on a tout dit, est de garder le silence, afin de ne pas ajouter à l'innommable les fadaises littéraires et sociologiques. C'est le point de vue d'Elie Wiesel et de bon nombre de témoins du procès Eichmann. À moins qu'on ne choisisse de comprendre, de partager l'attachement utopique à la raison et à l'analyse historique d'un homme comme Kaplan.

Mais au moment où j'écris, l'énormité de ce qui précède me frappe au cœur. Il n'y a pas d'autre homme tel que Chaim Aron Kaplan. Il en est ainsi lors de toute disparition ; une parcelle singulière d'absolu disparaît du trésor de l'humanité. Mais, en dépit de l'égalité apparente de tous devant elle, la mort ne frappe pas toujours de la même façon. L'honnêteté, l'intelligence aiguë, le rationalisme généreux présents à toutes les lignes de ce livre essentiel et qui témoignent d'une tradition spécifique de la sensibilité, du maniement d'une langue, sont perdus à jamais. L'assemblage original de ressources humaines concrétisé dans le judaïsme d'Europe centrale et orientale n'est plus. Nous ne savons que fort peu de chose sur les réserves génétiques, sur l'héritage multiple, mal dégrossi, dont l'espèce humaine tire la substance de ses progrès laborieux. Et le remplacement d'un disparu par un nouvel être n'est qu'un des angles de la question. À travers le meurtre de Chaim Kaplan et de ses semblables, l'holocauste de leurs enfants, les Allemands ont volé à l'histoire l'une de ses orientations. Le génocide est le plus odieux des crimes car il infléchit le futur et réduit en lambeaux certaines des racines nourricières de l'histoire. Il ne peut y avoir de pardon pour de telles fautes, puisqu'il n'est pas de réparation possible. Et ce sont les séquelles du nazisme, aussi bien que la lente, pathétique vengeance des morts oubliés que nous ressentons par l'absence, au sein de nos tâtonnements journaliers et de nos visées d'avenir, de la coloration particulière des qualités morales, psychologiques, intellectuelles fauchées à Belsen et Treblinka.

Les controverses soulevées par *Treblinka* ont failli à la modestie, aux ironies discrètes qui imprègnent le *Journal de Varsovie.* Né en 1938 d'un père juif déporté et assassiné par les Allemands et d'une mère catholique, Jean-François Steiner n'a pas assisté en personne au massacre. Ce fut un voyage en Israël et le *malaise*[1] bien connu éprouvé par les jeunes générations juives au cours du procès Eichmann (« pourquoi les Juifs d'Europe se sont-ils laissé mener à l'abattoir comme des moutons ? ») qui l'incitèrent à interroger les quelques survivants de Treblinka (vingt-deux en Israël, cinq aux États-Unis, un en Angleterre) et à rendre compte de « la révolte dans un camp de la mort ». Tandis que Simone de Beauvoir saluait en *Treblinka* une manifestation éclatante du courage juif, une percée hardie dans l'interprétation sociologique et psychologique d'une communauté soumise à l'enfer, le livre était violemment pris à partie par David Rousset et Léon Poliakov, entre autres, pour ses prétendues inexactitudes, son racisme et pour le soutien que l'argument central de la passivité juive pouvait apporter aux thèses d'Hannah Arendt. De telles accusations sont particulièrement hargneuses, tout comme dans le cas Arendt, ce qui est bien naturel, quoiqu'elles relèvent d'un déni d'intelligence. Car il n'est pas certain du tout que le langage rationnel soit fait pour traiter de questions qui échappent si totalement aux normes de la communication humaine — de ce qui relève explicitement du bestial. Et il n'est pas sûr non plus que des êtres qui n'ont pas été atteints dans leur chair puissent toucher du doigt, en toute impunité, des souffrances aussi atroces. Ceux qui les ont partagées savent trouver le ton juste, parfois allégorique,

1. En français dans le texte. (*N.d.T.*)

souvent proche du silence, pour exprimer ce qu'ils ont choisi de révéler. Ainsi Elie Wiesel dans *la Nuit, les Portes de la forêt, le Chant des morts,* Koppel Holzmann dans *Die Höhlen der Höllen.* Nous, qui sommes venus après, pouvons tout juste récriminer et nous déchirer mutuellement avec notre colère et nos prétentions à l'objectivité. Léon Poliakov relève la succession de « scandales » qui accompagnent tous les livres traitant du massacre des Juifs, depuis *le Dernier des Justes* jusqu'à *Treblinka,* en passant par *le Vicaire* de Hochhuth. On a étouffé le meurtre, mais on crie haro sur les livres...

Steiner s'est assigné la tâche difficile et quelque peu étrange de reconstruire, sous forme de témoignage romancé, la vie et le soulèvement d'un camp de la mort. Son reportage hautement documenté s'appuie sur des dialogues imaginaires, des ébauches de personnages et le montage dramatique propres au roman. Comme la plupart des survivants de l'insurrection du 2 août 1943 ont été par la suite supprimés par des paysans polonais, des bandes d'Ukrainiens fascistes, des résistants polonais d'extrême droite ou par la Wehrmacht, Steiner a été contraint de se fier, pour l'essentiel de son dossier, aux souvenirs tourmentés de quelques hommes. Le choix de la fiction, si honnête qu'il soit de sa part, puisqu'il traduit la volonté d'un absent de sonder après coup, de franchir le seuil maudit grâce à son seul talent, comporte d'énormes risques. À de nombreuses reprises, pendant le procès Eichmann, des témoins ont désamorcé les questions de l'avocat général par ces mots : « Vous ne pouvez pas comprendre. Ceux qui n'y sont pas passés ne peuvent pas s'imaginer. » Impuissant à tout recréer, à s'approprier les souvenirs des autres de façon qu'ils collent à lui comme le numéro matricule à la peau, Jean-François Steiner a recours, sans doute inconsciemment, aux procédés de la violence et du suspense qui sont monnaie courante dans le roman moderne et le journalisme.

C'est pourquoi *Treblinka* est construit selon la chronologie cinématographique et les plans fixes d'une histoire de *Time*. Le livre fourmille de dialogues mémorables et de silences ostensibles. Les personnages réels et fictifs se présentent dans des épisodes groupés et montés de main de maître (un Truman Capote déchaîné). Les processus mentaux de Kurt Franz, dit Lalka, sont peints avec des nuances dignes de Dostoïevski. Je ne doute pas un seul instant que des scènes monstrueuses et héroïques aient eu lieu : pères et fils s'entraidèrent dans leurs tentatives de suicide ; des jeunes filles s'offrirent nues aux *kapos* dans un dernier sursaut ; des gardes ukrainiens et des Juifs condamnés faisaient de la musique et dansaient ensemble, par les chaudes soirées d'été dans cet inquiétant village de la mort construit par Franz. Je sais d'autre source que ce que Steiner rapporte de l'orchestre symphonique de Treblinka est vrai, que les combats de boxe, le cabaret qu'il décrit sont authentiques, qu'un petit nombre de Juifs des deux sexes, passé les limites de l'endurance, vinrent de leur propre gré jusqu'aux portes de Treblinka demander l'admission et la mort. Dans la grande majorité des cas, le récit et les dialogues de Steiner sont profondément enracinés dans des témoignages directs et circonstanciés. Mais le talent de l'écrivain prend le dessus, la furie d'une narration rageuse, impétueuse, s'insinue entre le délire des faits et la perfection de la forme, d'un ordre distinct, si bien qu'une certaine irréalité s'interpose. D'être représentée avec tant d'habileté, la hideuse vérité subit des distorsions complexes. Elle se grave et se définit plus intensément, mais en même temps elle trouve un accès plus conventionnel et plus aisé à notre imagination. Nous sommes convaincus, à un niveau qui reste pourtant tolérable, car l'apparition d'un procédé littéraire, d'un trait stylistique assez semblable à ceux des romans familiers nous permet de reprendre souffle. La qualité esthétique dilue l'insoutenable.

Je ne puis accorder à cet ouvrage une confiance pleine et entière, car l'action qu'il exerce sur l'esprit n'est pas toujours assez scrupuleuse pour nous porter au plus près des morts. Il n'en reste pas moins que la plupart des accusations lancées contre J.-F. Steiner sont mal fondées.

On sait que les cas de rébellion ne sont pas aussi rares que le soutient Steiner, à preuve les rapports sur les révoltes de Bialistok, Grodne, Sobivor, Auschwitz et surtout de Varsovie. Néanmoins, Treblinka est le seul exemple d'un camp littéralement dévasté par une insurrection juive préparée dans des conditions incroyables.

Treblinka n'est ni la première, ni la plus convaincante des tentatives faites pour établir une sociologie des damnés. *L'État SS* de Kogon et *le Cœur conscient* de Bruno Bettelheim sont beaucoup moins sujets à caution. Les observations de Bettelheim, en particulier, portent sur des aspects antérieurs et plus supportables de la vie des camps. À Treblinka où la mort devenait un travail à la chaîne et la destruction des cadavres une affaire de technologie ; à Treblinka où paradaient la gare en trompe-l'œil et le village teuton ; à Treblinka où les chiens étaient dressés à attaquer les parties sexuelles des hommes et où l'on célébrait officiellement des mariages juifs ; à Treblinka, la vie avait passé les bornes de la folie. Jean-François Steiner donne de ce monde situé en dehors de l'orbite de la raison une image qui, selon moi, n'atteint pas à la vérité absolue. Comment pourrait-il en être autrement ? « Moi, j'y étais, et je ne comprends pas encore », écrit Elie Wiesel. Ce qu'il a tiré des silences, des oublis inévitables, des demi-confidences des rescapés sonne cependant juste le plus souvent. Et surtout, il fait entrevoir la torture délibérée de ce système fait d'illusions et de choix alternés par lesquels les nazis brisaient les ressorts de la volonté. Dans un univers où, comme dans le mythe cruel du *Gorgias* de Platon, les hommes avaient constamment sous les yeux le calendrier de leurs propres morts, les Allemands ménageaient un jeu d'infimes espérances. « Pour vivre, il faut faire ceci ou cela, comme nous l'entendons. » Mais l'acte à accomplir impliquait immanquablement une option si répugnante, si dégradante qu'elle réduisait encore le degré d'humanité des détenus. Le père devait décider la mort de son enfant ; le *kapo* frapper plus fort ; l'informateur trahir ; le mari laisser partir sa femme à la chambre à gaz sans l'avertir s'il ne voulait être désigné lui-même sur-le-champ. Pour vivre, il fallait abandonner toute humanité.

Kaplan démonte exactement le même engrenage : on jonglait avec les laissez-passer et les cartes de travail jaunes ou blanches. Quelle couleur signifie la vie, laquelle apporte la mort ? Autre variante, trois cartes seulement sont délivrées à une famille de quatre personnes, laissant à parents et enfants le soin de désigner lequel d'entre eux ils enverront à sa perte. L'espoir bafoué peut briser une personnalité plus rapidement que la faim. Mais la faim aussi était là, et la douleur physique perpétuelle, et la disparition soudaine de toute vie privée.

Ainsi l'énigme n'est pas de savoir pourquoi les Juifs d'Europe centrale n'offrirent pas plus de résistance ; pourquoi, rejetés de l'humanité, sans armes, méthodiquement affamés, ils ne se soulevèrent pas (la thèse d'Hannah Arendt souffre d'un manque cruel d'imagination). Une telle question apparaît totalement inconvenante si l'on considère qu'elle est si fréquemment posée par ceux que le massacre avait laissés silencieux. Ce qui importe, c'est comment Chaim Kaplan parvint à garder la tête froide, comment Galewski et son comité de résistance parvinrent à s'arracher à la pestilence des montagnes de corps pour partir à l'assaut des mitrailleuses SS. Le grand mystère, c'est qu'un homme, un seul, ait pu conserver un souvenir assez vivace de la vie normale pour reconnaître l'homme en ses compagnons, en sa propre image défigurée. Ce n'est que lorsqu'une telle identification se produit que la rébellion s'affirme, que se dessine cet acte suprême de solidarité : donner sa vie pour que vivent les autres, comme cela s'est vu à Treblinka.

Certains mystiques ont dit que Belsen et Treblinka sont les manifestations concrètes d'une éclipse passagère ou d'un moment d'égarement de Dieu ; d'autres ont parlé de la proximité toute particulière, donc inconnaissable, du Créateur et de ses Élus dans les chambres à gaz ou au poteau de torture. Ce ne sont que métaphores engendrées par une raison rongée de désespoir ou d'une espérance plus cruelle encore. Les documents prouvent une chose : dans l'obscurité où Dieu les a laissés, des hommes enterrés vivants, coupés du monde par le silence, l'indifférence complice de la chrétienté et du monde occidental se sont dressés et ont détruit leur portion d'enfer. En dépit des raffinements stylistiques gênants, de la trop grande ingéniosité, des inexactitudes éventuelles, *Treblinka* nous fait comprendre, dans une certaine mesure, comment s'est produit ce phénomène. Accuser J.-F. Steiner d'avoir humilié les Juifs en les montrant par les yeux des tortionnaires allemands et ukrainiens, d'avoir contribué au mythe raciste de la passivité hébraïque par sa description de l'immobilisme des prisonniers aux premiers temps de Treblinka, me paraît bien léger. C'est négliger son intention profonde qui est de rendre l'inimaginable concevable, d'apporter la parole là où seuls le silence et la prière des morts dédiée à d'innombrables inconnus trouvent naturellement leur place.

C'en est assez d'un tel débat. Ces livres et les documents qui ont survécu n'ont que faire des comptes rendus. À moins que « compte rendu » n'implique dans ce cas précis le fait d'avoir à rendre des comptes, encore et toujours. Comme dans l'une des fables de Borges, le seul « compte rendu » profondément digne que l'on puisse donner du *Journal de Varsovie* ou de *la Nuit* d'Elie Wiesel serait de recopier l'ouvrage, ligne par ligne, en se recueillant après le nom des morts et des enfants comme le fait le scribe orthodoxe qui transcrit la Bible à la mention du nom sacré de Dieu. Et cela jusqu'à ce que nous connaissions la plupart des mots *par cœur* — c'est-à-dire mieux que par l'intelligence — et que nous puissions nous en répéter quelques-uns au petit matin pour nous rappeler que nous vivons *après,* et que la fin du jour peut apporter des épreuves inhumaines ou des souvenirs plus difficiles à concevoir que la mort.

Dans le ghetto de Varsovie, un enfant écrivait dans son journal : « J'ai faim, j'ai froid ; quand je serai grand je veux être allemand pour n'avoir plus ni faim ni froid. » Je dois me contraindre à écrire cette phrase une fois de plus : « J'ai faim, j'ai froid ; quand je serai grand je veux être allemand pour n'avoir plus ni faim ni froid. » Et je veux la répéter, la répéter plusieurs fois, en guise de prière pour l'enfant et pour moi-même. Car, au moment où cette phrase était écrite, j'étais trop bien nourri, je dormais au chaud et je me taisais.

HOMÈRE ET LES PROFESSEURS

Enfant, j'eus à répondre un jour à l'un de ces questionnaires où l'on vous demande quels personnages historiques vous auriez le mieux aimé rencontrer. Je répondis : Homère, le Christ et Shakespeare. Ce choix ne ressortissait pas à une précoce élévation de pensée, mais au fait que j'étais décidé à savoir, de la bouche même de chacun de ces personnages, s'il avait vraiment existé et s'il était l'auteur des merveilleuses paroles qu'on lui attribuait. Involontairement, j'étais tombé sur le grand thème à trois branches de ce que le XIXe siècle appela la critique en profondeur.

Sur ces eaux profondes, les professeurs avaient lancé leurs puissantes armadas. Découvrir la nature de la composition homérique, procéder à une étude analytique des Évangiles et de la vie de Jésus, rechercher la véritable identité de Shakespeare, telles étaient les trois énigmes classiques vers lesquelles les professeurs dirigeaient leur moderne arsenal : l'archéologie, la linguistique, la biographie. Mais dans le sillage des superbes galions de l'érudition, on a toujours vu grouiller une foule bigarrée d'amateurs, de mystiques et de fous inspirés. La réalité d'Homère, l'exégèse des Écritures et le problème de l'identité de Shakespeare ont toujours été considérés par le profane comme un passionnant terrain de chasse. Ici, chacun a sa petite idée, sa conviction personnelle, et à chaque lustre naît une théorie nouvelle. Tout récemment encore, on nous a dit que l'*Odyssée* avait été écrite par une jeune femme, que le Christ survécut au Calvaire et qu'il est enterré au nord de l'Inde, et encore que les manuscrits des pièces de Shakespeare se trouvent dans la tombe de Marlowe.

Les professionnels répondent à de telles croyances par un froid mépris, mais ils sont obsédés par un fait étrange : pour chacune de ces troublantes énigmes qui se posent à la critique littéraire et historique, ce sont des amateurs qui ont fait les découvertes les plus brillantes et les plus décisives. C'est un amateur obsédé qui a découvert Troie ; c'est un jeune architecte passionné de cryptographie qui a trouvé le secret de l'écriture minoenne ; c'est un journaliste — évidemment un Edmund Wilson — qui a peut-être été le premier à mesurer l'importance et les conséquences des manuscrits de la mer Morte ; c'est un fonctionnaire, Maurice Morgann, qui, au XVIIIe siècle, fut le premier à étudier un texte de Shakespeare du point de vue de la psychologie et de la critique historique modernes.

De plus, les spécialistes d'Homère, les philologues qui se consacrent aux langues sémitiques, les érudits shakespeariens sont eux-mêmes des êtres passionnés, aux convictions fanatiques. Aucun domaine, dans les connaissances humaines, ne suscite autant de féroces controverses. Quelque chose, dans la philologie, sollicite ce qu'il y a de pire en l'homme. Les ouvrages critiques de A. E. Housman étaient fondés sur l'axiome qu'un contresens est un plus grand crime qu'un meurtre. Mais derrière la brutalité et la pédanterie qui règnent dans les hauts lieux académiques, nous percevons parfois comme une peur sournoise. Personne ne songerait à nier l'œuvre extraordinaire des historiens, des linguistes et des archéologues. Toutefois, cruelle réalité, le problème posé par Homère n'est pas plus près d'être résolu aujourd'hui qu'il ne le fut en 1795, quand Wolf publia ses *Prolegomena ad Homerum.* La personnalité historique du Christ et la composition des Évangiles restent matières à discussion, tout autant que lorsque Renan écrivit la *Vie de Jésus,* en 1863. Quant aux pièces de Shakespeare, elles continuent à poser de nombreux problèmes, et les éléments qu'on y découvre sont assez déconcertants pour que des hommes sains d'esprit puissent continuer à penser qu'elles sont de Bacon.

Cependant, bien que les problèmes restent entiers, nos méthodes de travail ont changé. Et voici le côté fascinant de la chose : pour Homère comme pour le Christ et Shakespeare, les courants de la recherche suivent la même voie.

Vers la fin du XIXe siècle, la méthode du fractionnement faisait fureur. Wilamowitz, ce titan passionné des études homériques, déclarait que l'*Iliade* était un « méchant ramassis ». Dans un seul chapitre de saint Luc, la critique allemande mettait en évidence cinq couches successives ayant chacune son propre auteur. Quant aux pièces attribuées à cet acteur illettré qu'aurait été Shakespeare, elles devenaient la compilation d'un groupe comprenant Bacon, le comte d'Oxford, Marlowe, des catholiques rebelles et des apprentis imprimeurs d'une extraordinaire ingéniosité. Cette rage de destruction dura jusque vers 1940. Encore en 1934, Gilbert Murray ne pouvait trouver un seul érudit sérieux prêt à soutenir que l'*Iliade* ou l'*Odyssée,* ou les deux, seraient l'œuvre d'un seul poète.

Aujourd'hui, la roue a fait un tour complet. Dans les recherches sur Homère, sur la Bible et sur Shakespeare, la tendance dominante est celle de l'unification. Pour le professeur Whitman, de Harvard, par exemple, l'imagination personnelle qui est au centre même de l'*Iliade* ne fait aucun doute, pas plus que son « unité indéracinable ».

Des raisons matérielles et psychologiques sont à la base de ce changement d'opinion. Nous respectons de plus en plus la cohésion propre à la chose écrite. La critique tenait pour certain que si un texte était fort ancien ou avait été souvent reproduit, il ne pouvait manquer d'avoir subi des modifications. Nous n'en sommes plus si sûrs. Les comparaisons entre les manuscrits de la mer Morte et la version canonique de la Bible permettent de penser que la littérature ancienne, là où elle était considérée comme une perspective sacrée, nous a été transmise avec une stricte fidélité. On a même vu des scribes ou des scoliastes reproduire fidèlement des erreurs ou des termes archaïques qu'ils ne comprenaient plus.

Chose plus importante encore, notre époque post-freudienne en est venue à considérer comme extrêmement complexe l'acte de la composition littéraire. Là où au XIXe siècle on voyait une lacune ou une interpolation, nous avons tendance à découvrir les détours ou la logique particulière de l'imagination poétique. Notre manière de nous représenter l'esprit humain s'est modifiée. Les tenants de la critique en profondeur, Wilamowitz ou Wellhausen, étaient des anatomistes : pour atteindre au cœur d'un objet, ils le mettaient en pièces. Aujourd'hui, à l'instar des hommes du XVIe siècle, nous inclinons à penser que les processus mentaux sont organiques et intégraux. Dans un ouvrage sur « la vie des formes », un historien de l'art moderne a entrepris de démontrer que dans la vie de l'art comme dans celle de la matière organique, il existe des complexités formelles et des énergies autonomes qui ne peuvent être disséquées. Chaque fois que cela est possible, nous préférons maintenant étudier l'objet intact.

En outre, nous ne demandons plus au génie d'accomplir des prouesses constantes. Nous savons que de grands peintres font parfois de mauvais tableaux. Que *Titus Andronicus* soit plein d'une violence de pacotille, cela ne prouve pas qu'il faille en retirer la paternité à Shakespeare — ou plus précisément cela ne prouve pas qu'il en écrivit seulement les meilleurs vers.

Ce changement de perspective est d'une importance considérable en ce qui concerne l'*Iliade* et l'*Odyssée.* Il y a cent ans, quand un passage semblait médiocre, on disait discrètement qu'il s'agissait d'une interpolation, ou bien on attribuait cette médiocrité à une erreur de transcription. Aujourd'hui, nous disons simplement que les poètes ne sont pas toujours en pleine forme. Homère lui-même peut sommeiller.

Enfin, nous avons très profondément modifié l'idée que nous nous faisions du mythe. Nous avons fini par comprendre que les mythes comptent parmi les expressions les plus directes et les plus subtiles de l'expérience humaine. Ils recréent les moments de vérité ou de crise de la condition humaine. Mais la mythologie est plus que de l'histoire mémorisée, et le mythographe — le poète — est l'historien de l'inconscient. C'est ce qui donne aux grands mythes leur universalité obsédante. Depuis les paniques millénaristes de la fin du Xe siècle, quand les hommes crurent que la *deuxième venue* du Christ était imminente, jamais une époque n'a été hantée plus que la nôtre par le cauchemar des représentations mythiques. Ceux qui ont mis le personnage d'Œdipe au cœur même de leur psychologie, ou qui ont eu à défendre leur vie contre le mythe du surhomme et du Reich millénaire, savent que les fables sont mortellement sérieuses. Mieux qu'à nos prédécesseurs, Homère nous est accessible dans ses propres termes.

Au cœur des poèmes d'Homère se trouve le souvenir d'un des plus grands désastres qui puissent s'abattre sur des hommes : la destruction d'une cité. La cité est l'ensemble charnel de la noblesse de l'homme ; c'est en elle que sa condition est le plus profondément humanisée. Sa cité détruite, l'homme est condamné à errer de par le monde ou à vivre sur la terre nue, retournant ainsi, dans une certaine mesure, à la condition des bêtes. Telle est l'image centrale de l'*Iliade*. Résonnant à travers l'épopée, tantôt allusion chuchotée, tantôt lamentation stridente, il y a ce terrible événement : la mort d'une antique et splendide cité au bord de la mer.

Homère ne raconte pas l'incendie de Troie. Peut-être y a-t-il dans cette réserve une sorte de délicatesse poétique (comme Dante perdant la vue au moment suprême de sa vision) ; peut-être est-ce le soupçon judicieux que si l'*Iliade* avait montré Troie en proie aux flammes, les sentiments de l'auditoire auraient tourné en faveur des Troyens. Habilement, Homère suggère la catastrophe finale par l'évocation d'un détail : il nous montre Hector attaquant les remparts du camp grec et menaçant de mettre le feu aux navires.

La conclusion de l'histoire ne nous étant pas donnée, nous ne savons pas exactement sur quelle cité le cheval de bois projeta son ombre meurtrière. La topographie de l'*Iliade* conviendrait à ce que les archéologues appellent « Troie VI ». Mais les signes de destruction massive sont plus évidents au niveau du tumulus appelé « Troie VII A ». Certains savants ont même prétendu que le site auquel se réfère le poème devrait être transféré de l'Asie Mineure à la Grèce continentale, où un siège féroce et prolongé semble avoir eu lieu au début de l'ère mycénienne.

Il est plus probable que l'*Iliade* ne reflète pas qu'un épisode : c'est un immense catalogue de destructions. La fabuleuse cité de Cnossos tomba vers l'an 1400 avant notre ère. On ne connaît pas la raison même de sa chute, mais les souvenirs de cet événement reviendront pendant des siècles hanter l'imagination grecque.

Les deux siècles qui suivent constituent une période extrêmement obscure. Il s'agit notamment d'identifier ces mystérieux *Peuples de la Mer* qui firent des incursions jusqu'en Égypte. Il est certain que des deux côtés de la mer Égée, le monde mycénien, avec ses grands palais et ses liens dynastiques et commerciaux compliqués, fit l'expérience d'un désastre brutal. Les citadelles de Pylos et d'Iolkos furent brûlées aux environs de l'an 1200 avant notre ère, et Mycènes la splendide fut elle-même détruite avant la fin de ce même siècle. C'est au cours de cette sombre et confuse période que « Troie VII A » fut mise à sac. Le souvenir de ces terreurs anciennes — portes de la ville détruites, tours incendiées — traverse l'*Iliade.*

Le propos de l'*Odyssée,* c'est ce qui se passa ensuite. D'une certaine manière, l'*Odyssée* est l'épopée du réfugié. Les cités ont été rasées, et les survivants, pirates et mendiants, errent de par le monde. C'est précisément ce qui semble avoir eu lieu au cours de la période s'étendant de 1100 à 900. Des groupes de réfugiés de l'Hellade fuient devant les invasions doriennes, non sans emporter de précieux fragments de leur culture brisée. C'est entre le début du XIe et la fin du IXe siècle que la vague principale semble avoir déferlé sur l'Attique. Peu après l'an 1000, ces peuples déracinés commencèrent à coloniser l'Asie Mineure et les îles. Certains d'entre eux, semble-t-il, s'établirent à Athènes et aux environs.

Même si nous acceptons l'hypothèse d'une civilisation continue sur le continent grec, une question très difficile reste posée. L'*Iliade* et l'*Odyssée* furent transcrites, dans la forme que nous leur connaissons, entre l'an 750 et l'an 700 d'avant notre ère. Mais le siège de

Troie eut lieu au cours de la première partie du XIIe siècle, à la phase terminale de l'ère mycénienne. Le mode de vie dont nous parle l'*Iliade* est tout à fait mycénien ; tous les combats, ou presque, se déroulent selon la stratégie de l'âge du bronze, et ils en utilisent l'arsenal. D'après Sir John L. Myres, les Grecs des générations suivantes « savaient peu de chose [du monde d'Agamemnon] et le comprenaient moins encore ». Comment se fait-il alors que les souvenirs et les traditions d'un passé archaïque aient pu franchir un fossé d'au moins quatre siècles ?

Une remarquable découverte effectuée en 1952 par le jeune architecte Michael Ventris nous donne une réponse plausible. Ventris démontra que les inscriptions figurant sur des tablettes mycéniennes de provenances diverses sont écrites dans une forme très ancienne, mais reconnaissable, du grec. Le pont du langage enjambe les *Temps obscurs*. Mais malgré l'enthousiasme de certains spécialistes tels que le professeur Webster, de Londres, c'est là un pont bien fragile. Le grec en linéaire B précède d'au moins cinq cents ans toute autre langue avec laquelle on puisse le comparer. Sur ces tablettes, on trouve des inventaires de marchandises ou d'armes, des listes de noms dont certains figurent dans Homère, ainsi que de fragmentaires invocations aux dieux. Mais jusqu'à présent on n'a pas su prouver l'existence d'une véritable littérature mycénienne. Ce mode d'écriture convient mal à la poésie, et le grec écrit qui lui succède immédiatement et qui appartient à la seconde moitié du VIIIe siècle s'exprime suivant l'alphabet moderne (emprunté aux Phéniciens). Ce qui se passa dans l'intervalle demeure un mystère. Il a peut-être existé une *Iliade* mycénienne en écriture linéaire : ce genre d'écriture survécut bien à Chypre. Mais selon les faibles indications que nous possédons, l'héritage mycénien de l'*Iliade* fut retransmis par la parole jusqu'au VIIIe siècle. Ce que nous savons maintenant, c'est que cette parole était grecque.

Est-ce à dire que l'*Iliade* et l'*Odyssée* furent composées oralement ? Depuis Milman Parry, on n'ignore pas qu'une partie importante des vers homériques fut composée selon des formules bien établies. Ils consistent en des phrases stéréotypées qui remplissent les unités métriques naturelles du vers. C'est ainsi que quarante-six épithètes sont employées pour décrire Achille. Chacune a une valeur métrique différente, et le poète choisit celle qui répond le mieux aux nécessités prosodiques du vers. Il construit le poème épique au fur et à mesure qu'il le chante, disposant d'un fonds immense de formules et de motifs traditionnels pour soutenir ce qu'il crée, ou ses variations sur un thème donné. On trouve de nos jours encore ce mode de récitation héroïque, notamment en Yougoslavie et chez les Berbères d'Afrique du Nord. L'histoire de la chute de Troie et des pérégrinations d'Ulysse a dû être récitée bien des fois, et dans des versions différentes. Dans une telle perspective, Homère apparaît comme un troubadour parmi d'autres, improvisant sur des motifs traditionnels pour un auditoire d'illettrés. « Heureusement, un maître du nouvel art de l'écriture eut l'idée de transcrire sur papyrus les interprétations de quelques thèmes du répertoire par ce récitant génial. » C'est là l'essentiel de la thèse soutenue récemment par Albert B. Lord dans son ouvrage *The Singer of Tales* (titre qu'on pourrait traduire par *le Récitant*).

Sans doute, les poèmes épiques d'Homère ont-ils très souvent un caractère archaïque et mnémonique. Il est vrai aussi que certains bergers yougoslaves accroupis devant des magnétophones ont improvisé des ballades d'une longueur prodigieuse. Mais que nous apprend tout cela sur la composition de l'*Iliade* ? Rien ou presque. L'œuvre d'Homère telle que nous la connaissons est une œuvre caractérisée par son unité à la fois éblouissante et complexe. Son propos est tendu et délibéré. Si on la compare à la plus belle poésie folklorique enregistrée, la différence est frappante. L'*Iliade* témoigne d'une conception impressionnante de l'homme, dont tous les détails s'harmonisent, et ce n'est nullement un récit d'aventures se déroulant de façon automatique ou discursive. L'exposition du poème, constituée par le thème latéral de la colère d'Achille, est d'un art élaboré à l'extrême. Toute la construction du poème, avec ses échos intérieurs et ses alternances de tension et de détente, repose sur la qualité dramatique particulière du début. Seul le livre X détonne et semble avoir été ajouté ultérieurement.

C'est au professeur Whitman que revient le mérite d'avoir insisté sur cette vérité fondamentale, dans *Homer and the Heroic Tradition.* Selon lui, l'*Iliade* serait l'équivalent, sur le plan du langage, de la fameuse symétrie des vases grecs de la période s'étendant de l'an 850 à 700 avant notre ère. Il affirme que « le poème dans son ensemble forme un grand dessin concentrique ». Mais Whitman est trop catégorique dans son schéma : il oublie que ce n'est qu'ultérieurement que le poème fut divisé en vingt-quatre chants, pour des raisons de commodité. Toutefois, la base même de l'argumentation de Whitman est certainement valable : la construction de l'*Iliade* est d'une complexité extrême, et sa rigueur formelle est remarquable. Que d'importants fragments de poésie traditionnelle et orale s'y trouvent encastrés, c'est certain, mais il est très improbable que le poème dans sa totalité ait pu être composé et conservé autrement que par écrit. Reste à savoir dans quelle écriture. C'est là, de nouveau, un problème complexe, sur lequel les spécialistes sont en désaccord. L'écriture ionienne dans laquelle l'*Iliade* et l'*Odyssée* furent retranscrites n'apparaît officiellement qu'au Vᵉ siècle avant notre ère. Nous ne savons quasiment rien de son histoire antérieure — ce qui conduit Whitman à conclure que les poèmes épiques d'Homère furent écrits à l'origine dans ce qu'on appelle le vieil alphabet attique, et transcrits ultérieurement (ce qui expliquerait certaines bizarreries dans le texte que nous connaissons). Le premier manuscrit pourrait ainsi remonter à la deuxième moitié du VIIIᵉ siècle et se trouverait être « de l'époque sinon de la main même d'Homère ». Il y a seulement trente ans, une telle théorie aurait été la risée des spécialistes.

Nous n'avons aucune preuve qu'un document écrit aussi élaboré et d'une telle longueur ait pu être constitué à une époque aussi ancienne. Cependant l'alphabet existait déjà, et le commerce avec la Phénicie a pu fournir le papyrus nécessaire. De plus, si un tel manuscrit n'existait pas, comment pourrions-nous expliquer le fait étrange que sur le plan linguistique ou narratif il n'est rien, dans l'*Iliade* et l'*Odyssée,* qui puisse être attribué à une époque postérieure à l'an 700 avant notre ère ? La théorie selon laquelle les deux poèmes épiques ont été appris par cœur et retransmis oralement, sans faille, jusqu'au moment où ils purent être transcrits, au Vᵉ siècle, n'est absolument pas plausible.

Qu'on me permette ici d'émettre quelques hypothèses, non pas en tant que spécialiste, mais en tant que critique essayant de cerner le génie du poème. Je crois qu'Homère fut le premier grand poète de la littérature occidentale, parce qu'il fut le premier à comprendre les ressources infinies du mot écrit. Dans le feu de la narration homérique, dans sa superbe complexité, transparaît l'exultation d'un esprit venant de découvrir qu'il ne sera pas condamné à confier son œuvre à la mémoire fragile des hommes. La gaieté drue de l'*Iliade* et l'usage constant qu'elle fait de l'opposition entre la brièveté de la vie et l'éternité de la gloire reflètent chez le poète la prise de conscience neuve et fière de sa propre certitude de survivre. À l'origine de toute poésie il y a le verbe, mais à l'origine d'une poésie de la dimension de l'*Iliade,* il y a l'écriture.

Il est tout à fait possible que le « manuscrit homérique » original fut quelque chose d'unique, jalousement gardé par une guilde de bardes (les homérides). Les festivals panhelléniques nouvellement institués au VIIIe siècle donnaient un auditoire aux « fils d'Homère ». Ces récitants conservèrent probablement l'*Iliade* et l'*Odyssée* dans un petit nombre de textes canoniques, jusqu'au moment de leur publication plus large dans l'Athènes du VIe siècle (ce que les savants appellent la Recension pisistratéenne).

Nous n'avons pas à en déduire qu'Homère lui-même savait écrire. Il a très bien pu dicter son œuvre à un scribe. Et je pense même que la tradition, si ancienne et si tenace, qui veut qu'il ait été aveugle, est liée à cela. Voulant cacher à une postérité plus critique le fait que le maître ne savait pas écrire, les homérides prétendirent qu'il était aveugle. Par-dessus tout, l'*Iliade* et l'*Odyssée* proclament que la vie des hommes devient une poussière qu'on oublie, à moins que le chant du poète ne lui donne l'immortalité. N'est-ce pas là la profession de foi d'un artiste génial qui, pour la première fois dans la littérature occidentale, disposait, même s'il ne la possédait pas lui-même, de la gloire pleine et entière de la parole écrite ?

La plus grande partie des recherches récentes sur Homère concerne l'*Iliade*. Les fouilles et les travaux de déchiffrement paraissent mener à Troie plutôt qu'à Ithaque. L'*Odyssée* ne s'accorde ni à la recherche d'une tradition mycénienne ni à la théorie d'un style géométrique. C'est là un fait révélateur qui vient renforcer la conviction qu'avaient dès le début certains lecteurs : les deux épopées diffèrent profondément par le ton, par la structure formelle et, ce qui est plus important, par leur conception de la vie. L'énigme homérique, de ce fait, dépasse le problème du texte et de l'auteur. Elle concerne surtout les rapports littéraires et psychologiques entre l'*Iliade* et l'*Odyssée.* Que se passe-t-il quand nous lisons l'*Iliade* avec les yeux d'Ulysse ?

Les archéologues sont divisés quant à la façon dont l'univers de l'*Iliade* fut construit. Certains pensent que les descriptions des batailles sont réalistes et qu'on a fait de grands efforts pour rajeunir quelques détails archaïques (l'exemple classique étant la description si gauche du bouclier d'Ajax, partie d'équipement déjà désuète au Xe siècle). D'autres considèrent le monde de la Troie homérique comme une « création imaginaire » où des éléments de l'âge du bronze se mêlèrent à d'autres du VIIIe siècle, le tout étant homogénéisé par des formules stéréotypées et les conventions du style héroïque. Une chose pourtant est certaine : l'*Iliade* exprime une conception particulière de la condition humaine. Dans aucune autre œuvre de la littérature mondiale, à l'exception peut-être de *Guerre et Paix,* nous ne trouvons la même représentation de l'homme. Et certainement pas dans l'*Odyssée.*

Le poète de l'*Iliade* considère la vie avec ces yeux luisants et fixes qui, sur les premiers vases grecs, semblent nous observer à travers les fentes des casques. Sa vision est presque terrifiante dans sa sobriété, froide comme un soleil d'hiver :

> « Allons, mon ami, meurs ! Pourquoi te lamenter de la sorte ? Il est mort aussi, Patrocle qui valait bien mieux que toi ! Ne vois-tu pas comme moi-même je suis beau et

grand ? Mon père est noble, une déesse m'enfanta... Sur moi aussi pourtant sont suspendus la mort et le destin puissant. Ce sera le soir, l'aurore ou le milieu du jour, quand quelqu'un à moi aussi m'ôtera la vie par Arès, me frappant soit de sa lance, soit de la flèche d'un arc. »

Il dit, et de Lycaon, sur-le-champ, les genoux et le cœur se désunirent. Il lâcha la pique et s'assit, les mains étendues toutes deux. Achille, tirant son épée aiguë, le frappa à la clavicule, près du cou. Tout entière en lui, pénétra l'épée à deux tranchants ; la tête en avant, sur la terre, il resta étendu. Son sang noir coulait et mouillait la terre[1].

Le récit se déroule à une cadence inhumainement calme. La vision directe et précise du poète ne sacrifie jamais au pathétique. Dans l'*Iliade,* la vérité de la vie, aussi pénible et ironique soit-elle, domine toute sentimentalité. On en voit un exemple saisissant dans la partie la plus sublime du poème : la rencontre nocturne entre Priam et Achille. Un instant de calme s'établit au milieu de l'enfer. Se regardant l'un l'autre, le roi dépouillé et le « tueur d'hommes » laissent s'exprimer leur profonde tristesse. Leur peine est incommensurable. Pourtant, après avoir longuement parlé, ils s'aperçoivent qu'ils ont faim et s'attablent devant un copieux repas. Il en est de même de Niobé, dont Achille dit : « Elle se souvenait de la nécessité de manger après s'être épuisée à pleurer. » Aucun autre poète, pas même Shakespeare, n'eût osé prendre le risque d'une aussi humble vérité à un moment aussi solennel et aussi tragique.

Mais cette magnifique clarté d'esprit ne relève pas d'une résignation amère. L'*Iliade* n'est pas une lamentation sur la condition humaine. Une joie profonde traverse le poème, cette joie qui brûle dans les « yeux

1. *Iliade,* XXI, traduction nouvelle d'Eugène Lasserre. (*N.d.T.*)

brillants et anciens » des sages dans le « Lapis lazuli » de Yeats. Le poète aime le feu de l'action physique et la férocité stylée des combats singuliers. Il voit la vie illuminée par les feux d'une énergie fondamentale et indestructible. L'air lui-même semble vibrer autour des héros, et la puissance de leur être électrifie la nature. Les chevaux d'Achille pleurent sa chute imminente. Même les objets inanimés sont touchés par le feu de cette vie exubérante. La coupe de Nestor est si tangiblement réelle que les archéologues assurent l'avoir retrouvée lors de fouilles effectuées trois mille ans après l'événement.

La pure vigueur d'exister traverse l'*Iliade* comme le battement de la mer couleur de vin sombre, et Homère s'en enchante. Même au milieu des carnages, on sent la pulsation de la vie et sa gaieté sauvage. Homère sait et proclame que quelque chose dans l'homme aime la guerre, craint moins les horreurs du combat que l'interminable ennui du foyer.

Dans l'univers où évoluent Agamemnon, Hector et Achille, la guerre est la mesure de l'homme. C'est la seule activité à laquelle ils aient été préparés. (Aux lisières de la mort, Hector se demande encore avec inquiétude qui apprendra à son fils le lancement du javelot.) Puis au-delà de l'ombre brille la lumière d'une nouvelle aurore. Autour des cendres de Patrocle, les chefs grecs luttent, courent et lancent le javelot pour célébrer leur force et leur vitalité. Achille sait qu'il est perdu d'avance, mais Briséis « aux joues brillantes » couche avec lui chaque nuit. La guerre et la mort font rage, mais ce qui est fondamental tient bon — c'est-à-dire l'affirmation que l'activité du corps et l'héroïsme de l'âme constituent la beauté, que la renommée pèsera plus que les terreurs éphémères de la mort, et qu'aucune catastrophe, pas même la chute de Troie, n'est définitive. Car au-delà des tours incendiées et du chaos de la bataille palpite la mer tranquille. Ailleurs, les dauphins bondissent et les bergers s'assoupissent dans la paix des montagnes. Quand Homère compare certains moments du combat aux épisodes d'une vie pastorale ou de la vie du foyer, il donne par là même l'assurance d'une stabilité ultime. Il nous apprend ainsi que les vagues déferleront encore sur le rivage quand le site de Troie lui-même sera devenu un souvenir litigieux. C'est là un portrait de l'homme particulier et unique — plus vrai, nous dit John Cowper Powys, que celui offert par n'importe quel autre poète : « Il est plus proche de ce qui nous est arrivé, de ce qui nous arrive, de ce qui nous arrivera à nous tous depuis le début de notre histoire dans ce monde jusqu'à la fin de notre vie d'homme sur la terre. » Peut-être, mais la vérité de l'*Iliade* n'est pas celle de l'*Odyssée.*

Aux « yeux brillants et anciens » de l'*Iliade,* Ulysse oppose un regard vagabond et ironique. L'épopée guerrière est sculptée dans de grands et solides blocs de granit ; l'histoire du long voyage de retour est un habile tissage. Comme la mer qui bat contre elle à chaque page, la vision du poète est mobile et changeante ; elle explore, échoue dans d'étranges flaques, puis trouve de soudaines profondeurs. « Quel roman ! » disait T. E. Lawrence. Une merveille de construction et de diversité, mais dont il est difficile de discerner le centre. On ne retrouve plus les anciennes flambées du style héroïque, et la simplicité vigoureuse de la vie autour de Troie a fait place à toutes les ironies, à toutes les complications. Ses anciens lecteurs respectaient l'œuvre, mais elle les mettait mal à l'aise. Les fragments de l'*Iliade* sur papyrus sont beaucoup plus nombreux que ceux de l'*Odyssée.*

La géographie du poème est une énigme. Elle semblait embrasser la Grèce et l'Ionie, la Crète, la Lycie, la Sicile occidentale, l'Égypte et même un peu de la Mésopotamie. Parfois, il s'agit certainement d'une géographie imaginaire, hérissée, comme les cartes médiévales, de bêtes fabuleuses, de dieux du vent soufflant de partout. Certains éléments de l'*Odyssée* correspondent à la période du déclin de la féodalité mycénienne (comme l'indiquent les sociétés illettrées, le statut vague de la royauté à Ithaque, le système économique bizarre que souligne le contrat de mariage de Pénélope). Mais d'autres aspects du poème semblent refléter les valeurs des nouvelles cités-États telles qu'elles sont apparues au cours des dernières années du VIIIe siècle. En outre, dans l'*Odyssée,* ce qui appartient à la culture mycénienne semble provenir de ces avant-postes et de ces colonies mycéniennes qui survécurent si longtemps en Asie Mineure. Ce qui est évident, dans l'*Odyssée,* c'est le sens de l'Orient.

Que le poète ait connu l'épopée babylonienne *Gilgamesh,* c'est probable. Il est de même certain qu'on retrouve dans la saga de l'errance homérique des échos de mythes africains et asiatiques très anciens. Prenons par exemple un des passages les plus attachants de toute l'*Odyssée.* Parlant de la mort, Tirésias prophétise à Ulysse qu'un autre voyage l'attend au-delà d'Ithaque :

> Alors, prends une rame bien faite et va, jusqu'à ce que tu arrives chez des hommes qui ignorent la mer et mangent leur pitance sans sel ; ils ne connaissent donc point les vaisseaux aux flancs rouges, ni les rames bien faites, qui sont les ailes des vaisseaux. Je vais t'en dire une preuve bien convaincante qui ne t'échappera pas. Quand, te rencontrant, un autre voyageur dira que tu portes un battoir à vanner sur ta robuste épaule [1]...

1. *Odyssée,* XI, traduction de Médéric Dufour et Jeanne Raison. (*N.d.T.*)

Où donc est cette terre qui ne connaît pas le sel et que signifie cette confusion entre rame et battoir à vanner ? Nous n'en savons rien. Mais dans sa remarquable étude intitulée *Genèse de l'Odyssée,* l'anthropologiste français Gabriel Germain a montré que le fond du mythe est profondément non grec. Pour trouver l'origine d'un pays cerné par les terres où les hommes ne connaissent ni le sel ni les navires, nous devons remonter au monde légendaire de l'Afrique du Nord préislamique.

Dante apprit dans Sénèque la prophétie de Tirésias (car il n'avait aucune connaissance directe de l'*Odyssée* homérique). Il en donna une interprétation chrétiennement austère. Faisant d'Ulysse un homme à la Faust, qui avait pénétré trop loin dans la vie et dans les sciences secrètes, il le lança dans un dernier et fatal voyage de l'autre côté de Gibraltar (*l'Enfer,* XXVI). Le fantôme du navigateur ne voulut pas rester tranquille pour autant, et il s'échappa de l'Enfer pour réapparaître, sous d'innombrables formes, dans l'art et la littérature de l'Occident. La plupart de ces formes — même celles dont le revêtirent de nos jours Joyce ou Kazantzakis — sont déjà implicites chez le premier Ulysse.

Les personnages de l'*Iliade* sont d'une simplicité pleine de résonances et ils évoluent dans une lumière franche, alors que le héros de l'*Odyssée* est aussi fuyant que le feu. Sa vie posthume a été plus variée et plus fascinante que celle d'un Achille ou d'un Hector, précisément parce que ses premières aventures concernent des régions de la pensée et de l'expérience humaine dont ne rêvaient même pas les guerriers de bronze déployés devant Troie.

Par deux fois au moins, les vents qui poussent Ulysse soufflent d'Arabie. Quand il rencontre Nausicaa, il semble venir tout droit des *Mille et Une Nuits.* Tout cet épisode est un conte de fées oriental. Le pauvre mendiant est jeté sur cette côte par la mer. Des puissances invisibles le guident jusqu'au palais du roi, et là il révèle sa vraie grandeur. Il s'en retourne couvert de richesses et tombe dans un sommeil enchanté. Entrelacé au thème de la rencontre du mendiant et du calife, nous trouvons celui de l'amour naissant d'une jeune fille pour un homme bien plus âgé qu'elle. Là encore transparaît un élément très éloigné de la sensibilité grecque classique et qui préfigure les légendes de l'hellénisme alexandrin.

Prenons encore l'exemple des seules relations entre deux êtres qui soient exposées dans leurs détails au long de l'*Odyssée :* l'amitié entre Athéna et Ulysse. La déesse et le vagabond sont passés maîtres dans l'art de la tromperie, et ils s'en délectent. Ils se trompent l'un l'autre, rivalisant gaiement de mensonges. Ils marchandent comme les camelots des rues de Damas, chacun essayant de rouler l'autre, avec une affectueuse malhonnêteté. Plus de deux mille ans avant la Béatrice et le Bénédict de Shakespeare, Homère savait qu'il pouvait se nouer entre hommes et femmes des intrigues d'esprit aussi bien que de cœur. À un certain moment, la déesse est bien près de s'avouer vaincue. Sa moquerie affectueuse pourrait sortir tout droit de Bernard Shaw :

> Il serait bien astucieux et fripon, celui qui te dépasserait en toutes sortes de ruses, fût-ce un dieu qui l'essayât. Incorrigible inventeur de mille tours, insatiable d'artifices, tu ne devais donc pas, même en ta patrie, mettre un terme à tes tromperies, aux récits mensongers qui te sont chers profondément ? Allons ! laissons ces feintes, nous deux qui sommes experts aux ruses profitables ; car de tous les mortels, tu es de beaucoup le meilleur en conseil et paroles, et moi entre tous les dieux, je suis réputée pour ma finesse et mes bonnes inventions [1].

1. *Odyssée,* XIII, traduction de Médéric Dufour et Jeanne Raison. (*N.d.T.*)

Encore une fois, nous sommes ici très loin du ton et de la conception de l'*Iliade*. Les querelles et les passions charnelles des habitants de l'Olympe sont parfois raillées dans l'*Iliade*. Mais le plus souvent, les divinités apparaissent sous les traits de forces errantes et mauvaises détruisant ou secourant les hommes au gré de leurs caprices. Nulle part, nous ne trouvons rien qui rappelle l'amitié astucieuse, amusée et profondément féminine qui lie Athéna à Ulysse. Ce parfum-là vient de l'Orient.

L'idée que l'*Odyssée* est enracinée d'une certaine manière dans l'univers de la Méditerranée orientale n'est pas nouvelle. En 1658, un universitaire d'Oxford, Zachary Bogan, publia un ouvrage intitulé *Homerus Hebraizon,* et un peu plus tard un autre spécialiste du grec déclarait que les deux poèmes épiques étaient l'œuvre du roi Salomon. L'érudition moderne est plus prudente ; néanmoins, Victor Bérard a avancé que l'*Odyssée* est phénicienne, et Joyce, dans un sursaut d'intuition caractéristique, a fait de son Ulysse un Juif.

Mais si l'*Iliade* et l'*Odyssée* diffèrent tellement par le ton et par leur conception de la condition humaine, quel lien les unit donc ?

Selon Whitman, « l'immense et évidente transformation » qui marque la différence de composition entre les deux poèmes épiques correspondrait à une identique transformation dans le style de la céramique grecque. À la différence du style géométrique, le style proto-attique est « vif, ouvert et quelque peu orientalisant ». Le céramiste proto-attique traite ses sujets comme une série d'épisodes fluides, manière qu'on retrouve dans l'*Odyssée.* Nous ne sommes plus dans le monde concentrique et rigide de l'*Iliade.*

De nombreux spécialistes ont rejeté totalement la

thèse de Whitman, arguant que poésie et céramique ne pouvaient être comparées. Mais une remarque de Whitman reste frappante : l'apparence physique des personnages de l'*Iliade* est stylisée ; l'épithète descriptive sort toujours du même stock de formules toutes faites : ainsi, les femmes ont presque invariablement des « bras blancs ». Dans l'*Odyssée,* des teints apparaissent. Ulysse a le teint très mat, et la peau de Pénélope est comme de l'ivoire ciselé. On retrouve la même transformation dans la céramique.

Faut-il donc penser que les deux poèmes épiques furent écrits, non seulement à des époques différentes, mais en des lieux différents ? Le professeur Denys Page trouve une différence tellement marquée dans leur vocabulaire qu'il est impossible, selon lui, de les situer dans la même région. Il se peut que l'*Iliade* ait été composée en Attique, l'*Odyssée* en Ionie, ou même en Sicile (comme le suggère Robert Graves). Cette thèse a été vivement attaquée. Les critiques déclarent qu'un poème épique traitant de combats terrestres doit par définition faire appel à un autre vocabulaire qu'un poème où il est essentiellement question de navigation. Quoi qu'il en soit, il est difficile de penser que les deux chefs-d'œuvre sont nés sur le même sol. L'Homère de l'*Odyssée* semble avoir vérifié de ses propres yeux certains lieux et certaines activités humaines que le poète de l'*Iliade* n'avait fait qu'imaginer.

Ceux des lecteurs d'Homère qui sont eux-mêmes écrivains ou hommes de guerre rejettent la théorie d'un auteur unique. Samuel Butler et Robert Graves voient dans l'*Odyssée* une main de femme déroulant l'antique trame de l'action héroïque. John Cowper Powys affirme que les deux poèmes ont des « sources ou des auteurs différents » et qu'il y a entre eux « un fossé historique de trois ou quatre siècles ». T. E. Lawrence qualifiait le poète de l'*Odyssée* de « grand lecteur de l'*Iliade,* assez dénué d'esprit critique », et conjecturait qu'il ne devait pas avoir beaucoup pratiqué le métier des armes. Il semble que nous ayons affaire ici à des qualités intellectuelles absolument opposées.

Considérons l'image que nous présente l'*Iliade* quand nous la regardons à travers l'*Odyssée.* Elle devient excessivement complexe. Nous nous en approchons le plus dans le chant VIII quand Demodocus le ménestrel chante, auprès d'Ulysse qui se cache, la chute des tours de Priam. C'est là un des plus beaux exemples, dans la littérature universelle, de dédoublement du centre d'intérêt. Cela fait penser à la dernière scène de *Don Juan,* où s'élève soudain un air du *Mariage de Figaro.* Pour l'auditoire du barde aveugle, les querelles d'Achille et d'Agamemnon s'effacent. Elles n'ont que l'auréole silencieuse de la légende. Pour Ulysse, au contraire, elles sont d'une intolérable actualité. Il se drape dans son manteau de pourpre, et il pleure. Sa situation est ambiguë, puisqu'il est en même temps à l'intérieur et à l'extérieur de la saga de Troie. En écoutant chanter ses propres prouesses, il sait qu'il a déjà pénétré dans le royaume des morts légendaires. Mais il est aussi un homme vivant qui essaye de regagner Ithaque. Aussi évoque-t-il la guerre de Troie comme un souvenir tragique et dans un esprit de refus. C'est là le point crucial. Il y a dans l'*Odyssée* une critique des valeurs archaïques de l'*Iliade,* faites à la lumière de forces et d'intuitions nouvelles.

Cette critique devient tragiquement explicite au cours du bref dialogue entre Ulysse et l'âme d'Achille :

> « Mais Achille, nul homme auparavant ne fut, nul ne sera dans l'avenir plus heureux que toi. Jadis, quand tu vivais, nous, les Argiens, nous t'honorions à l'égal des dieux ; et maintenant que tu es ici, tu règnes sans conteste chez les morts ; aussi ne t'afflige pas d'être défunt,

Achille. » Ainsi disais-je ; il me repartit avec vivacité : « Ne me console donc pas de la mort, illustre Ulysse ; j'aimerais mieux, serf attaché à la glèbe, être aux gages d'autrui, d'un homme sans patrimoine, n'ayant guère de moyens, que de régner sur les morts qui ne sont plus rien[1]. »

L'Achille enivré de gloire de l'*Iliade* n'eût jamais prononcé de telles paroles, même dans la mort. Il lui arrive de sombrer parfois dans des accès de mélancolie, de regimber contre l'imminence inéluctable de sa chute. Mais il ne s'élève jamais contre la perfection et la nécessité de l'idéal héroïque. L'eût-il fait, Troie eût connu la paix. Achille déclarant qu'il préférerait être encore en vie, même comme esclave d'un miséreux, plutôt que d'être roi des morts immortels, voilà qui met en question le sens même de l'*Iliade*.

Encore que cela soit concevable, il semble improbable qu'un même poète ait pu énoncer deux conceptions de la vie aussi différentes. Je ne connais pas d'autre exemple, dans toute la littérature, d'un auteur ayant écrit deux chefs-d'œuvre qui s'observent avec un tel mélange de respect et d'ironie. Et pourtant, souvent, c'est la même voix qui semble résonner à travers les différences de technique et de conception du monde. Certaines beautés de l'*Iliade* ne sont pleinement visibles que dans le miroir de l'*Odyssée*. Quand Achille se lamente sur Patrocle, il est comparé à un père pleurant la mort de son fils nouvellement marié. Ulysse se sert d'une comparaison exactement opposée pour exprimer sa joie quand il voit la terre après la destruc-

1. *Odyssée*, XI, traduction de Médéric Dufour et Jeanne Raison. (*N.d.T.*)

tion de son radeau. Il est fait allusion aux deux comparaisons quand Pénélope reconnaît le vagabond. Des fils subtils mais solides relient les deux poèmes.

Comment pouvons-nous concilier le sens du contraste à celui de l'unité ? Les spécialistes ne nous donnent pas une réponse convaincante. Je me permets d'en suggérer une que ne protège pas leur autorité.

Je crois que l'Homère que nous connaissons, le poète qui a créé les formes qui continuent à être les modèles principaux de l'imagination occidentale, était le compilateur de l'*Iliade* et l'auteur de l'*Odyssée*. Il rassembla et mit en ordre les fragments de rhapsodies guerrières de la tradition mycénienne. Il eut le génie de les grouper autour du thème dramatique et unificateur de la colère d'Achille. Il traita matériaux anciens et légendes traditionnelles du folklore avec un profond respect. Parfois, il lui arriva de mal comprendre leur langage et les détails techniques concernant la manière dont s'étaient produits ces faits très anciens. Mais il décida de conserver ce qui était obscur plutôt que de tenter de le rendre clair. Il fut sensible aux symétries austères, caractéristiques de la narration archaïque, et il voulut voir la vie avec le regard dur et brillant des combats. Aux brèves intensités de la poésie orale il prêta l'ampleur nouvelle et les savantes possibilités de l'écriture. Le compilateur de l'*Iliade*, comme les hommes qui lièrent entre elles les sagas du Pentateuque, était un compilateur de génie ; mais l'or et le bronze se trouvaient déjà dans son creuset.

Je pense qu'il dut terminer sa tâche dans la première vigueur de la maturité. L'*Iliade* a l'implacabilité de la jeunesse. Mais au fur et à mesure que son expérience et sa sensibilité s'enrichissaient, Homère dut déceler ce qu'il y avait d'inachevé dans la conception du monde exprimée par l'*Iliade*. On peut aisément le concevoir, voyageur infatigable et attentif au monde qu'il parcourait. « Il avait navigué sur les flots et contemplé les mers », dit T. E. Lawrence. En particulier, il me semble qu'il s'est familiarisé avec les civilisations complexes du bassin oriental de la Méditerranée. Dans l'*Iliade,* ce qui ressortit à l'Orient a la raideur d'une légende ancienne. Ce sont des matériaux traditionnels remontant au commerce tel qu'il se pratiquait à l'âge du bronze. L'Orient de l'*Odyssée* est plus moderne, plus directement observé.

Au soir de sa vie, il se peut que ce grand voyageur se soit tourné une fois encore vers le monde de l'*Iliade* afin de comparer la conception de la condition humaine qui y est exprimée avec la sienne propre, celle que lui avait apprise l'expérience. De cette comparaison et de son équilibre délicat, fait de respect et de critique, naquit l'*Odyssée.* Avec une intelligence admirable, Homère choisit comme protagoniste le personnage du poème épique troyen le plus proche de l'esprit « moderne ». Déjà, dans l'*Iliade,* Ulysse marque le passage entre la simplicité de l'héroïsme et une vie de l'esprit plus sceptique, plus nerveuse et plus défiante devant les convictions. Comme Ulysse, Homère lui-même abandonne les valeurs nues et rudimentaires propres au monde d'Achille. En composant l'*Odyssée,* il regarde l'*Iliade,* si éloignée de ce qu'est devenue son âme — et cela avec nostalgie et avec un scepticisme souriant.

Cette image d'Homère s'accorde au moins avec les rares faits que nous pouvons connaître. L'*Odyssée* est plus jeune que l'*Iliade.* Mais pas de beaucoup, à mon sens. Le premier poème vit intensément dans le second. Tous deux expriment, sur la condition humaine, des jugements très différents. Mais deux techniques très proches l'une de l'autre sont utilisées dans les deux poèmes. Derrière chacun d'eux se trouve un lointain héritage mycénien en partie incompris. Dans l'*Iliade,* cet héritage est plus évident. Dans l'*Odyssée,* au contraire, brillent les premières lueurs de l'avenir socratique. Le pont entre Troie et Ithaque, c'est peut-être la vie d'un compilateur et d'un poète incomparables.

Sans doute ne saurons-nous jamais la vérité. Mais l'*Iliade* et l'*Odyssée* demeurent comme une réalité inexpugnable. Et quoiqu'il existe bien des livres sur lesquels les hommes ont réglé leur vie, je me demande s'il en est un seul qui en fasse plus que les poèmes homériques pour nous permettre de subir les exigences de notre condition de mortels.

(*Traduction de Jean Fanchette*)

QUATRIÈME CENTENAIRE DE SHAKESPEARE

Les mots par lesquels nous nous efforçons de lui rendre hommage sont les siens. Nous entendons forger de nouvelles louanges et trouvons un écho. Shakespeare impose une solide étreinte à la substance même de notre langue. Les formes vivantes qu'il a engendrées chantent nos aspirations intérieures. Nous nous surprenons à roucouler de désir comme des Roméo de boulevard ; nous frémissons de jalousie sur le rythme même d'Othello ; nos énigmes deviennent autant de Hamlet ; les vieillards enragent et tremblent de tous leurs membres comme Lear. En Shakespeare se trouve le carrefour de notre sensibilité. Il a tout vu pour nous, avec une exactitude et une diversité incroyables ; il a éveillé la conscience à une telle gamme d'expériences ; il a su exprimer ses visions et ses sentiments avec une telle force — ses mots ne sont pas le miroir de la vérité, ils la créent à jamais — que sa voix résonne dans tous les coins de notre âme. Nos larmes, nos rires ne nous appartiennent pas entièrement ; nous les trouvons où il les a laissés, porteurs de son estampille.

C'est pourquoi, qui essaie d'ajouter un élément valable au tumulte solennel en affirmant qu'il était « si noble en sa raison, infini dans ses facultés ! De formes et de mouvements si expressifs, si admirables[1] » ne fait que le citer.

Nous sommes tentés de le voir comme une puissance qui transcende les bornes du raisonnable. Nous nous essoufflons à établir sa mesure. Un bonheur d'invention et un registre technique qui englobent à la fois le jardin sous la lune de Belmont et Lear errant sous l'épaisse rotondité du monde, le cri perçant du coq de l'aube expiatoire en terre danoise et la couleur changeante de la mer par cinq brasses de la côte de Bohême bouleversent notre estimation des possibilités humaines. Un instrument capable de rendre avec la même fidélité, la même clarté de timbre, les agaceries acides de Iago et les silences de Cordelia, la voix viscérale de Falstaff ou les grelots aériens d'Ariel n'a pour limites que celles qu'il veut bien se fixer. Les critiques scrupuleux reconnaissent que Cassius parle en leur nom :

> Mais, mon cher, cet homme enfourche comme un colosse la croupe étroite de l'univers ; et nous autres, pygmées, trottinons sous ses jambes de géant, écarquillant les yeux pour découvrir alentour quelque tombe sans gloire[2].

Il n'en a pas toujours été ainsi. Ben Jonson, en qui le sens de la justice combattait la jalousie, fut le premier à prononcer une épitaphe mémorable : « Il n'est pas d'un siècle, mais de tous les temps ! » Cependant, il affirmait avec une égale conviction que « Shakespeare manquait d'art » et qu'il aurait mieux valu qu'il supprimât un millier de ses vers. Dryden professait la plus grande

1. Traduction d'André Gide, Bibliothèque de la Pléiade, t. II, *Hamlet,* II, 2. (*N.d.T.*)

2. Traduction d'Edmond Fleg : *Jules César,* I, 2, la Pléiade, t. II. (*N.d.T.*)

admiration à l'égard de « la grande âme de Shakespeare » mais ne le plaçait pas au pinacle et préférait à bien des égards Jonson ou Beaumont et Fletcher. Pour Milton, Shakespeare avait un talent indompté et naïf et il n'aurait pas songé à le placer aux côtés de Sophocle. Alors même qu'il le publiait, Pope trouvait à Shakespeare de grandes vertus, et des défauts « presque de même taille ».

Cet équilibre entre le génie et la faiblesse, entre la beauté et l'imperfection permet à Samuel Johnson d'émettre un jugement, incomplet sans doute, mais assuré : « Shakespeare ajoutait à d'excellentes qualités des fautes de nature à étouffer tout autre mérite. Je les montrerai selon les proportions où elles m'apparaissent, sans envie maligne ni vénération superstitieuse. » Aux yeux de Johnson, Shakespeare était un très grand écrivain, parfois incomparable. Mais sa réussite n'était pas, par essence, différente de celle des autres poètes ; elle ne posait aucune énigme. Le critique et l'auteur dramatique se situaient de plain-pied.

Le recours à la transcendance, à l'idée d'un génie si différent qu'il requiert des métaphores d'une force surnaturelle, tout cela relève du romantisme. Il est au cœur de l'extase tremblante propre à la critique shakespearienne de Lamb et Coleridge : « Combinez tous ces éléments — esprit, subtilité, fantaisie — à la profondeur de l'imagination, au don du plaisir moral et physique, faites en outre du personnage l'homme universel ; et vous obtiendrez — ô prophétie téméraire ! disons que vous avez — un Shakespeare ! » Keats se demandait si l'on pouvait concevoir un être supérieur à Shakespeare, capable de le juger et de trouver en lui faiblesse ou nullité ; il répondait par la négative. Il précisait, faisant écho à Hazlitt, que « Shakespeare comble tous les besoins », que sa lucidité est à la mesure des tâches quotidiennes de l'homme.

La critique moderne est plus serrée et repousse la simple adoration. L'essentiel de notre position vient pourtant de Coleridge. Personne n'aurait l'idée de se considérer comme l'égal de Shakespeare ; érudits et critiques, acteurs et metteurs en scène brûlent leurs ailes à sa grande flamme. Ceux qui s'attaquent à la grandeur de Shakespeare le font sans trop d'assurance. Shaw ne peut dissimuler un soupçon de bouffonnerie inquiète lorsqu'il tente de discréditer Shakespeare et prétend rivaliser avec son théâtre, peut-être le réformer. T. S. Eliot formule d'austères réserves ; *Hamlet* est un échec esthétique, et il manque à Shakespeare une métaphysique cohérente. Mais les objections tournent à l'hommage : Shakespeare et Dante se partagent à eux deux la littérature occidentale. Il n'y a pas de tiers. La seule attaque des modernes qui renie jusqu'au principe de la prééminence shakespearienne, considérant que son œuvre a été tout au long surestimée avec aveuglement, vient de Tolstoï. Et cette bataille n'est pas livrée sur le terrain littéraire, mais sur celui, extérieur, d'une morale anarchiste.

Il n'est pas facile de retrouver une quelconque spontanéité devant des louanges aussi universelles. Une vague incessante de commentaires nous épargne les risques et les privilèges d'une fraîcheur d'impression : en 1964, il faut disposer d'une bibliothèque de belle taille pour loger ce qui a été dit et écrit au sujet de Shakespeare. Il n'est plus donné aujourd'hui de partager la simplicité sereine de George III, confiant à Fanny Burney qu'il avait lu Shakespeare pour lui demander : « N'est-ce pas bien piteux ? » Nous avons tous en commun un héritage de respect, l'idée qu'il n'est pas d'œuvre plus considérable, plus digne de fasciner.

Depuis les lampions et les odes de 1864, la philologie et la critique ont, en tout cas, cerné les raisons de notre admiration. Nous évaluons un peu plus justement l'origine et la nature de l'excellence du dramaturge, les moyens généreux qui entrent dans les procédés particuliers de son art. Si notre jugement est encore soumis à l'épreuve du doute (aucun Élisabéthain n'est mieux connu que Shakespeare), il a des fondements plus stables.

Shakespeare a eu la chance merveilleuse de naître à la bonne époque. En Angleterre, la période de 1580 à 1640 vit surgir une constellation remarquable de pulsions émotionnelles et intellectuelles. Bien que la nouvelle société commerçante et le gouvernement centralisé aient suivi de près la chute du féodalisme, le vieux système de la sensibilité médiévale, avec sa cohorte drue d'images et d'allégories, et la fable aussi profonde que subtile d'un monde fait à l'image du corps, était encore bien vivant. L'érudition de E. K. Chambers, de Tillyard, de Hardin Craig nous a montré combien le dynamisme du théâtre élisabéthain était redevable à la survivance des valeurs populaires du Moyen Âge ; quelle part la tradition médiévale avait eue dans l'accouplement, propre au théâtre élisabéthain, de la force et du tragique, et du sentiment que l'univers naturel avec ses tempêtes et sa bruyère, ses comètes éclatantes et ses funestes étoiles forme un cortège attentif à la vie des hommes.

Quand Lorenzo dit à Jessica, dans *le Marchand de Venise,* qu'il n'y a pas d'astre aux cieux « qui dans son périple ne chante comme un ange », la doctrine précise de la musique des sphères et la suggestion plus générale d'une harmonie cosmique, organique, remontent à leur source antique par le canal du Moyen Âge et des légendes médiévales tirées de Pythagore. Quand les branches et les feuilles de l'armée rédemptrice marchent sur Dunsinane, ce château du mal sur sa terre dévastée, nous devinons dans le lointain, derrière l'action de *Macbeth,* un rituel plus ancien : le combat annuel entre la ténébreuse aridité de l'hiver et l'avènement de l'Homme Vert. Dans les danses rurales ou celles des masques cornus des villages élisabéthains se perpétuaient de tels cérémonials. La tradition donnait à l'image du monde, de la pierre froide à l'étoile de feu, sa cohérence interne. L'individualisme et la turbulence passionnée du théâtre élisabéthain reposaient sur ce ferme pivot.

Cependant, les « nouveaux continents » des mathématiques et de l'astronomie, de la physique de Galilée et de la navigation autour du globe transformaient, à une vitesse extraordinaire, le cadre de la vie, la carte des sentiments. Les traits héroïques de la tragédie élisabéthaine, la représentation d'une volonté, d'une ambition tendues à se rompre soulignent la pression exercée par les conquêtes de l'intellect. L'esprit élisabéthain est ivre de nouveaux horizons. Et, à l'exemple de Marlowe, les dramaturges réagissent à cette atmosphère chargée d'électricité.

Dès l'époque de *la Comédie des erreurs* où il est fait allusion aux « sorciers de Laponie », Shakespeare a connaissance des voyages de Giles Fletcher dans les terres arctiques russes. Si le « pauvre Tom » du *Roi Lear* se nourrit « de rats, de souris et autres bestioles [1] », c'est peut-être bien parce que les marins de Hawkins en firent leur subsistance après leur échec désastreux dans les Caraïbes. Quand Ulysse discourt sur l'ordre dans *Troïlus et Cressida,* il donne peut-être une image anticipée des théories de Galilée et Copernic sur la gravitation des planètes :

> Et voilà pourquoi le soleil, cette glorieuse planète, trône dans une noble proéminence au milieu des autres sphères [2].

1. Traduction de Pierre Leyris et Elizabeth Holland : *le Roi Lear,* III, 4, la Pléiade, t. II. (*N.d.T.*)
2. Traduction de F.-V. Hugo : *Troïlus et Cressida,* I, 3, la Pléiade, t. II. (*N.d.T.*)

Shakespeare, on le voit, pouvait à volonté puiser aussi bien dans le Moyen Âge que chez les modernes, s'inspirer des dédales de la tradition autant que des bonds en avant de l'esprit. Ses procédés et ses conventions les plus élémentaires relèvent, pour la plupart, de cette double origine. La sorcellerie et le surnaturel gardaient encore assez de vitalité dans l'Angleterre du XVIIe siècle pour lui permettre d'évoquer les trois sorcières et le fantôme du père de Hamlet. Ce qui ne les empêchait pas d'apparaître, selon le mot profond et ambigu de Hamlet, « très étranges ». Shakespeare savait opposer les spéculations de l'empirisme baconien à l'autorité archaïque d'un monde peuplé d'esprits. Ce n'est qu'à titre d'expérience qu'il sanctionne le surnaturel — et toute la richesse dramatique naît de cette incertitude.

Pendant un court intervalle, le décalage ménagé entre deux mondes, entre deux modes de sensibilité a joué dans le sens de la création. Après 1640, Bacon, Descartes et Newton avaient détruit à jamais l'ancienne loi. « Le mal, a écrit Yeats, a commencé à la fin du XVIIe siècle, quand l'homme est devenu passif devant les rouages naturels. »

Shakespeare pouvait aussi compter sur un théâtre et un public assez exceptionnels. Malgré l'importance des travaux des socio-historiens modernes et d'Alfred Harbage, nous ne connaissons pas encore ce public aussi intimement que nous le voudrions. Marx a mis en demeure quiconque voulait comprendre la profusion et la qualité de la scène élisabéthaine de le faire sans analyse préalable des données économiques et de la structure de classe propres aux comédiens et à leurs spectateurs ; mais l'on est encore loin d'avoir relevé son défi d'une manière satisfaisante. Du moins ne met-on plus en doute son affirmation. Que le génie de Shakespeare et les rapports qu'il a établis avec un vaste auditoire relèvent d'une époque qui n'avait pas encore connu l'inflation, c'est l'évidence même. Il n'y avait guère que les miséreux qui ne puissent se permettre, de temps à autre, une place au promenoir du Globe ; un penny représentait exactement une pinte de bière. Au XVIIIe siècle, quand le règne de la bourgeoisie se fut pleinement établi, une famille entière pouvait vivre quinze jours sur le prix d'un roman. Le théâtre où jouait Shakespeare rassemblait donc un éventail extrêmement large d'intérêts. Aristocrates et commerçants, apprentis et hobereaux, gens de robe et mercenaires, tous étaient là debout, en contact direct, sous la voûte des cieux. Qui a jamais entendu parler d'un autre théâtre capable d'exercer un même intérêt sur un registre social si étendu ?

Pour captiver l'esprit d'un tel public, l'éloigner des combats d'ours ou lui faire oublier l'averse, le théâtre élisabéthain devait se mouvoir simultanément sur plusieurs niveaux de compréhension et de divertissement. Il n'était pas question, comme chez Racine, de définir avec rigueur un mode verbal unique. Dans la même scène de *Hamlet* ou d'*Othello,* l'éclair de réflexion ou le jeu de mots ésotérique qui résonnent dans l'esprit du courtisan ou de l'érudit sont portés par une intrigue et une action à l'état brut assez puissantes pour empoigner l'imagination des plus frustes. On retrouve dans l'universalité du théâtre shakespearien, dans son attachement jamais démenti à une vision tragi-comique de l'existence, les aspirations et les multiples instincts d'un public aussi varié. Dès que le théâtre s'est enfermé à la lueur des bougies et s'est transformé en une distraction de cour, dès que la pression naissante du puritanisme a éloigné de la scène la bourgeoisie des villes, l'art dramatique a perdu son élan superbe. Il a laissé derrière lui ces « hauts lieux de la vie », comme les appelait Coleridge, afin de ne faire vibrer que des sensibilités plus délicates. G. E. Bentley a démontré combien le théâtre de la fin du XVIIe siècle tranche sur le génie populaire des Élisabéthains. Shakespeare vieillissant se ressent déjà de ce raffinement artistique. Le barde était venu à point.

Cela est vrai, avant tout, de la langue. Tout comme la sensibilité élisabéthaine s'était définie à travers le conflit et l'intime fusion des valeurs médiévales et de celles de la Renaissance, l'anglais de la fin du XVIe intégra en un tout unique le legs du passé et les innovations présentes. La cadence fondamentale de la langue, la vigueur du verbe, son imposante solennité venaient tout droit du Moyen Âge et de Caxton. La version biblique de 1611, son recours systématique à John Wycliffe et aux hommes du XIVe siècle accusent l'attachement des Élisabéthains et des Jacobéens aux formes anciennes. Cette traduction autorisée de la Bible trahit également la volonté d'enrichir l'héritage, de l'assouplir par l'apport des fonds classiques et européens. Ce sont eux qui submergent le vocabulaire élisabéthain et lui confèrent cette extraordinaire richesse d'expression.

Les Élisabéthains ont pillé le grec et le latin, les parlers de l'Europe comme ceux des nouveaux mondes de la façon même dont ils rançonnaient les ports espagnols. De l'espagnol *brisa* ils ont fait *breeze ;* ils ont emprunté *indigo* au portugais et *gong* au malais. Quand un personnage tragique de l'époque élisabéthaine admet avoir perdu l'espoir (*forlorn hope*), il déforme l'expression hollandaise *verloren hoop* (corps d'armée en déroute) que Sidney et Ben Jonson avaient entendue au cours de leurs batailles aux Pays-Bas. Mais c'est du grec et du latin que la Renaissance s'éprit avec fureur, c'est de ce précieux minerai qu'allait se forger l'*airain* dont l'esprit libre était fait (le mot *mettle,* lorsqu'il fait son entrée dans la langue vers 1580, réverbère une subtile ambiguïté). C'est à ce moment qu'une grande partie de notre vocabulaire politique et scientifique, artistique et métaphysique pénètre sur la scène en puisant dans les formes antiques.

Spenser et Marlowe ont fait du vers anglais le support idéal de l'harmonie linguistique. C'est à eux que l'on doit le coup de génie de la structure musicale dans laquelle se marient le latin et l'anglo-saxon. Ce procédé, avec sa gamme formidable de tensions et de résonances, gît au plus profond du style de Shakespeare. Il le polit par degrés ; avec *Henri IV,* il atteignait la perfection :

Wilt thou upon the high and giddy mast
Seal up the ship-boy's eyes and rock his brains
In craddle of the rude imperious surge,
And in the visitation of the winds...

« Quoi ! Tu vas au haut des mâts vertigineux fermer les yeux du mousse et bercer sa tête dans le rude berceau de la vague impérieuse, sous le souffle des vents... [1]. »

La langue représente cependant bien plus qu'une monnaie destinée aux échanges rationnels ou affectifs. Elle entretient des rapports privilégiés, tout-puissants, avec l'environnement social. L'Angleterre d'Élisabeth avait encore des contacts étroits et naturels avec la vie des champs ; et même dans les villes les modes de production et de commerce avaient encore un caractère essentiellement personnel et local. Tout homme savait d'où venait son pain et comment on l'avait fait ; il n'ignorait rien de la fabrication de ses bottes et du tissage de ses vêtements. En une journée de marche, il

1. Traduction de F.-V. Hugo : *Henri IV,* deuxième partie, III, 1, la Pléiade, t. I. (*N.d.T.*)

pouvait couvrir toute l'étendue de la *circonscription*[1], du palais et du tribunal à l'immensité des champs. C'est dire si les mots qu'il utilisait étaient proches et concrets. Il savait, par expérience personnelle, de quoi il parlait, et le nom des choses était plein de la chaleur ambiguë de ces objets que l'on a tenus entre ses mains.

Dans l'anglais de Shakespeare, le vocabulaire du charron et du marin, du soldat et de l'apothicaire, du clerc de notaire et de la sage-femme ont leur densité propre et leur précision. Chacun a son poids de réalité. On a bien souvent remarqué que Shakespeare a manié plus de mots qu'aucun autre poète, et que chacun d'entre eux garde sa saveur exacte. Ce qui importe pourtant, c'est que les vingt mille mots dont il dispose restituent le monde élisabéthain dans sa quasi-totalité. Aucun domaine de la pensée ou de l'action n'est, pour ainsi dire, négligé ; rien, ou presque, n'apparaît trop lointain ou trop spécialisé pour les besoins pratiques du théâtre. Ce caractère concret, d'ailleurs, mille et une fois nous ramène à la vie rurale et au travail manuel. Par exemple, comme l'a montré Dover Wilson, les déchirements cruels que s'infligent Hamlet et sa mère dans la chambre de la reine :

> Quoi ! vivre dans le suint ranci d'une couche graissée, infuser dans la pourriture, et, sur un fumier puant, mielleusement, faire l'amour !

s'inscrivent dans un ensemble de termes techniques et cependant banals empruntés à l'art de teindre la laine. Lui-même fils de lainier, Shakespeare savait comment on graissait la laine avec la panne de porc. D'où le

1. Proprement « l'étendue du corps » (*Body politic*), selon l'ancienne acception organique où transparaissait une cohésion toute métaphorique. (*N.d.T.*)

fumier de la porcherie et la conscience, toujours omniprésente, que de l'auge au gâteau de miel[1], il n'y a qu'un pas.

De nos jours, le bon demi-million de mots qui constituent l'anglais courant ne suffit plus aux besoins d'une société que la technologie a littéralement atomisée. Quand le langage que nous employons n'est pas banalité pure, il se spécialise de plus en plus. Le jargon urbain n'en sait pas plus sur la cuisson du pain que sur les fleurs et les pierres. Nous entrons en communication, mais avec des instruments d'emprunt devenus si impersonnels qu'ils ne contribuent plus à l'unité.

Le théâtre de Shakespeare ne serait rien sans cet embrasement spontané du langage, sans la faculté qu'ont ses personnages de se mettre en prise directe sur l'ensemble de la société. Si Newton et Leibniz ont été parmi les derniers à dominer toute la gamme des sciences de la nature et à envisager le savoir comme une totalité complexe, personne après Shakespeare n'a su enfermer dans le langage poétique une vision globale de la condition humaine, une *summa mundi*. Après 1640, les anciennes cohérences se lézardent. Une fois de plus, l'homme et le siècle se trouvent face à face.

On peut admettre que le talent individuel a été porté par l'expansion parallèle de l'économie, de la psychologie et de la langue : la suprématie de Shakespeare n'en demeure pas moins. Il est plus grand que Marlowe ou Jonson ; bien supérieur à Webster, Ford ou Tourneur. De quelle façon ?

Cette question fait nettement le départ entre les préoccupations et admirations contemporaines et les

1. Jeu de mots sur *honey-comb,* gâteau de miel, et *honey-moon,* lune de miel. (*N.d.T.*)

critères romantiques et victoriens. Hazlitt s'attaque avec pénétration aux « hommes et femmes » de Shakespeare, à l'art de créer des « êtres vivants ; » les Victoriens ne retiennent que « le maître de la sagesse humaine », et pourchassent dans ses pièces un message intellectuel et des préceptes moraux. Par contraste, c'est l'artisan du langage qui passionne la critique shakespearienne moderne. *How many children had lady Macbeth ?* (« Combien d'enfants avait lady Macbeth ? »), l'essai bien connu que L. C. Knights publia en 1933, annonce et résume cette nouvelle tendance.

Les pièces de Shakespeare sont constituées de mots choisis et organisés en fonction de visées poétiques et dramatiques. Ces mots sont tout ce que nous avons. Discourir du caractère de Hamlet avant que se déroule la pièce, ou évoquer Falstaff et le piètre crépuscule de sa vie, ne sont que verbiage. Nul personnage n'est « réel » au sens apparent du terme. Il n'existe que sur le papier, et cette présence textuelle se trahit par une disposition spécifique des mots. Lorsque la syntaxe diffère — une suite autre d'images, d'arguments rhétoriques —, le personnage, la signification proprement dramatique s'altèrent. C'est pourquoi une lecture authentique de Shakespeare (que sont metteurs en scène et acteurs sinon des gens qui lisent à voix haute ?) exige non seulement un commerce intime avec l'œuvre dont nous nous occupons, mais encore une sensibilité infinie aux moindres de ses nuances.

Que se dégage-t-il d'une telle lecture ?

Shakespeare, plus qu'aucun être humain dont les capacités intellectuelles nous sont connues, a gardé le langage dans un état de perpétuelle disponibilité. Je veux dire que la vaste majorité des hommes se sert de la langue selon des automatismes, de façon purement utilitaire. Les mots ont un seul sens, figé à jamais. Tout le registre verbal pourrait, selon eux, être consigné dans un manuel, dans le dictionnaire de poche du parler fondamental. L'éducation et la littérature ramifient nos besoins émotionnels ; elles nous révèlent la structure polyphonique du langage, la multiplicité et parfois l'hétérogénéité des intentions et allusions dont chaque terme, selon sa place et son accent, est chargé. Nous en venons à reconnaître que seules les propositions les plus formelles ou les plus frustes ne présentent qu'une seule possibilité d'interprétation.

Chez Shakespeare, cette vigilance de tous les instants, cette réaction infaillible à la totalité des sollicitations passent toute intensité connue. On peut même se demander s'il ne savait pas tirer parti plus complètement et plus économiquement que le reste de l'humanité des zones du cortex où l'on pense pouvoir localiser les fonctions de la parole. Qu'il s'empare d'un mot, ou d'un groupe de mots, et Shakespeare, impérieusement, met en jeu non seulement les définitions, les divers accords que nous fournissent les dictionnaires, mais il semble de plus qu'il entende résonner autour de chaque mot la totalité de ses harmoniques, de ses connotations et de ses échos. On pourrait comparer ce don à l'acuité extrême, à la discrimination subtile d'une oreille musicale. Pour Shakespeare, plus que pour aucun autre poète, le mot était un noyau pris dans un champ complexe d'énergies.

Celles-ci plongent dans l'inconscient, dans les ténèbres originelles où le langage humain s'est dégagé de la gangue d'un « prévocabulaire » biologique ou somatique. C'est souvent, chez Shakespeare, que les mots affleurent à la surface tout imprégnés de leurs associations subconscientes tandis que leurs racines s'enfoncent encore dans l'humus. Mais cette notion de perpétuelle disponibilité pousse aussi des branches. Il est rare que ses termes viennent se nicher dans un sens unique. Comme un pendule, ils balaient une vaste surface d'analogies et de synonymes partiels. C'est bien souvent qu'un mot, par harmonie imitative ou par la grâce du calembour, passe graduellement dans une autre région sémantique. Cette extension continuelle se fonde délibérément sur l'instabilité du vocabulaire élisabéthain, sur la fluidité de la syntaxe et des définitions que le *Dictionnaire* du docteur Johnson n'était pas encore venu juguler.

La lecture de Shakespeare nous met en contact avec un instrument verbal d'une richesse et d'une précision inégalées, avec un système d'expression qui ne se limite pas, comme en chacun de nous, à un agencement rigide et conventionnel d'idées mais charrie sans désemparer une force spirituelle, un flux d'émotions déployé sur tout l'éventail de sa création. Nous nous servons des mots comme d'une partition de piano ; Shakespeare a convoqué l'orchestre au grand complet.

Nous en trouvons la preuve dans l'étude d'ensemble des pièces et des poèmes. Il me suffira de produire un ou deux exemples.

Dans le premier acte de *Hamlet,* le pouvoir qu'ont bon nombre de mots clefs de capturer et de retenir notre attention vient de ce que Shakespeare a projeté l'énergie latente de leur étymologie au grand jour de la conscience. Une profonde résonance se manifeste derrière la signification première. Dans le récit d'Horatio, le mot *désastre* laisse prévoir le chaos, la destruction littérale des astres et prépare la confession de Hamlet pour qui les cieux cloutés d'étoiles sont devenus « un pur amoncellement de vapeurs pestilentielles [1] » : Quand Horatio mentionne les esprits *extravagants,* l'étymologie — « errer en dehors » — module sur des harmoniques d'excès tragiques, de dépenses vaines encore à portée dans la langue de 1590. De concert, la

1. Traduction d'André Gide. (*N.d.T.*)

racine du mot et ses vibrations déterminent l'usage graphique que Horatio fait de *confiner,* au vers suivant. Confiner suggère à la fois frontières et prisons (et des nuances variées de limitation se jouent dans cette image) ; le Spectre a échappé à une douloureuse captivité, l'âme en proie aux ravages de la luxure. Qu'on note encore la façon dont Claudius se trahit par sa référence au *deuil obséquieux* de Hamlet, expression dans laquelle « obséquieux » se charge de la valeur puissante et concrète de son étymologie latine (obsèques) aussi bien que de l'allusion plus moderne au geste faux, cauteleux. Et que dire de la façon dont cette expression jette rétrospectivement une lueur ironique sur ce que nous savons des funérailles hâtives du père de Hamlet ?

On trouve un merveilleux exemple encore de la faculté qu'a un seul vocable d'en appeler simultanément à la sensibilité et à l'intelligence : dans la première tirade du Spectre, Shakespeare traduit l'horreur qui dresserait les cheveux de Hamlet par l'image d'un « porc-épic en furie » ; on songe à un monstre héraldique, à l'emblème d'un écu ; la description que Horatio vient de donner du Spectre le laissait vaguement présager puisque ce dernier était « armé de pied en cap ». L'avertissement que le Spectre, aussitôt, adresse à Hamlet jaillit de cette allusion héraldique : les secrets hideux du purgatoire, « l'éternel héraut ne les claironne (*blazon*) point pour les oreilles de chair ». Shakespeare emploie « blazon » qui, à l'origine, désigne un écu peint ; par analogie, le mot en est venu à définir le but même de l'art héraldique, signaler la différence. Cependant, la sonorité même du mot soulève un écho qui transcende le simple calembour : Shakespeare fait gronder à nos oreilles le brasier (*blaze*), les flammes du purgatoire où le Spectre, pendant un temps, est condamné à errer. Shakespeare savait-il — avait-il besoin de savoir — que les philologues modernes attribuent aux deux termes une origine commune lointaine ? Non, sans doute ; mais chaque mot qu'il retient englobe toutes ses acceptions.

On a voulu ramener ses pièces au déploiement graduel de métaphores élémentaires. Les éléments qu'il a choisi de magnifier et d'approfondir sont doués d'une puissance latente telle qu'elle contribue à resserrer l'action dramatique. L'ensemble du *Roi Lear,* avec l'image qui y est donnée du chaos universel, semble, en ce sens, surgir de la prophétie du Fou selon laquelle Lear verra Regane, son autre fille, en user *bonnement* avec lui. « Bonnement » (*kindly*) : dans cet adverbe, quels présages de destruction, quelles questions effrayantes ne sont pas embusqués ! La « bonté » (*kindness*) existe-t-elle au sein de l'espèce humaine (*kind*) ? Et si chacun, précisément, obéit à la seule loi de sa race, qu'adviendra-t-il ? Son incomparable flair linguistique a-t-il permis à Shakespeare de déceler, à l'origine du *kind* anglais, ce qui allait devenir « enfant » en allemand ? De façon analogue, le motif complexe de *Macbeth,* la confusion des valeurs naturelles, le dérèglement politique et l'égarement moral se résument dans la prédiction liminaire : « Le laid est beau et le beau laid. »

Sa divination des actes humains, son sens prodigieux de la saveur historique, sa prémonition apparente de la psychologie des profondeurs — que l'on pense aux suggestions freudiennes de l'adieu du paysan à Cléopâtre : « Je vous souhaite bien du plaisir avec le ver [1] » — tout, en dernier ressort, relève d'une conscience démesurée des potentialités verbales. Ses pièces composent une thématique dans laquelle chaque terme reçoit sa plus grande extension. Cette plénitude en fait une œuvre qui, selon la superbe envolée de Ben Jonson, est :

1. Traduction d'André Gide : *Antoine et Cléopâtre,* V, 2, la Pléiade, t. II. (*N.d.T.*)

si gorgée de vie
Qu'elle soulèvera toutes les forces vivantes, pour survivre.

Cette œuvre, la compréhension que nous en avons, survivront-elles effectivement ? Pouvons-nous concevoir Shakespeare, comme Carlyle le faisait en 1840, « brillant bien haut au ciel de toutes les nations... dans mille ans encore » ? Sa prochaine célébration, en 2064, verra-t-elle des lasers transmettre à toutes les stations de l'espace les réjouissances et les carillons de Stratford, ou bien ne restera-t-il pour lui rendre hommage que quelques érudits et archéologues ?

Chaque siècle a son Shakespeare. Chacun a choisi, dans l'immensité de son répertoire, les éléments qui en appellent avec le plus d'intensité à son tempérament particulier. À travers le temps, l'œuvre d'art s'alourdit de visions et de réévaluations successives. Les récents séismes politiques ont mis au jour, dans *le Roi Lear,* tout un fondement de haine contre nature et d'atrocité. Notre amour de l'ambiguïté psychologique confère à des pièces comme *Mesure pour mesure* et *Troïlus et Cressida* un prestige et une fascination jamais atteints auparavant. À l'inverse, *Roméo et Juliette* et *le Songe d'une nuit d'été* ne suscitent plus le même intérêt qu'au XIXe siècle. Notre image du dramaturge poète, du bâtisseur d'empires sonores (un critère qui place *Coriolan* bien près du faîte) peut très bien se modifier, perdre créance.

On doit se garder de toute prophétie. Mais on peut discerner certains dénigrements, certaines tendances. Le public de Shakespeare s'est beaucoup élargi grâce à l'éducation. Jamais jusqu'ici tant d'hommes ne sont entrés en contact avec ses pièces. Il n'est pas de langue, pas de groupe structuré rompu aux méthodes modernes de diffusion, où on ne les pratique peu ou prou. Mais ce qu'a produit la formation populaire depuis la fin de la révolution industrielle n'est qu'une culture au rabais, la possibilité de lire et de comprendre dans un registre limité et utilitaire. Cette culture est totalement étrangère au pouvoir du verbe, au système de références, aux sentiments implicites dans un texte élisabéthain. Le savoir fondamental que Shakespeare partageait avec son public et avec l'humanisme européen — connaissance des Écritures et de la mythologie classique, de ce trésor collectif que représentent le symbolisme chrétien et les allégories de la Renaissance — est en train de disparaître dans les confins de l'érudition.

À l'acte II de *Cymbeline,* Iachimo sort d'un coffre pour espionner Imogène endormie. Il se compare à Tarquin foulant « doucement les tapis de jonc avant d'éveiller la chaste beauté qu'il viola [1] ». La jeune femme est Cythérée ; le bracelet qu'il enlève à son bras est « aussi aisé que le nœud gordien était difficile ». Avant de s'endormir, Imogène lisait

> ... l'histoire de Térée ; la feuille est pliée à l'endroit où Philomèle céda.

Toutes ces allusions classiques faisaient naturellement partie du bagage intellectuel d'un écolier élisabéthain ; pour l'éducation européenne de la classe bourgeoise jusqu'au début du XXe siècle, elles allaient de soi. Combien de lecteurs peuvent, de nos jours, sans aucune référence, comprendre le plan précis que poursuit Iachimo ? Il ne s'agit ici aucunement de raffinement critique. Les cinq citations données, et l'ordre sous lequel elles apparaissent, constituent le fond de l'évolution dramatique. Si l'on ne saisit pas sur-le-champ, avec une horreur sans nom, qu'il s'agit là du

1. Traduction de F.-V. Hugo, II, 2, la Pléiade, t. II. (*N.d.T.*)

viol silencieux qu'a rapporté Ovide, toute la tirade d'Iachimo, sa méchanceté plate et sans élan sont perdues sans recours. Shakespeare se sert d'un alphabet que nous ne comprenons plus vraiment.

L'œuvre complète de Shakespeare, que la New American Library est en train de publier en livre de poche, est un chef-d'œuvre d'édition scrupuleuse et de générosité démocratique. Mais il se peut que ce soit le dernier exemple d'un texte authentique, maintenu et non étouffé par les notes, qui atteigne les masses ; au fond de moi-même, je me demande combien de ceux qui achètent ces livres remarquables lisent véritablement les pièces. À mesure que se succèdent des générations semi-cultivées, nous verrons croître la distance entre Shakespeare et le lecteur, de même que grandira la tentation de « moderniser », de présenter des versions en « digest » ou en langue vulgaire. Shakespeare, de la façon même dont on le traduit dans des langues de plus en plus éloignées du monde et de la civilisation qui étaient siens, pourrait bien quelque jour se retrouver traduit en un jargon anglo-américain plus étranger encore au langage élisabéthain.

En fait, l'autorité du texte écrit peut être amenée à céder le pas à la transposition visuelle. La télévision à trois dimensions et la transmission en images, dans chaque foyer, des réalisations les plus terre à terre, peut réduire le livre à un rôle mineur. Les pièces pourraient redevenir ce qu'elles étaient avant l'innovation que représente le folio : du théâtre pur. Et comme c'est déjà le cas pour une grande partie de la musique classique, un large public suivrait l'action d'œuvres dont il ne peut ni lire ni juger vraiment la partition. Peut-être qu'une telle perspective ne ferait même pas tressaillir Shakespeare. C'était un homme de théâtre, curieusement indifférent, si les témoignages sont authentiques, à la pérennité du texte écrit.

Peut-on imaginer un jeu de circonstances, hormis une catastrophe nucléaire, qui ferait tomber *Hamlet* ou *Othello* dans un oubli partiel, qui limiterait à quelques spécialistes l'étude de cette grande œuvre ?

Ce que tout cela sous-tend, c'est l'abandon de la primauté du verbe, de la souveraineté du langage. Il n'est pas du tout évident que la civilisation continue à sécréter, dans le futur, ces représentations syntaxiques, cette *mimesis* que l'on trouve chez Dante, Shakespeare et Joyce. Simenon est sans doute parmi les derniers qui aient choisi une culture tout entière comme canevas verbal.

Si le langage, tel que nous le connaissons, allait perdre une partie de sa fonction et de son caractère universel, les œuvres de Shakespeare deviendraient intelligibles à une caste réduite et spécialisée d'« interprètes » ; elles conserveraient leur rayonnement secret, mais l'homme du commun les trouverait aussi fermées, aussi difficiles à déchiffrer que les peintures murales des grottes d'Altamira.

Voilà qui est pure hypothèse. Une chose pourtant semble étrangement certaine : aucun écrivain ne l'emportera sur Shakespeare. On peut l'affirmer de façon tout à fait rationnelle, Shakespeare n'est pas seulement le plus grand écrivain qui ait jamais vécu, mais aussi le plus grand qui verra jamais le jour. N'est-ce pas là, au sens le plus profond du terme, une affirmation scandaleuse ? Elle va à l'encontre du mouvement instinctif qui pousse l'espoir humain de l'avant. Elle borne sans rémission l'ambition du poète, de tout homme qui lutte pour maîtriser la vie, la couler sur sa page blanche. C'est en arrière que l'étude et la critique littéraires jettent sans cesse leurs yeux. Il y a un grain de vérité bien acide dans le slogan surréaliste proclamant qu'il faut brûler Shakespeare si la poésie doit être renouvelée, si nous voulons retrouver notre innocence face à la magie du verbe. Mais c'est encore lui faire honneur que de reconnaître combien est lourd le fardeau de sa gloire.

TROTSKI ET L'IMAGINATION TRAGIQUE

1.

La biographie de Trotski par Isaac Deutscher, aussi impressionnante par ses dimensions que par la portée de son engagement imaginatif et intellectuel, pose à nouveau la question de la chute de Trotski. Quelles sont les raisons de l'échec du tacticien virtuose de la révolution bolchevique, cet homme égal et parfois supérieur à Lénine lui-même en perspicacité et génie inventif ?

Les causes sont multiples, mais toutes ramènent à l'époque de la victoire. En décembre 1919, Trotski se trouvait à l'apogée de sa réussite politique et militaire. Les armées des Blancs avaient été démantelées et repoussées sur un cercle de quelque cinq mille miles. Ioudenitch et ses tanks britanniques étaient arrêtés aux portes de Petrograd. Sur le front sud, les gardes blancs reculaient en désordre de Kiev et de Poltava. En Sibérie, le mythe d'une Russie antisoviétique, lancé par l'amiral Koltchak, touchait à sa fin macabre. Au VIIe Congrès des Soviets, Trotski, fraîchement décoré de l'ordre du Drapeau rouge, semblait incarner l'invention, le courage glacé et l'espoir implacable qui avaient rendu la victoire possible. Son nom, de par le monde, était légendaire.

Et cependant, à peine quatre ans après, il quittait le commissariat aux Armées et le 16 janvier 1928, écarté du pouvoir, il empruntait les chemins de l'exil vers l'Asie centrale. Comment Staline, avec ses louvoiements et sa ténacité de félin, a-t-il fait pour émerger de l'ombre bureaucratique et isoler, renverser le plus grand de ses rivaux potentiels ?

La tragédie classique se profile à l'horizon. Trotski achoppa à l'instant précis du triomphe. Lui qui avait invoqué et défendu la vraie démocratie du prolétariat, qui avait engagé les travailleurs et les paysans à exprimer et systématiser leurs opinions dans le mouvement continu du débat révolutionnaire, le voici qui se ralliait à la théorie et à la pratique d'un contrôle total du Parti. C'était le Parti, magistralement informé par un sens historique authentique et intronisé par le succès, qui allait devenir la voix et le bras du régime. Intensément conscient du désordre social et économique engendré par la révolution et la guerre civile (qui eût cru qu'un seul esprit pût concevoir et mieux encore dominer la somme des destructions particulières ?), entraîné lui-même par l'impulsion qu'il venait de donner à l'Armée Rouge, Trotski proposa en décembre 1919 de mobiliser la main-d'œuvre civile selon le modèle militaire. Saint-Just avait déjà contemplé cette idée au cours de la Révolution française. Pendant l'hiver 1920-1921 qui vit « l'attaque de fièvre » et « la maladie mortelle » du Parti, selon les mots de Lénine, Trotski prit la tête de la faction qui réclamait l'intégration des syndicats autonomes à l'appareil d'État. Il raillait ceux « qui se sont fait un fétiche des principes démocratiques » et soutenait avec une éloquence corrosive que « le Parti doit maintenir sa dictature sans égard aux fluctuations passagères et aux incertitudes des masses, sans même tenir compte des tergiversations de la classe ouvrière ».

Ce fut Trotski qui ramassa les lauriers après l'écrasement de la révolte de Kronstadt par laquelle s'amorçait le duel long et farouche de la révolution des Soviets avec son passé radical ou anarchiste ; ce fut lui encore qui salua comme une victoire nécessaire l'extermination des marins qu'il avait lui-même poussés à se mutiner en 1917 et menés pendant la guerre civile. Sa nouvelle position trahissait une ironie profonde et la tentation du suicide politique. En proclamant que le Parti devait se substituer à la volonté commune et ramasser cette volonté en un instrument monolithique, Trotski prévoyait qu'un jour le Comité central prendrait la place du Parti tout entier et que, par un processus irréversible, un dictateur unique rassemblerait en une seule personne les fonctions et les volontés du Comité central. Cependant, comme un vrai personnage de la tragédie classique, Trotski ne fit rien pour enrayer les dangers qu'il pressentait. En lui, la clairvoyance et l'action politique se dissocièrent comme si la fatalité, envisagée comme un mécanisme historique, exerçait une irrésistible fascination. Il trébuchait, s'acharnait, souverain. On ne peut manquer d'évoquer Étéocle arrivant sans ciller aux portes de la mort dans *les Sept contre Thèbes,* sourd aux appels du chœur qui l'incite à s'échapper ou à se rebeller :

> Les dieux ne se soucient plus de moi : la seule offrande qui puisse leur plaire est celle de ma mort. À quoi bon flatter encore un destin qui veut ma perte[1] ?

La crise de l'interrègne de 1923-1924 rend plus évident l'isolement de Trotski. Ici, l'étude de E. H. Carr sur l'histoire interne de la Russie soviétique et du Parti s'avère indispensable. La triste condition de l'économie soviétique et les exigences contraires de l'industrie et

1. Traduction d'Émile Chambry, Classiques Garnier. (*N.d.T.*)

de l'agriculture provoquèrent de sévères divisions. Mais, du fait de son opposition antérieure aux syndicats, Trotski ne devint jamais le chef désigné d'une « opposition industrielle » (telle qu'on la verra se dégager, des dizaines d'années plus tard, en réaction contre l'inefficacité et les cruautés archaïques du gouvernement de Staline). Avec une impatience croissante, Trotski joua sa partie en solitaire. Cela apparut nettement pendant les dissensions qui régnèrent à Moscou sur la ligne de conduite que devait adopter le parti communiste allemand. Comme le dit Carr : pour Trotski, « les destinées des révolutions russe et allemande étaient liées de façon irrévocable : c'était chez lui une croyance aussi instinctive que rationnelle ». En août 1923, Trotski croyait vraiment l'heure venue de la révolution prolétarienne au pays de Marx. L'échec du parti communiste allemand en octobre, suivi à quelques jours du putsch d'Hitler à Munich, affaiblit encore les ressources tactiques et affectives de Trotski. Déjà Staline, dont l'indifférence apparente à la question allemande était en fait un mélange d'ignorance et d'habileté intuitive, commençait à s'imposer au sein du triumvirat Kamenev-Zinoviev-Staline.

De plus, il est indiscutable que la maladie et la mort de Lénine ébranlèrent Trotski et le laissèrent curieusement vulnérable. Les relations entre ces deux géants de la révolution russe étaient complexes et essentielles, comme nées du cerveau d'un grand romancier. Elles avaient commencé dans la polémique. En 1904 Trotski, qui n'avait pas encore rompu avec les mencheviks, décrivait Lénine comme un homme « repoussant » et « débauché », un Robespierre russe qui élevait une barrière de sang entre son Parti et le monde. (Trotski se voyait-il déjà dans le rôle de Danton ?) Ils s'opposèrent à nouveau lors de la formulation, en 1915, du Programme de Zimmerwald, et, en 1917, Trotski ne se prononça pas sans retard quand Lénine lui demanda, ainsi qu'à ses amis, de rejoindre les bolcheviks. Ce sont les exigences et les triomphes d'Octobre qui cimentèrent leur alliance. Deutscher parle des « incompatibilités d'humeur et d'habitudes » des deux titans, et l'on imagine le roc et la lave.

Mais au cours des six années de leur entente, années qui bien que trop courtes changèrent la face du siècle et d'une grande partie du monde, il s'établit entre eux un profond respect. Lénine, d'après Deutscher, « ne fit jamais allusion à leurs anciennes controverses, sinon pour admettre en privé que Trotski avait eu raison dans certains domaines et pour demander au Parti, dans son testament, de ne pas lui faire grief de son passé non bolchevique. Dans ce document célèbre, tout en reconnaissant au génie de Trotski une alarmante suffisance, Lénine affirmait qu'il était, sans contredit, l'homme le plus doué de l'actuel Comité central ».

Trotski rendait justice à la suprématie de Lénine, à son insurpassable sens politique. Il n'abandonna pas pour autant son indépendance mais garda le remords de ses attaques initiales contre l'intégrité et l'ascendant de Lénine. Tant que Lénine resta le maître, Trotski improvisa avec une merveilleuse efficacité, comme si Lénine eût été le ferme pilier contre lequel pouvaient s'exercer, sans crainte d'un désastre politique, la liberté et l'indiscipline de son propre tempérament. Aussi longtemps que Lénine fut en mesure d'écouter et de juger, Trotski se sentit protégé des manœuvres sournoises du Parti et des représailles de la vieille garde. Ce qui le séparait des cadres du Parti semblait bien minime comparé à la puissance latente de l'accord Lénine-Trotski.

À la mort de Lénine, le flair politique de Trotski, son génie du sarcasme et de l'intrigue parurent le quitter. Qu'il se soit laissé arracher dans ses premiers affrontements avec Staline l'héritage prestigieux de Lénine, qu'il n'ait pas réussi à imposer l'application intégrale du testament avec ses mises en garde contre les abus de pouvoir bureaucratique de Joseph Vassilievitch, peut-on empêcher de voir là les manifestations d'un inexpugnable sentiment de culpabilité ? Comme si Trotski ne s'était jamais pardonné ses attaques des débuts contre Lénine, comme si son subconscient ne lui permettait pas de tirer profit de leur collaboration pour combattre ces vieux-bolcheviks qui le traitaient en opportuniste et en ouvrier de la dernière heure. La fatalité, ou l'action de Staline qui a très bien pu créer cet imbroglio, voulut que Trotski fût absent de Moscou au moment des funérailles de Lénine. Et c'est précisément à cette occasion que Staline fit pour la première fois résonner la note sinistre du culte de la personnalité, celle de l'hommage byzantin au chef.

Deutscher résume ainsi la situation : « Lentement, mais de façon inexorable, les circonstances qui devaient mener à la défaite de Trotski commencèrent à se manifester et s'additionner. Il laissa passer le moment de confondre les triumvirs et de discréditer Staline. Il négligea ses alliés. Il ne parvint pas à se poser comme le porte-parole de Lénine avec l'énergie que celui-ci avait attendue de lui. Il ne réussit pas à défendre devant l'ensemble du Parti les Géorgiens et les Ukrainiens qu'il avait soutenus au sein du Politburo. L'appel à la démocratie intérieure lancé par les militants le trouva silencieux. Il se fit l'avocat de théories économiques dont la portée historique échappait à ses auditeurs, mais que ses adversaires savaient déformer : les travailleurs et les paysans, tout comme les bureaucrates, furent ainsi conduits à penser que Trotski leur était hostile et la seule idée qu'il pût succéder à Lénine faisait trembler chaque classe, chaque groupe social. »

Quelles étaient les raisons de cette temporisation, de ce refus de s'appuyer sur le gros du Parti, sur l'armée qu'il avait créée, sur le mouvement communiste international pour lequel il n'avait rien perdu de sa gloire ? Trotski était-il trop fier pour se défendre, comme l'insinua Staline ? Il s'agit vraisemblablement de causes plus profondes. Le marxisme peut faire perdre à un individu le sens de son identité, de la façon même dont sont affectés les protagonistes d'une tragédie. Le révolutionnaire marxiste, puisqu'il soumet son imagination et ses critères personnels au devenir historique, apprend à se contenter d'un droit de regard des plus restreints. Dût-il entraîner la destruction ou l'abaissement de sa personne, le fait historique avec sa logique et sa puissance de persuasion l'emporte en lui sur les impératifs du vouloir-vivre. La fatalité est acceptée, presque voulue, puisque aussi bien elle est inhérente à la vérité historique, cet élan vers l'avenir où l'exigence individuelle trouve sa justification. C'est le ton même des personnages de la *Deirdre* de Yeats, roides et hautains devant la mort :

They knew that there was nothing that could save [them,
And so played chess as they had any night
For years and waited for the stroke of sword.
I never heard a death so out of reach
Of common hearts, a high and comely end.
What need have I, that gave up all for love,
To die like an old king out of a fable,
Fighting and passionate ? What need is there
For all that ostentation at my setting ?
I have loved truly and betrayed no man.
I need no lightning at the end, no beating
In a vain fury at the cage's door.

« Ils savaient que plus rien ne saurait les sauver
Et jouaient aux échecs comme les autres soirs
Dans l'attente du coup qui leur était promis.

Je n'ai jamais connu de mort plus étrangère
Au commun, de fin si hautaine et si belle.
Me verra-t-on mourir en vieux roi de légende,
En guerrier écumant, en soldat passionné
Quand j'ai tout sacrifié au pouvoir de l'amour ?
Est-il besoin d'orner ma nuit d'un tel panache ?
Je suis resté fidèle et n'ai jamais trahi.
Ma mort peut se passer de l'éclair des nuées
Ou des poings martelant la porte de la cage. »

Ce qui est certain, c'est la conjonction inextricable chez Trotski de la maladie et de l'épuisement nerveux qui le retenait loin de Moscou aux heures cruciales et l'empêcha d'organiser au jour le jour et de manipuler comme il le devait ce jeu des factions où Staline était passé maître. La victoire avait laissé Trotski dans un étrange état de fatigue et d'abandon. Quand il eut reconquis toute sa fermeté, quand il comprit qu'il ne pourrait vivre que « passionnément et dans la lutte » et qu'un ultime embrasement s'imposait, il était trop tard.

Tel est le thème du *Prophète hors-la-loi,* sans doute le meilleur volume de la biographie que nous devons à Deutscher[1]. Les événements se déroulent comme dans une pièce dont Niobé serait l'héroïne. La chronique embrouillée des cruautés de Staline offre peu d'exemples qui passent en horreur le massacre des enfants et petits-enfants de Trotski : sa fille, Zina, déchue de la nationalité soviétique, ne put rejoindre son mari ou ses enfants. Son esprit affolé n'y put résister et elle se suicida à Berlin, où les nazis se seraient de toute façon emparés d'elle quelques semaines plus tard. Léon (ou Lyova), le fils aîné de Trotski, fut son infatigable

1. *Trotsky. Le Prophète armé*, t. I, *le Prophète désarmé*, t. II, *le Prophète hors-la-loi*, t. III, trad. P. Péju, E. Bolo et J. Clerc, Paris, 1962-1965. (*N.d.T.*)

compagnon d'exil, l'avocat, le messager et le propagandiste de son père. Son courage et sa fidélité ne se démentirent jamais, malgré la somme fantastique de travail exigée de lui dans des circonstances de plus en plus désespérées, et malgré l'emportement avec lequel il était souvent traité. C'est lui qui maintint en vie les restes précaires du mouvement trotskiste en Europe occidentale, et c'est grâce à ses efforts que le rêve chancelant d'une IVe Internationale conserva quelque réalité. Mais il était pourchassé par la Guépéou. Il mourut à Paris en 1938, à l'âge de trente-deux ans, surmené, sous-alimenté et désespéré. Deutscher conclut qu'il existe « de fortes présomptions » de meurtre.

Le plus jeune fils de Trotski, Sergei, s'efforça d'échapper à la contagion des convictions et des revers politiques de son père. Mais en vain. En dépit des appels de Trotski à l'opinion mondiale, Sergei fut déporté dans un camp de concentration sibérien, torturé dans l'espoir qu'il le dénoncerait. Il fut probablement achevé en 1938, bien que selon certains il fût aperçu vivant à une date ultérieure. Pleinement conscient d'avoir voué ses enfants à un sort cruel auquel il ne pouvait rien changer, Trotski subit les affres de l'enfer. Il écrivit au sujet de Lyova : « Sa mère (personne au monde ne fut plus proche de lui) et moi-même, tandis que nous vivons des heures aussi douloureuses, évoquons son image trait par trait ; nous refusons de croire qu'il n'est plus, et pleurons car il est impossible de ne pas le croire... Ta mère et moi n'aurions jamais, au grand jamais, imaginé que le destin nous imposerait la tâche... d'écrire ton article nécrologique... Pourtant, nous n'avons pu te sauver. » Comme Ovide le dit de Niobé : *dumque rogat, pro qua rogat, occidit* (pendant qu'elle était en prière, l'enfant pour lequel elle priait tomba mort).

C'est bien sûr Trotski lui-même que Staline avait

résolu d'anéantir. Et ce fut l'interminable poursuite de Turquie en France, de France en Norvège et de Norvège au Mexique. Ce ne sont pas seulement les poursuivants qui provoquent le dégoût, mais ceux aussi qui refusèrent le droit d'asile ou l'entourèrent de conditions si dégradantes que Trotski dut chercher ailleurs. Au contraire de Herzen, Ogarev ou Marx, Trotski ne fut pas accueilli en Angleterre. Deutscher suggère qu'il existe une ressemblance certaine entre Trotski et Churchill, tous deux historiens, tribuns et amateurs de génie en matière militaire. Mais Churchill ne fit preuve d'aucune grandeur à l'égard de Trotski. Il se réjouit de voir « l'Ogre de l'Europe » réduit à un « tas de vieux chiffons » immobile, déchiré, sur les rives de la mer Noire ou traqué de ville en ville. N'étaient-ce pas les milices de Trotski qui avaient pulvérisé les espoirs que Churchill plaçait dans une intervention contre-révolutionnaire des Alliés ?...

Sa fin fut digne de lui : « Le crâne fracassé, le visage ensanglanté, Trotski bondit sur ses pieds, bombardant l'assaillant de tout ce qu'il avait sous la main, livres, encriers, jusqu'au dictaphone, puis se jeta sur lui. Le tout avait duré trois ou quatre minutes... La dernière lutte de Trotski. Il se battit comme un tigre. Il empoigna le meurtrier, le mordit à la main et lui arracha le pic à glace. »

C'est cet extraordinaire sursaut de la volonté après sa défaite à Moscou qui permit à Trotski d'accomplir, en onze ans de fuite et d'exil, l'essentiel de ce qu'il a légué à la postérité. La stature de Trotski pendant ces années, le bouillonnement d'énergie issu d'un seul être lui confèrent l'universalité singulière de la légende. Pour qui s'intéresse à la littérature, ses œuvres ont de quoi fasciner tout comme ses livres, encriers, dictaphone (cet arsenal de l'écrivain).

À l'île des Princes, dans la mer de Marmara, Trotski

écrivit sa biographie, *Ma vie,* et son *Histoire de la révolution russe,* deux livres admirables qui ont survécu au temps. L'autobiographie fut rédigée dans les limbes, du fond de l'oppressante accalmie ménagée entre la masse formidable du passé et un avenir incertain. Trotski, qui voit déjà l'histoire s'emparer d'une grande partie de sa vie, y atteint à un étrange détachement. Il a le coup d'œil précis de l'écrivain-né et du stratège. À la fin de l'été 1902, Trotski s'enfuit de Sibérie « avec G., traductrice de Marx » : « Le conducteur filait à la sibérienne, atteignant vingt verstes à l'heure. Mon dos comptait tous les cahots que ma compagne scandait de ses gémissements. On changea les chevaux deux fois au cours du voyage. Avant d'atteindre la gare, nous nous séparâmes, afin que chacun de nous n'eût pas à souffrir des risques et dangers encourus par l'autre. Je montai dans le wagon sans problème. Mes amis d'Irkoutsk me fournirent alors une valise de chemises empesées, cravates et autres attributs de la civilisation. À la main, je tenais un exemplaire de l'*Iliade,* en hexamètres, de Gnyedith ; dans ma poche se trouvait un passeport, au nom de Trotski que j'y avais écrit au hasard, bien loin de me douter que ce serait mon nom pour le reste de mes jours... D'un bout à l'autre du voyage, tous les occupants du compartiment passèrent leur temps à boire du thé et manger de minables galettes sibériennes. Je lus les hexamètres et rêvai de ma vie à l'étranger. Ma fuite n'eut rien de romantique ni de grandiose ; elle fut noyée dans le thé. »

L'*Histoire* est un chef-d'œuvre, « sans équivalent dans la littérature mondiale, souligne Deutscher, comme récit d'une révolution donné par un de ses principaux acteurs ». Le livre a cette maîtrise du grandiose que l'on trouve également chez Carlyle ; il peint les masses humaines en action, et la vision des rôles individuels est dangereusement écrasée par la démesure du nombre, comme dans peu d'autres chroniques. Parallèlement, l'*Histoire* abonde en portraits (Kerenski, Lieber, Tchernov, Tsereteli) aussi perspicaces et mordants que ceux de Saint-Simon. Qui pourrait oublier l'estampille rageuse et allègre de ces jugements ? « En tant qu'écrivain, Milioukov est pesant, prolixe et ennuyeux. Il a les qualités de l'orateur : les ornements lui répugnent, ce qui eût été tout à son avantage si la bassesse de sa politique n'eût précisément exigé le masque, ou si du moins elle eût pu se draper dans les voiles reconnus d'une grande tradition. En France, la politique officielle, quintessence de l'égoïsme et de la perfidie bourgeoise, avait deux alliés puissants, la tradition et la rhétorique. L'une épaulant l'autre, elles forment un rempart autour du moindre politicien, même d'un obscur tâcheron au service des puissants comme Poincaré. Ce n'est pas la faute de Milioukov s'il ne pouvait se targuer d'ancêtres glorieux et si les circonstances l'obligeaient à mener une politique mesquine aux frontières de l'Europe et de l'Asie. »

Avant tout, l'*Histoire* essaie d'inscrire l'intensité et le désordre des représentations particulières dans le cadre d'une analyse marxiste. « Les scènes, portraits et dialogues de Trotski, sans rien perdre de leur caractère sensible, sont illuminés de l'intérieur par sa vision de l'histoire. » Mais cet aspect théorique n'est qu'imparfaitement maîtrisé. Les événements avaient mis à vif la sensibilité de l'historien, et l'essentiel de sa défaite comme l'appropriation du pouvoir par Staline échappent à la perspective marxiste. Néanmoins, une argumentation serrée et la recherche constante de l'analyse idéologique et sociologique maintiennent l'*Histoire* en mouvement. Les écrits de Trotski sont plus mûrs, moins verbeux que les fresques de Churchill, dont ils ont cependant la grandeur pittoresque et l'intensité émotionnelle.

La catastrophe de 1930 révèle en Trotski un prophète et un analyste qui ne le cèdent en rien au précédent. Avant Churchill, il tenta d'éveiller les esprits civilisés à la montée d'Hitler, et plus que l'homme d'État anglais il mit au jour les sources et les mécanismes du mouvement nazi. C'est parce que le sort de la classe ouvrière allemande lui était apparu inséparable de celui de la révolution russe, que Trotski fut pratiquement le premier à évaluer les conséquences de la poussée nationale-socialiste, de l'impuissance des prolétariats d'Allemagne et d'Europe occidentale à arrêter la marée du totalitarisme *petit-bourgeois.* Pour Trotski l'hitlérisme était « le parti du désespoir contre-révolutionnaire », le mouvement et l'idéologie « de la petite bourgeoisie en proie au délire ». Mussolini et Hitler personnifiaient la rébellion des médiocres et « traduisaient la volonté qu'éprouvait la classe moyenne de s'affirmer vis-à-vis du reste de la société ». La défaite nationale de 1918, en partie dissimulée par les dirigeants, et la crise de 1929 qui, comme l'a noté Canetti, attaqua les fondements mêmes de la stabilité sociale en dégradant et ridiculisant la monnaie, donnèrent le coup d'envoi. Les forces démentes de l'humiliation et de la vengeance se déversèrent dans le gouffre où avaient sombré l'orgueil national et les réflexes économiques habituels. Avec une finesse exacerbée Trotski identifia, avant même 1933, le Hitler qui sommeille en tout *Kleinbürger* frustré. Deutscher résume ce qu'il appelle l'acte politique majeur de Trotski en exil : « Comme personne d'autre, et beaucoup plus tôt que quiconque, il comprit toute l'étendue de la folie destructive dont le national-socialisme allait submerger le monde... La totale indifférence envers l'avenir montrée par les responsables communistes et socialistes d'Allemagne, leur hostilité venimeuse aux mises en garde de Trotski soulignent plus encore le dérèglement politique de cette époque... C'est à peine si la narration historique peut rendre les torrents d'injures et de moquerie qui l'accueillirent... Il dut assister à la reddition de la IIIe Internationale face à Hitler comme un père voit dans l'angoisse, la honte et la colère un enfant prodigue et étourdi mettre fin à ses jours. »

Nous retrouvons ici l'archétype du théâtre tragique — la lucidité divorcée de l'action. Couplée à l'impotence politique, la clairvoyance de Trotski devenait une malédiction. Il se dressa lui aussi, désarmé, au sein du massacre, lançant sa prophétie aux incrédules, aux convertis de la onzième heure :

> Voici que de nouveau le travail de la divination véridique me fait tourner sur moi-même et que ses préludes me bouleversent. Pourquoi donc gardé-je encore ces ornements dérisoires, ce sceptre, ces bandelettes fatidiques à mon cou ? Toi, je te briserai avant de périr...
>
> Voyez, c'est Apollon lui-même qui me dépouille de cet habit fatidique, après s'être complu à me voir bafouée, sous cette parure, si amèrement et follement par mes amis et mes ennemis. On m'appelait vagabonde, comme une diseuse de bonne aventure, une misérable mendiante famélique, et j'endurais l'affront. Et voici qu'aujourd'hui le prophète qui m'a faite prophétesse m'amène ici pour y recevoir ce coup mortel [1].

Tout comme Cassandre, Trotski pressentait non seulement les dangers que lui-même courait (la hache, le crâne fracassé qui les attendaient tous deux derrière la porte ensanglantée), mais encore l'accablante succession des événements de la cité. Déchiré par l'inefficacité de ses prémonitions, il savait que le refus du parti communiste allemand de former un front commun anti-

1. *Les Sept contre Thèbes, op. cit.* (*N.d.T.*)

nazi et de regrouper l'immense réserve de ses forces en un vaste mouvement de la gauche allait non seulement causer sa propre perte mais celle de l'Allemagne tout entière. Cependant ce refus était la conséquence directe de la politique et de la volonté de Staline. En clamant que les socialistes étaient l'ennemi, qu'on pourrait toujours se débarrasser de Hitler par la suite, et même aller jusqu'à s'allier au nazisme pour les besoins de la lutte contre les socialistes et les « ploutocrates », Staline signifia la mort du communisme allemand et favorisa dans une large mesure le triomphe des nazis.

Trotski s'épuisa en vain à dénoncer ce cynisme insensé et lança des avertissements contre ceux qui semaient le vent : « Il est monstrueux d'affirmer que les travailleurs balaieront Hitler une fois qu'il aura pris le pouvoir. C'est préparer la voie à sa domination... Les je-sais-tout qui prétendent ne voir aucune différence entre Brüning et Hitler affirment en fait : cela ne fait aucune différence que nos organisations existent ou soient déjà détruites. La passivité la plus sordide se dissimule derrière ce langage pseudo-révolutionnaire. » Mais les partisans de Staline ne firent que dénoncer en Trotski un saboteur hystérique (« mendiant, corrompu, à demi mort de faim ») et continuèrent à creuser la tombe de la démocratie allemande. Peu de temps avant que Hitler n'accède au rang de chancelier, Thaelmann, à la tête des communistes allemands, stigmatisa les avertissements de Trotski en ces termes : « La théorie d'un contre-révolutionnaire et d'un fasciste raté » (*objet de dérision pour tous, même les plus chers à mon cœur qui me détestaient de toutes leurs forces, vains, aveuglés*). Six mois plus tard, derrière les barbelés des camps de concentration tout neufs, les communistes allemands devaient se rappeler la voix du prophète méprisé.

Un soupçon vous vient pourtant à méditer sur l'apparente déraison de la ligne stalinienne. Staline était-il aussi conscient que Trotski, sur un mode brutal et inhumain ? Se pouvait-il qu'il fût prêt à assister à la destruction du parti communiste allemand, à la victoire de Hitler dans l'espoir, instinctif et mal formulé, d'un cataclysme qui anéantirait l'Allemagne et donnerait à l'Union soviétique la prééminence en Europe orientale et dans les Balkans ? Ou bien craignait-il la survivance, la maturation éventuelle et la compétition d'une version rivale du communisme dans le sanctuaire de l'Europe industrielle ? Comme le prouve l'importante étude de Peter Nettl sur Rosa Luxemburg, une stratégie aussi ambiguë avait, dès le début, compliqué les relations entre les modèles allemand et russe du marxisme.

Il est impossible d'acquérir une certitude. Une chose pourtant est certaine. Quand Trotski, en 1932, lança son cri d'alarme : « Vous êtes des centaines de mille, vous êtes des millions... Si le fascisme arrive au pouvoir, il vous broiera le crâne et les os, comme un tank gigantesque... La seule chance de l'emporter, c'est de combattre aux côtés des travailleurs sociaux-démocrates », la raison et ce qui restait d'honnêteté politique étaient de son côté. Mais elles étaient aussi seules que dans la cour de la maison d'Atrée.

2.

Une biographie de cette ampleur, qui traite d'une vie dont les échos s'enflent et se multiplient dans le grand hall de l'histoire, entretient avec le temps des rapports aussi complexes que ceux d'une œuvre d'art. Quand Deutscher entreprit le premier volume, fin 1949, on célébrait à Moscou le soixante-dixième anniversaire de Staline avec une servilité et une pompe tout orientales. Quand *le Prophète hors-la-loi* fut publié, en 1965, les restes de Staline ne reposaient plus dans le mausolée de Lénine, et plus d'un croyait voir Trotski réhabilité occuper avant longtemps la place laissée vide. Il semblait que la déstalinisation commencée au Congrès du Parti ne pourrait que mener à une réintégration de Trotski dans l'histoire du bolchevisme et dans la mythologie du communisme. Aujourd'hui, après les événements de Prague, cette possibilité semble bien faible. Le XXIIIe Congrès du Parti est retombé dans la terminologie stalinienne avec les appellations de « Secrétaire général » et « Politburo », et il appert que c'est précisément l'héritage de Staline et la réappréciation de son rôle personnel dans une version acceptable de l'histoire qui constituent pour la société soviétique les gageures les plus pressantes et les plus délicates.

Staline et Trotski sont entrés de concert dans la pénombre des « vérités transitoires ». De toutes les divergences intellectuelles entre la culture occidentale postcartésienne et la sensibilité russe et orientale, il n'en est sans doute pas de plus profonde que ce démenti ou ce remerciement purement verbal de l'histoire. Un régime qui n'hésite pas à supprimer, par décret, le nom de sa ville la plus héroïque, qui est aussi celui de son plus haut fait de guerre (Stalingrad, devenue Volgograd) ne reculera devant aucun travestissement de son propre passé. Le totalitarisme soviétique se révèle le plus extrême, non dans ses prétentions sur l'avenir, mais dans les distorsions apportées à ce qui le précède, à l'essentielle intégrité des souvenirs humains. Comment entamer le dialogue lorsqu'un jeune historien, votre guide bénévole au palais d'Hiver, affirme « en s'appuyant sur les recherches soviétiques » que Trotski était, pendant l'assaut d'Octobre, absent de Petrograd « à comploter avec les Allemands » ?

Un tel dialogue ne peut s'établir sur de nouveaux mensonges. Dénigrer Staline, essayer de minimiser ou déformer son rôle militaire peut satisfaire notre sens d'un juste châtiment, mais c'est une fois de plus la vérité qui est sacrifiée. Lukács, la conscience du marxisme (un Occidental, ce qui est tout à fait caractéristique), fut l'un des premiers à identifier cet aspect de la déstalinisation. Remplacer un mythe par un autre n'apporte rien et ne fait que livrer le passé aux expédients du moment. La légende d'un Trotski libéral et pro-occidental qui aurait mené l'Union soviétique sur la voie de la démocratie, d'un grand révolutionnaire qui aurait mal tourné sous l'influence occulte d'un Staline, ne résiste pas à l'examen. Elle néglige non seulement la situation russe et les réalités de la doctrine bolchevique, mais aussi la propre personnalité de Trotski et la ligne totalitaire par lui adoptée en 1920-1921. Deutscher dément cette interprétation, quels que puissent être son antistalinisme et ses espoirs fervents en une évolution par étapes de la société soviétique.

C'est cela sans doute que le livre de Deutscher met le mieux en valeur. Il sait rendre une justice alerte à Staline aussi bien qu'à Trotski et montrer que leur opposition, comme le paradigme hégélien de la tragédie, se résout dans une division complexe et ironique du mérite. Deutscher qui a lui aussi partagé les illusions de la IVe Internationale et qui ne cache pas sa préférence pour Trotski (comme nombre de grands biographes obsédés de leur personnage, il finit par ressembler de façon frappante à Trotski) garde toutefois la plus grande impartialité envers la féroce grandeur de l'œuvre de Staline. Tout comme Trotski, qui se contraignit à analyser objectivement la politique de Staline, quelles qu'aient pu être alors ses souffrances personnelles, Deutscher ne nous dissimule jamais les réalisations de ce dernier. Ce détachement du technicien est le fruit même de la formation et de la morale marxistes.

Dans les années 20, la vision trotskienne d'une révolution continue et de l'insurrection du prolétariat occidental était dépourvue de tout fondement. Le communisme dans un seul pays, que défendait Staline, correspondait, lui, à la réalité. Bien que les méthodes utilisées pour briser les *koulaks* aient frappé d'horreur et saigné une société à mort, Trotski reconnaît que Staline avait vu juste. À ce moment de l'histoire soviétique, la collectivisation à grande échelle ou la centralisation du contrôle économique de l'agriculture représentait un besoin absolu. Nul doute qu'un régime trotskiste eût établi une atmosphère différente en sauvegardant une plus grande spontanéité rhétorique et émotionnelle. Mais il aurait très bien pu n'être pas moins autoritaire, et l'urgence s'en faisant sentir, pas moins impitoyable. Comme le signale Deutscher : « Trotski aurait pu accuser Staline d'avoir institué, comme Robespierre, la Terreur, de l'avoir même poussée bien plus loin que lui. Cependant, son propre passé et la tradition bolchevique lui interdirent de le faire. » Tout se passe comme si Deutscher avait, en écrivant d'abord la biographie de Staline, voulu effectuer en lui une catharsis qui lui permît, en toute sérénité d'esprit et de cœur, de peindre Trotski.

Par leur choix des priorités industrielles et technologiques en Union soviétique, par leur promptitude à abandonner l'agitation internationale en faveur d'arrangements empiriques avec le capitalisme, Khrouchtchev et ses successeurs poursuivent en fait la politique de Staline. C'est dans la doctrine chinoise que se retrouvent de larges éléments de trotskisme. Quand les Chinois proclament que la révolution communiste ne peut être limitée ni à un pays ni à un *bloc ;* quand ils allèguent que la domination de la faim, les tensions raciales et l'exploitation économique qui prévalent dans le Tiers Monde constituent l'objectif et le moteur immédiat de l'action militante ; quand ils font allusion à la supériorité d'une armée populaire sur un quelconque appareil militaire, aussi élaboré soit-il, on croit souvent entendre la grande voix de Trotski. Ce langage n'a les faveurs ni de Moscou, ni de l'Occident.

Cet axiome d'une révolution nécessairement internationale éclaire un aspect du génie et des défaillances de Trotski auquel Deutscher ne s'est pas assez attaché et cela, en partie, à cause de la méthodologie marxiste. Il est vrai que Trotski ne se trouva directement impliqué dans la question juive qu'en 1903, au cours de la controverse sur le *Bund* au congrès de Bruxelles, mais il est difficile de nier le caractère spécifiquement juif de son imagination et de sa sensibilité. Tout comme Marx, il se révélait juif par son dévouement instinctif à l'internationalisme, par son mépris, à la fois personnel et idéologique, des frontières et antagonismes nationaux. Dans la haine que Staline portait à Trotski, dans son effort pour isoler Lev Davidovitch Bronstein et le désigner comme étranger aux cadres du Parti, ne courait pas seulement le fil sombre et éternel de l'antisémitisme russe tel qu'il s'est manifesté en Staline le Géorgien, ou en Khrouchtchev l'Ukrainien, mais aussi l'inquiétude, la peur nauséeuse du chauvin, de l'homme solidement enraciné face au cosmopolite, au vagabond qui a le monde pour patrie. C'est exactement au moment où la révolution bolchevique abandonne ses visées internationales et se replie dans sa propre histoire que s'amorce la chute de Trotski.

De plus, si l'on oublie que Trotski était juif, il n'est pas aisé de concevoir une juste image de son désir passionné de survie par la parole, des vertus qu'il attribuait au livre conçu comme arme et cri d'alarme, et de ce respect incroyable de la loi qui donna lieu à l'un des épisodes les plus émouvants et les plus surprenants de sa carrière. Sous la présidence du philosophe américain John Dewey, une commission d'enquête se réunit à

Mexico, chez Trotski, pour examiner en avril 1937 les charges de trahison et de sabotage proférées contre lui au long des procès et purges de Moscou. Pendant treize longues séances, Trotski subit interrogatoires et contre-interrogatoires sur tout ce qui concernait son action politique, ses croyances, ses responsabilités. Il discuta et se défendit, superbe de véhémence, avec le même mépris grandiose, la même passion du détail dont il eût fait montre devant un tribunal moscovite. « Il restait aussi inébranlable que la vérité elle-même, hirsute et sans fard, sans armure et sans bouclier, magnifique et invincible. » Bien que rien ne fût changé de sa condition matérielle, bien que les atteintes empoisonnées des mensonges staliniens n'en fussent pas réduites pour autant, l'acquittement lui apporta une grande joie. Toute l'affaire a le caractère abstrait et émouvant d'une parabole du Talmud. À l'instar de Marx, Trotski fut l'un des grands prophètes exilés du monde moderne. Et il se révéla peut-être le premier de sa race, après Josué, à faire preuve de génie militaire.

De nombreux éléments dans la vie de Trotski et dans la présentation qu'en donne Isaac Deutscher renvoient aux symboles et à l'ironie de l'art tragique. Plus d'une scène force l'imagination. Trotski rédigeant des essais littéraires et philosophiques durant son premier exil en Sibérie, cependant que la vermine tombe des murs de la hutte sur ses papiers ; ou bien occupé à donner un cours de théorie révolutionnaire à ses gardes pendant son bref séjour dans les geôles anglaises, en 1917 ; ou encore à cheval, lunettes miroitant au soleil, en train de rallier les soldats et la milice en débandade qui arrêteront l'avance des Blancs sur Petrograd. Le récit d'une orgie de koulaks vers 1930 se grave dans l'esprit : « Tandis qu'ils s'empiffraient et se saoulaient, les koulaks illuminaient le village des feux de joie nourris de leurs propres granges et écuries. Les gens suffoquaient dans la puanteur de la viande pourrissante, dans les vapeurs de la vodka, la fumée de leurs biens embrasés, et leur propre désespoir. » À la fin se dévoile le tableau de trois cent mille hommes et femmes qui défilent devant le corps et font résonner les rues de Mexico de leurs cris, le *Gran Corrido de Leon Trotski.*

C'est dans une telle biographie que les ressorts spécifiques de la tragédie sont de nos jours totalement indispensables. C'est là que nous retrouvons la valeur collective des actes publics, les dimensions épiques, l'ironie prophétique qui sont les traits marquants du théâtre tragique et sont si totalement absentes des données essentiellement introspectives et bourgeoises du roman moderne. L'héroïsme, la grandeur sont suspects à l'imagination contemporaine ; ils reprennent leur place dans le triptyque de Deutscher ou, selon une veine plus stoïque, dans *la Vie de Freud* d'Ernest Jones, avec son titan enchaîné et malgré tout victorieux grâce à l'intensité de sa nature. Ces ouvrages, auxquels on peut ajouter le *Henry James* de Léon Edel, le *Proust* de George Painter, l'étude sur Bevan de Michael Foot, laissent prévoir une renaissance du genre selon les normes victoriennes. Mais avec cette différence que le biographe moderne s'appuie sur les méthodes et les hypothèses de la psychologie postfreudienne, sur les travaux récents d'érudition, et qu'il a derrière lui les habitudes de style et les réussites du roman.

Nous éprouvons encore le goût de la splendeur, du geste qui transcende la vie privée, la soif du pathétique et du cérémonial, souvent à notre corps défendant. L'accusation portée contre la tragédie dans l'*Antigone* d'Anouilh n'est pas aisée à réfuter car elle reflète une large part de notre sensibilité : « Et puis, surtout, c'est reposant la tragédie, parce qu'on sait qu'il n'y a plus d'espoir, le sale espoir... et qu'on n'a plus qu'à crier — pas à gémir, non, pas à se plaindre —, à gueuler à pleine voix ce qu'on avait à dire... Et pour rien : pour se le dire à soi, pour se l'apprendre à soi. Dans le drame, on se débat parce qu'on espère en sortir. C'est ignoble, c'est utilitaire. Là, c'est gratuit. C'est pour les rois. » Ce monde des rois et de l'expiation se maintient néanmoins pour les besoins de notre imagination, et pour notre exigence, plus profonde et plus tenace que la théorie démocratique ne veut l'admettre, d'un ordre stable. La convention médiévale et élisabéthaine, incarnation de l'esprit même de la tragédie, où les cieux sont tendus de noir et où le jour le cède à la nuit, où les « comètes qui amènent le changement du temps et des empires [1] » zèbrent le ciel quand tombe le héros, n'a pas perdu sa signification. Une ville entière défile devant la bière de Trotski : les grands ne meurent pas de la même façon que les petits.

1. Shakespeare, *Henri VI,* première partie, I, I, trad. de F.-V. Hugo, la Pléiade, t. I. (*N.d.T.*)

LITTÉRATURE ET POST-HISTOIRE

en l'honneur de Georg Lukács

Les utopies qui fleurissent au cœur des révolutions ont, de par leur nature, un dessein idéal et vague. Toute situation révolutionnaire implique, par définition, qu'aujourd'hui s'approprie demain, que l'imagination assiégée par le futur se cantonne dans l'accessible. L'invention doit se plier à la discipline du possible.

Il y a dans le marxisme tout un jeu de conjectures et d'éventualités qui restent abstraites, car elles se situent « de l'autre côté de l'histoire ». Dès l'origine s'est posée la question du statut et des ressorts de la vie dans la société sans classes du vrai communisme. Mais, de façon logique et inévitable, les réponses sont demeurées le plus souvent superficielles ou désinvoltes. Le chemin à parcourir est trop pénible, trop encombré de crises et de renversements possibles. L'homme, avec sa vision fragmentée des incessants conflits politiques et économiques où il est pris, comprend que le verbe *être* peut se conjuguer au futur antérieur. Cette conviction, le *Principe Espérance* d'Ernst Bloch, détermine sa conduite ; mais il ne dispose ni du temps, ni des habitudes de pensée qu'il faudrait pour expliciter l'avenir. Nous ne pouvons formuler d'hypothèses précises sur la condition de l'être humain désaliéné et rendu à lui-même, avant de pouvoir la toucher du doigt, avant que l'horizon n'ait cessé de fuir. Nous nous trouverons alors dans une situation radicalement nouvelle qui exigera une réadaptation totale de notre conscience et des métaphores linéaires autour desquelles s'organise notre sens du temps.

Le marxisme n'est pas la seule idéologie qui se satisfasse d'un but ultime mal défini. La plupart des religions et mythologies centrées sur l'espérance font de même, et c'est peut-être une des faiblesses de l'Islam que d'avoir décrit son paradis trop en détail. La perfection elle-même devient insipide quand elle se fait trop familière à l'esprit. Comme le savait si bien Dante, le rêve s'élance en une vision si aiguë et si lumineuse qu'elle écrase tous les détails.

On peut cependant s'interroger sur la « post-histoire ». Si l'on admet que notre manière de « vivre l'histoire » résulte en grande partie de la pression des conflits politiques et sociaux, toute théorie de la société à venir se doit d'envisager les motivations de l'homme dans la cité des justes. Que substituer à ce ressort essentiel de l'action qu'est l'espoir frustré ? Comment stimuler et maintenir cet élément dynamique que nous jugeons tellement inséparable de notre personnalité ? Si l'on se réfère au paradoxe freudien, peut-on imaginer une civilisation sans malaise ? La perspective d'une économie fondée sur le loisir forcé et généralisé aiguillonne notre réflexion dans cette voie.

Quelle place réservent à la littérature ces lendemains imprécis ? Dans la mesure où elle dramatise l'attente, où elle se livre à une critique du réel à la lumière du possible, est-elle condamnée à disparaître ? Ou bien ne se justifie-t-elle que par les imperfections du devenir historique ? Les hommes se prêteront-ils encore à l'imaginaire quand la réalité comblera tous les désirs d'action et d'analyse ?

Au milieu des transports qui marquent la fin de *Littérature et Révolution,* Trotski affirme que l'art survivra à la victoire, que « le poète de l'âge qui se lève édifiera un nouveau système sur les aspirations passées de l'humanité ». Il prophétise « la chute de la muraille qui sépare l'art de la nature ». Ce sont là, par nécessité, formules journalistiques, car les visées de Trotski étaient ambiguës : il entendait prouver qu'un art du prolétariat serait inconcevable une fois les masses libérées, grâce au communisme, de leur mentalité de classe et de leurs barrières psychologiques. D'autre part, il s'efforçait d'accaparer l'attention générale en faveur des tâches sociales et didactiques les plus urgentes, la soustrayant par là même à l'emprise de la rêverie.

Ernst Fischer ne peut supporter un instant la pensée que l'art doive, ou même puisse, se révéler un jour dépassé ou superflu et, dans la tradition révolutionnaire, Pisarey est à peu près le seul penseur à prôner ce nihilisme puritain. L'art se perpétuera au sein d'une société sans classes car il demeure, pour l'homme, le moyen suprême de s'identifier à la nature et aux autres hommes. Cet argument a l'air plus solide qu'il ne l'est en fait. Que l'on imagine résolus les différents schémas d'aliénation, la confrontation évoquée plus haut s'avérera-t-elle encore désirable ? Comptera-t-elle toujours au nombre des processus essentiels ? Fischer défend bien haut la pérennité de Goethe, Stendhal, Pouchkine et Mozart — « Mozart, Mozart encore et toujours ». Mais assisterons-nous pour autant à un nouvel épanouissement, ou la création se maintiendra-t-elle seulement comme discipline du passé, collection de trésors dans un musée du sentiment ?

Ce sont là des questions ardues. Et je me contenterai

de présenter ici un bref aperçu des éléments actuels qui laissent présager cet autre monde.

Notre conception de la littérature dépend, par bien des aspects, du droit à la solitude. La lecture silencieuse, individuelle, est historiquement récente et sous-tend un certain nombre de données économiques et sociales : une « chambre à soi » (selon l'expression significative de Virginia Woolf) ou, du moins, une demeure assez vaste pour que chacun puisse y trouver le calme ; des livres possédés en propre, c'est-à-dire, après tout, soustraits à l'usage public ; une source de lumière artificielle pour les heures du soir, en résumé, tout ce que peut offrir la vie bourgeoise, en milieu industriel et largement urbanisé, de valeurs et de privilèges. Ce système s'est cristallisé bien plus tard qu'on ne le pense généralement. La classe moyenne de l'âge victorien pratiquait encore beaucoup la lecture à haute voix par un des membres de la famille, à moins que chacun ne prît son tour. Il est à peine utile d'insister sur les bouleversements apportés aux habitudes orales par le code essentiellement visuel du livre imprimé. Marshall McLuhan a évalué la « révolution Gutenberg » dans la conscience occidentale. Ce que l'on soupçonne moins, c'est qu'une partie non négligeable des œuvres littéraires, et d'époque récente, n'a jamais été conçue pour le type de lecture que nous pratiquons, mais au contraire vouée à la récitation, au jeu des inflexions vocales et des réponses de l'oreille. Victor Hugo, Dickens, Hopkins, Lautréamont, Kipling, Leconte de Lisle, témoignent, parmi les modernes, d'une sensibilité avant tout auditive qu'il leur fallut adapter au mutisme du texte typographique.

Ce mouvement séculaire et spontané se maintient quand l'enfant apprend à lire ; le jeune écolier, l'adulte un peu fruste lisent « des lèvres » et s'identifient, à certains moments, par un mimétisme émotionnel, aux événements fictifs qui leur sont proposés. L'homme qui parcourt des yeux, dans sa retraite, un ouvrage bien à lui est le produit spécifique de la culture et des loisirs du monde bourgeois occidental. Se prolongera-t-il sous sa forme actuelle ?

Certains indices prouvent que les assauts implacables lancés contre les forteresses du silence par les « mass media » et l'information électronique pourraient altérer notre milieu : le « non-individuel » l'emportera. Dans les sous-cultures et le langage clinquant des villes, le message, pour préserver son autorité, a délaissé les arrangements logiques et syntactiques caractéristiques de l'écrit. Et ce phénomène, circonscrit pour l'instant à notre horizon, ne tardera pas à atteindre l'Est et les pays sous-développés. De plus en plus, c'est par associations verbales ou graphiques que sont transmis les jugements et attitudes qui se fixent dans les esprits. Qu'on songe aux onomatopées, aux Oh ! et Ah ! de la publicité moderne, aux affiches, à l'écran de télévision. La phrase déchiffrée bat en retraite devant la photo, l'image télévisuelle, l'alphabet illustré des bandes dessinées et des manuels scolaires. L'homme moyen s'astreint, chaque jour un peu plus, à ne saisir que les en-têtes et les légendes de toutes sortes de figurations. Le mot n'est plus là que pour répondre aux exigences du choc sensoriel. Comme le signale McLuhan, cet état de choses va modifier les usages fondamentaux de la perception. La télévision en couleurs et en trois dimensions qui transportera instantanément, d'un point du globe à l'autre, les scènes les plus dramatiques non seulement réduira encore la part d'intériorité réservée à chacun de nous, mais formera l'imagination à une avide passivité. La capacité d'absorption de notre système nerveux s'en trouvera sans doute augmentée, nous tolérerons mieux l'offensive du visible et du bruyant ; mais notre faculté de recréer un tout cohérent, englobant décor et action, à partir du simple signal d'un terme muet, ira en s'atrophiant, comme un muscle qui ne travaille pas. Comment s'imaginer que romans ou poèmes, requérant de nous comme ils le font effort et participation, puissent lutter à armes égales avec les nouveaux langages où tous les sens sont invoqués et qui glorifient le concret, avec les techniques qui placent notre fauteuil au fond des mers ou nous installent dans une fusée, au milieu de la fournaise du lancement ? Les indications prophétiques de Goethe, dans le prologue du *Faust,* reviennent en mémoire : qui peut espérer qu'un homme à peine revenu *vom Lesen der Journale,* du règne impétueux et confus des nouvelles, regagne le calme, la disponibilité d'esprit requis par la littérature ?

Cette remise en cause de la vie privée et de la compréhension pure comporte cependant des aspects féconds et libérateurs. Incontestablement, rien n'aide mieux à entrevoir les formes à venir de la communication artistique que le fait, grandiose dans sa simplicité, que des centaines de millions d'êtres humains accèdent en ce moment, et pour la première fois, à l'univers de la lecture et de l'écriture. En comparaison, l'étude des écoles et des modes littéraires, du *nouveau roman* ou du théâtre de l'absurde s'avère bien secondaire. La coïncidence dans le temps entre l'émergence des peuples auparavant illettrés et le développement des procédés graphiques est le fruit d'une logique profonde. Les nouveaux élus, tout imprégnés qu'ils sont des modes oraux et visuels, seront d'emblée plus proches du langage et du pathos de la radio, de la télévision, des romans-photos et du film que du livre irrémédiablement silencieux. Le bourgeois de nos pays qui se consacre aux ouvrages non illustrés, affirmant ainsi sa maturité intellectuelle, est totalement étranger aux besoins, aux dons et à l'héritage culturel des nouveaux auditoires (*audire* : entendre) africains et asiatiques. La distance entre lui et eux est aussi énorme, plus peut-être, que celle qui sépare le livre de poche et le journal en images du précieux manuscrit cadenassé et relié de cuir dont l'érudit disposait à la fin du Moyen Âge.

Nous sommes peut-être à la veille d'une saisie collective des faits de conscience, de manifestations communes de compréhension et de sensibilité, plus sincères que tout ce qui, dans l'art, a suivi l'apparition de l'alphabet, renouant en cela avec la *polis* grecque. Des œuvres « ouvertes » solliciteraient l'approbation ou le refus du public, l'auditeur et le spectateur participeraient par moments à l'élaboration formelle, selon un mécanisme étudié par Brecht dans ses pièces didactiques. Ainsi, les créations artistiques ne se laisseraient-elles pas figer en un modèle unique et ne seraient-elles pas, au cours de représentations successives, rendues d'une manière analogue. L'idée d'un étalon invariable et par ce fait limitatif, la volonté de répéter fidèlement un morceau de musique, une pièce ou une chorégraphie sur une période indéfinie, apparaissent comme la conséquence spécifique de cette faculté qu'a l'imprimerie d'organiser et de préserver les archétypes du passé. De plus, elles accusent une coupure dramatique entre l'acteur professionnel et les amateurs auxquels il s'adresse. Cette opinion n'est en aucune façon inhérente à la nature humaine. La valeur spontanée, imprévisible et éphémère des « happenings » montés par certains peintres et metteurs en scène d'avant-garde, les efforts accomplis pour ordonner la musique en fonction des libres improvisations de l'instrumentiste prolongent la poussée instinctive de l'art. En eux renaît le concept, longtemps désavoué, d'une réussite périssable, résultat d'une *imitation* dont l'intensité ne saurait être exactement reproduite en un autre lieu ou un autre temps. Le public détermine l'œuvre. Cette ambition est symbolisée par l'ensemble de danseurs ou de chanteurs dont se détache, pour un temps, celui qui introduit un thème, un mouvement. Le dialogue entre les entités à la fois invisibles et muettes, comme le poème imprimé ou le roman, n'est qu'une éventualité parmi d'autres, et promise peut-être à la disparition. On l'identifierait volontiers à la musique de chambre qui, comme l'a montré Adorno, relève déjà du passé avec ses suggestions de loisir (l'amateur éclairé), d'espace (la pièce assez vaste pour recevoir les invités de choix) et de mécénat.

Oserai-je hasarder une pensée plus folle encore ? La littérature occidentale ne cesse de tourner autour de l'irréductibilité de la personne. Sa vision, ses métaphores fondamentales dérivent de l'expérience unique et inévitable de la mort individuelle, de la croyance que nous portons en nous le germe de notre propre destruction. Mais ce sens du trépas, que nous imaginons immuable, ne peut être appréhendé en dehors de ses déterminations temporelles ou psychosomatiques. Il est reconnu que plusieurs des organes vitaux ne sont nullement épuisés à notre dernier souffle, qu'ils peuvent au contraire continuer à fonctionner dans le corps du receveur après une greffe. On a déjà réalisé des greffes des yeux, des reins, des tissus musculaires, du cœur. Rien maintenant ne nous empêche d'envisager des « banques » où les organes seraient tenus en réserve de la même façon que l'est actuellement le plasma sanguin. Qu'adviendrait-il alors de notre conviction intime qu'une fin inéluctable viendra frapper chacun de nous en particulier ?

Nous découvririons que des parties essentielles de notre corps et même de notre psychisme « vivent » aussi bien chez un autre membre de l'espèce (n'a-t-on pas réussi à entretenir l'activité de cerveaux de singes pratiquement *in vitro* ?). Nous en viendrions à admettre le principe d'une immortalité somatique, d'une existence ininterrompue que, depuis les travaux de Weismann à la fin du XIXe siècle, nous reconnaissons aux cellules reproductrices de l'homme. Une telle attitude perdrait, par degrés, son tour abstrait et purement intellectuel ; elle entraînerait des modifications radicales de notre sensibilité. Les « relations humaines », la « communauté organique » dont nous faisons bon marché, comme d'autant de clichés moraux, se chargeraient d'une valeur authentique parce que inscrite dans les faits. Pour la première fois, le champ clos de notre subjectivité déboucherait sur l'unité.

Mais serait-ce bien la première fois ? Il est possible que l'identité autonome dont nous nous targuons résulte d'une longue et pénible individualisation de la conscience, d'un arrachement progressif à la collectivité. Le combat de Jacob avec l'Ange peut être interprété comme la représentation mythique de cette lutte atroce qui nous a permis d'acquérir une personnalité, un nom. L'histoire se révèle alors comme une phase d'affirmation de soi, comme une période d'*égoïsme,* au sens propre du terme, insérée entre des durées beaucoup plus longues d'existence unanime. Une telle communauté ne saurait manquer de bouleverser totalement la nature de l'art et de la littérature. La voix de l'homme reviendrait au chant choral.

Tout cela n'est, bien sûr, que jeux d'esprit. Mais si nous ramenons nos regards au plus près, la crise présente des valeurs rend apparents nombre de changements. Et les modifications techniques renvoient à une transformation métaphysique.

Il est entendu que l'on écrit et écrira encore de bons romans. On sait pourtant qu'un genre littéraire peut produire des œuvres isolées longtemps après que la dégénérescence et la routine se sont emparées de la foi créatrice et de l'énergie poétique qui ont présidé à son développement. Milton et Klopstock ont écrit bien après que l'épopée religieuse eut perdu sa force vive, à un moment où les fables autrefois admises, l'histoire symbolique du monde et la rhétorique qui la soutenaient ne correspondaient plus à rien. Ils ne triomphent qu'en trahissant délibérément le modèle antique.

Le roman épouse visiblement la matière même de l'histoire sociale. La vision du monde sur lequel il repose s'est élaborée au sein de la classe marchande européenne de la fin du XVIIe et du début du XVIIIe siècle. Le roman traditionnel, en prose, traite de l'univers quotidien, de l'homme créature sociale lancée, le plus souvent, dans la vie urbaine, et renie systématiquement le surnaturel et le transcendant. Les récits gothiques, frénétiques ou religieux se situent en marge de ce courant. Quand Robinson Crusoé aperçoit une empreinte sur le sable, il y devine la trace d'un homme, et non pas la piste d'un fantôme ou les langues de feu d'un ange. De retour à sa cachette, il inspecte son garde-manger et ses provisions. Même lorsqu'elle se place sur une île déserte, la description romanesque est aussi bourrée de mobilier que les intérieurs de Balzac et de Dickens. Plus étonnant encore, on parle d'argent sur cet éperon rocheux du Pacifique ; dans la plupart des cas la substance du roman est toute pétrie des valeurs monétaires et des rapports d'échange d'une société mercantile ou industrielle.

Engagée dans la réalité du siècle, l'œuvre romanesque a fait du détail exact l'un de ses outils principaux. George Eliot et Trollope débordent de notations sociales, économiques et intellectuelles. L'art de Balzac réalise une *summa mundi,* un inventaire complet de la vie contemporaine. En lisant Zola, on peut apprendre une demi-douzaine de métiers. Et *Moby Dick,* même quand ses attaches classiques se rompent, qu'émerge l'épopée démoniaque et que déferlent des forces inexplicables, comporte une multitude de faits très précis. L'histoire devient propriété privée dans toute la grande lignée qui s'étend de Defoe à Dos Passos : les canons de Waterloo qui résonnent aux oreilles de Fabrice et d'Amelia Sedley (dans *la Foire aux vanités* de Thackeray) sont ceux-là mêmes qu'entendent l'historien ou le théoricien de la stratégie.

Cette double appartenance a donné au genre une prise solide sur la vie. Et, au cours de longues périodes, le monde était tel qu'il puisse la dominer et lui imposer une forme expressive. Un des lieux communs de la critique consistait à affirmer que les événements sociaux ou historiques rapportés dans les intrigues de Stendhal, Dickens ou Tolstoï jouissaient d'une épaisseur, d'une authenticité plus profondes que celles auxquelles pouvaient prétendre le journaliste ou l'historien de profession. Cette distinction vient, en fait, tout droit d'Aristote opposant, dans des termes célèbres, le poète au chroniqueur. En est-il toujours ainsi ? La fiction est-elle toujours en mesure de rivaliser dans les imaginations avec les nouveaux modes de connaissance directe et de reproduction graphique ? L'univers nous sollicite dès le petit déjeuner ; ses rites et ses cataclysmes s'imposent avec une netteté incroyable. Pourquoi, alors, se tourner vers la littérature, sinon pour y trouver l'évasion ? Mais voilà le dilemme : de par sa nature et sa vision, le roman est un art réaliste. Et il se trahit lui-même en refusant d'assumer plus longtemps cette fonction. Il faut voir dans l'absurdité criante des histoires d'horreur ou de science-fiction et dans la hardiesse des inventions érotiques contemporaines un essai (condamné, en dernier lieu, à se renier lui-même) de renchérir sur le vrai en soudoyant les sensibilités engourdies sous l'influence contraignante de l'audiovisuel.

Il n'est que de comparer la production littéraire des

deux guerres mondiales pour relever le dépérissement du réalisme romanesque. 1914-1918 a suscité des œuvres aussi classiques que *Finies les parades* de Ford Madox Ford, *le Feu* de Barbusse, *l'Énorme Chambrée* de Cummings, *l'Adieu aux armes* d'Hemingway et le dernier volume de Proust où s'enflent la rumeur des batailles et le murmure des civils. Les ouvrages les plus marquants issus de la seconde déflagration s'apparentent au procès-verbal, au témoignage direct : *Vol de nuit, Hiroshima* de Hersey, *le Journal d'Anne Frank, Notes du ghetto de Varsovie* d'Emmanuel Ringelblum. Jusqu'à ce jour, aucun poète ni romancier n'a réussi à rendre avec autant de lucidité, avec une telle maîtrise de l'expérience, l'existence des camps de concentration que ne l'a fait Bruno Bettelheim dans son étude sociologique, *le Cœur conscient.* L'œuvre d'imagination ne peut que se taire devant l'énormité des faits, l'intensité magistrale d'un reportage sans ornement.

Nous appartenons, semblerait-il, à une ère transitoire de documentation créatrice où les techniques et les conventions du récit servent à présenter un matériau psychologique, social ou scientifique. De la façon même dont les narrations du XVIIIe siècle ont adapté les différents niveaux de dialogue et les conflits sociaux et amoureux esquissés dans la comédie du XVIIe siècle, le compte rendu et l'exposé minutieux des faits ont hérité des libertés propres au roman. En ce qui concerne l'élégance du style et la puissance d'évocation, on ne saurait trouver dans les dix dernières années meilleure prose que celle de Rachel Carson dans *Cette mer qui nous entoure,* Lewis Mumfort dans *la Cité à travers l'histoire,* ou Oscar Lewis dans son enquête socio-poétique menée à l'intérieur d'un bidonville mexicain, *les Enfants de Sánchez.* Là transparaît la manière fascinante dont le témoignage le plus « nu », une série d'enregistrements magnétiques, se laisse modeler selon les règles et les modalités de l'écriture. Sous quelle rubrique placer *le Carnet d'or* de Doris Lessing, cette peinture pénétrante de la femme et de la société des villes ? S'agit-il d'un roman, d'une autobiographie, d'un essai politique ou des minutes d'un cas psychiatrique ? Ce n'est pas dans le tout-venant de la production littéraire que le langage se voit porté à son plus haut degré de virtuosité, mais dans ces *argumenti,* dans cette esthétique du fait et du discours rationnel. Et il nous est maintenant loisible de remonter à la source de cette tendance, à la crise psychologique et politique des années 30, aux reportages philosophiques d'Edmund Wilson, aux semi-romans d'Orwell et de Malraux, aux relations lyriques du voyage et de l'histoire inaugurée par Rebecca West dans *l'Agneau noir et le faucon gris ;* en un mot, au temps où la pression exercée par le monde terrassait l'imagination.

Venu après l'épopée et le théâtre en vers, le roman a été le troisième genre majeur de la littérature occidentale. Il a concrétisé et, dans une certaine mesure, sculpté les habitudes verbales et affectives de notre bourgeoisie, de Samuel Richardson à Thomas Mann. Il a dressé des monuments aux rêves et aux cauchemars de l'éthique mercantile, à la vie privée des classes moyennes, aux conflits érotico-financiers et aux délices de la civilisation industrielle. Sa pertinence décroît dans une large mesure avec le déclin et la déroute partielle de ces idéaux.

Cependant que les ardeurs romanesques passent pour l'essentiel dans les formes variées du documentaire, il se maintient un groupe restreint d'ouvrages expérimentaux d'où pourrait se dégager la doctrine littéraire de demain. Ce sont les plus stimulants et les moins bien reconnus des livres modernes ; les barrières traditionnelles entre poésie, théâtre, roman et philosophie y sont volontairement abolies ; ils ne se plient à aucune définition simple et proclament eux-mêmes leur manière d'être.

Je pense aux fantasmes métaphysiques, aux parodies de la logique que sont le *Monsieur Teste* de Valéry et l'*Autodafé* d'Elias Canetti. Hermann Broch est un des maîtres de cette libération. Ses écrits intègrent la poésie et la prose narrative à l'exposé philosophique. *La Mort de Virgile,* une des grandes œuvres de notre siècle, s'essaie à vivifier le langage par la structure contrapuntique et les simultanéités dynamiques de la musique. Plus absolument encore que chez Joyce, le réseau temporel et la progression linéaire classiques y sont bouleversés. Le style de Broch exerce un curieux attrait car, à la limite, il s'y glisse subrepticement des modes d'expression inouïs : l'inclusion du silence, par exemple, comme l'espace chez Calder ou encore la projection, sur le plan verbal, des catégories mathématiques. C'est à peine si les écrivains contemporains ont commencé à tirer profit de la subversion de Broch.

Tous prolégomènes aux formes nouvelles se devraient d'inclure aussi bien les recherches de Péguy dans le domaine de l'incantation et de l'argumentation circulaire que les travaux de David Jones. Et avant tout, sans doute, *Les Derniers Jours de l'humanité* de Karl Kraus.

Ce n'est pas par hasard que l'allemand a donné naissance à plusieurs de ces entreprises révolutionnaires ; en effet, c'est la sensibilité germanique qui a révélé clairement, après Nietzsche, l'affaiblissement puis la dissolution des valeurs. Il existe pourtant un précédent. On trouve en Kierkegaard les signes avant-coureurs d'une poétique de l'avenir ; et cela avec plus de précision que chez Blake, dont les débordements magnifiques sont parfois soutenus par une technique conventionnelle, et dont l'influence n'a jamais été énorme. *Ou bien... ou bien* de Kierkegaard, mélange de rêverie au langage incandescent, de métaphysique et de souvenirs autobiographiques, préface ce qui nous attend. Nous n'en pouvons donner une description satisfaisante à l'aide de notre pauvre répertoire des genres. Il s'y manifeste une évolution formidable, mais difficile à localiser, le passage d'une lecture figée et atomisée de la réalité à une perception vivante de phénomènes organiques, de multiples mutations à l'intérieur de structures. Même dans la conception enfantine qu'a William Burroughs d'un livre à feuillets volants, que la volonté du lecteur ou la pure fantaisie classeront, se dissimule un aperçu kierkegaardien des ressources imprévisibles et anarchiques de la création littéraire. Plus que ses livres, les « happenings » de Kierkegaard, le *Gesamtdrama* de Kraus et les fugues de Broch sont des remises en ordre d'une vision, des règles nouvelles apportées au jeu complexe et immémorial qui oppose le langage au monde.

La dernière question que j'aimerais soulever intéresse aussi bien l'eschatologie chrétienne que l'esthétique marxiste. C'est le paradoxe, en plein cœur de la cité des justes ou d'un dogme de l'espérance, d'un théâtre tragique dans lequel les contradictions ne se résolvent pas. Lounatcharski déclarait qu'une vraie société communiste mépriserait la tragédie, cet archaïsme, et saurait discerner les vestiges d'une religiosité servile et révolue dans ses métaphores sous-jacentes. Tout fier de savoir que la fortune n'est pas aveugle, que les affaires humaines ne sont réglées ni par les démons ni par une volonté transcendante, le citoyen d'un pays socialiste visiterait la tragédie comme un amas de nobles ruines ou comme un buste altier, digne de figurer au musée des imaginations pré-rationnelles.

Trotski était moins affirmatif. Tout en soulignant le rôle à la fois créateur et critique de la comédie dans une époque révolutionnaire, et en appelant de tous ses vœux un Gogol soviétique, il était trop profondément engagé lui-même dans la tradition littéraire européenne, trop enclin à envisager la vie comme une série d'antagonismes amèrement ironiques, pour abandonner l'idée tragique. D'où cet axiome : « On ne saurait dire si l'appel révolutionnaire suscitera une “haute” tragédie ; mais l'art socialiste la fera revivre. Sans Dieu, bien entendu. » Ernst Fischer ajoute une touche freudienne : « Il est certain que la tragédie survivra car la croissance d'une quelconque société, même sans classes, ne peut se concevoir hors des contradictions et des conflits, peut-être aussi parce que l'homme ne se libérera jamais de ses noirs appétits de sang et de mort. »

Tout autant que la tragédie qui intègre Dieu et doit, partant, faire intervenir un mécanisme compensatoire de justice dernière (c'est le paradoxe du *Polyeucte* de Corneille), une tragédie sans Dieu, guidée par la seule immanence, est une contradiction dans les temps. La tragédie authentique est inséparable du mystère de l'injustice, du credo que l'homme n'est rien d'autre que l'invité précaire d'un monde gouverné par les puissances obscures de la déraison. Privé de cette croyance, le théâtre du conflit se distingue à peine de la comédie de mœurs avec son intrigue convenue et ses dénouements mondains, alors que les équations tragiques ne peuvent s'annuler : elles contiennent trop d'inconnues. La discorde ne disparaîtra pas. Mais le théâtre en fera une discussion portée à la scène, une représentation concrète, en gestes et paroles, de la dialectique qui rejoindra les dialogues platoniciens.

C'est ce genre de désaccord qui semble préoccuper Trotski quand il dit que, dans la société nouvelle, les hommes se diviseront en factions opposées sur des matières d'organisation sociale, sur des hypothèses scientifiques ou « la meilleure pratique des sports ». Il y aura, certes, des affrontements idéologiques locaux ou passagers ; mais ils ne nuiront pas à l'entente sur les buts essentiels. Un modèle en est offert dans le prologue au *Cercle de craie caucasien* de Brecht : la pièce est destinée à amener à la conscience claire, explorer et par là même apaiser une dispute d'ordre social. De telles « dramatisations » pratiquées par les patients relèvent déjà de certaines psychothérapies. Considéré sous l'angle didactique ou médical, en fonction de la mise au point et du développement de nouveaux modes d'action ou de comportement, le théâtre a devant lui d'immenses perspectives. Une intrigue dramatique — que ce soient *les Suppliantes* d'Eschyle ou *la Bonne Âme de Se-Tchouan* — peut résumer d'une manière pénétrante un ensemble complexe d'oppositions et d'alternatives sociales et psychologiques. Tout comme un ordinateur organise et *aère* un ensemble touffu de données, une pièce de Brecht peut tenir lieu de « programme » dans la recherche de décisions morales et politiques. De plus, comme nous l'avons déjà noté, les procédés dramatiques répondent mieux qu'aucun autre aux besoins et aux moyens des sociétés de consommation. Le théâtre vient à bout des barrières qui séparent l'écrivain du public et de l'ensemble de la communauté. Devant la scène, chacun de nous est à la fois lui-même et son voisin.

Mais il est peu probable que ce soit la tragédie qui fournisse un modèle adéquat. Si la société future se conforme aux précisions d'un humanisme révolutionnaire, si la jungle des villes se transforme en cité de l'homme et si les rêves des damnés deviennent réalité, c'est la haute comédie qui représentera l'art par excellence. L'art sera le rire de l'intelligence, comme chez Platon, Mozart et Stendhal.

Table

IMPRIMÉ EN FRANCE PAR BRODARD ET TAUPIN
1539W - La Flèche (Sarthe)
N° d'édition : 3024
Dépôt légal : juin 1999
Imprimé en France